《围棋与名城》丛书

围棋与广州

广东省围棋协会 广东棋文化促进会 广州市围棋协会 编

山西出版传媒集团 书海出版社

图书在版编目（CIP）数据

围棋与广州／广东省围棋协会，广东棋文化促进会，
广州市围棋协会编 . —太原：书海出版社，2022. 2
（围棋与名城丛书）
ISBN 978-7-5571-0084-1

Ⅰ . ①围… Ⅱ . ①广… ②广… ③广… Ⅲ . ①围棋－
体育文化－广州 Ⅳ . ①G891. 3

中国版本图书馆 CIP 数据核字（2022）第 008074 号

围棋与广州

编 者：广东省围棋协会 广东棋文化促进会 广州市围棋协会
责任编辑：魏美荣
复 审：傅晓红
终 审：梁晋华
装帧设计：谢 成

出 版 者：山西出版传媒集团·书海出版社
地 址：太原市建设南路 21 号
邮 编：030012
发行营销：0351-4922220 4955996 4956039 4922127（传真）
天猫官网：https：//sxrmcbs.tmall.com 电话：0351-4922159
E － mail：sxskcb@ 163.com 发行部
sxskcb@ 126.com 总编室
网 址：www.sxskcb.com

经 销 者：山西出版传媒集团·书海出版社
承 印 厂：山西出版传媒集团·山西人民印刷有限责任公司

开 本：720mm×1020mm 1/16
印 张：23
字 数：400 千字
印 数：1—3000 册
版 次：2022 年 2 月 第 1 版
印 次：2022 年 2 月 第 1 次印刷
书 号：ISBN 978-7-5571-0084-1
定 价：76. 00 元

如有印装质量问题请与本社联系调换

《围棋与名城》丛书编委会

编委会主任

林建超

编委会执行副主任

姚　军　王　光

编委会副主任

朱国平　聂卫平　孙光明　常　昊　雷　翔　王　谊　华学明

顾　问

王国平　王汝南　华以刚　陈祖源　何云波

编委会成员

俞　斌	刘　伟	刘　菁	陈凌凯	杨　诚	张　蔚	张　平
张润海	郭志强	赵清俊	张眉平	张建军	杨学军	李绍健
韩文鑫	刘　斌	安　营	周星增	刘世振	丁　波	陶启平
朱建平	王永山	王晓庆	卢俊和	杭天鹏	杨自强	吴海明
祝云土	邓中肯	曹元新	戴滨辉	卢阳阳	王其红	张　亮
华　斌	喻　平	洪维平	刘海泉	聂　慎	马　望	渠汇川
刘　霞	刘文选	洪镜海	何云波	陈巨伟	容坚行	陈志刚
吴金权	覃洪兵	黎浩海	白起一	林如海	王成艺	熊方军
危建华	何任叔	李方明	陶晓昌	王旭东	李云生	张　丰
杨　琪	宋　群	周　为	罗腾岳	郭海军	陆　斌	

《围棋与广州》编委会

顾　问

李欣剑　梁权威　黄贤楷　梁锦豪　辛福民

主　编

容坚行

副主编

陈志刚

执行主编

邓扬威

执行副主编

蔡海燕　邓广庭

编　委

廖桂永　梁伟棠　吴肇毅　容一思　杜　颖
冯　曼　李　东　葛万里　施绍宗　温秀坚
陈志良　曾炳权　黄妙玲　苏耀国　冯国华
孟光辉

编　务

严国权　饶帜军　陈晓助　林奕忠　袁智斌

前　言

　　组织全国各地的围棋协会，编写出版反映各地著名城市的围棋历史、文化、人物、故事和发展现状的系列丛书，是新一届中国围棋协会为深入学习贯彻习近平总书记重要指示所抓的大型围棋文化工程。2004年10月，习近平同志在浙江省衢州市调研时首次提出"围棋文化"的概念，并明确指出："围棋文化要进一步提高运作水平，开展一些有影响的活动。"这是迄今党和国家主要领导人关于加强围棋文化建设的明确指示要求，具有重要而深远的指导意义。编写《围棋与名城》丛书，正是按照习总书记的要求，自觉坚守中华文化立场，挖掘、传承、弘扬围棋文化，讲好中国围棋故事的实际行动。

　　《围棋与名城》丛书旨在挖掘、整理全国各地有价值、有特色的围棋文化，讲好当地围棋故事，使之成为城市的一张特殊名片。丛书是一项基础性、系统性、开创性的文化工程，是全国围棋文化建设的重要组成部分，它的重要意义在于：第一，是推动围棋文化全面发展的基础性工作。围棋文化的发展方向众多，其中一项基础性工作，即地方围棋文化的挖掘、整理、研究。这项工作过去没有系统地、有组织地进行过。在围棋事业快速、多样化发展的今天，这种基础性工作越来越显示出它的重要性和必要性。第二，是国家围棋文化建设与地方围棋文化建设相结合的工程。讲好中国围棋故事是讲好中国故事的重要组成部分，中国围棋故事是由各地围棋故事组成的。第三，是推动中国围棋名城建设的品牌性、标志性项目。我们要打造围棋名城，首先要把名片做好，一本既有史料价值又有指导意义的围棋书就是金名片。第四，是实现围棋文化成果与人才培养双丰收的根本性措施。围棋文化要出成果，更要出人才。围棋文化人才潜在的数量很大，编写《围棋与名城》是对各地围棋文化人才的一次发现、检验、提高，有利于建设中国围棋文化人才库。

《围棋与名城》有明确的定位。一是围棋形态的史志书；二是当地领导者、围棋工作者、围棋教育者、围棋爱好者使用的教科书；三是方便查询、方便使用、方便宣传、方便传播的工具书；四是本城市作为"围棋名城"的说明书；五是讲好当地围棋故事、具有可读性的故事书。

丛书各册主要包括四方面内容：第一，历史。围棋在本地发展的历史脉络；第二，文化。围棋在本地发展过程中形成的独特文化以及与文学、书画、戏曲等其他文化互为载体的关系；第三，人物。古往今来的围棋人，包括下围棋的人、支持围棋事业的人、从事围棋行业的人，等等；第四，现实。就是围棋的现实发展，包括赛事、活动、普及、交流，等等。每本书都与城市的社会、经济、文化、体育发展相结合。

在编写过程中，我们要求各分册编委会严格把握五条标准，即：一、政治标准。就是以党的十九大精神，习近平新时代中国特色社会主义思想，特别是关于文化体育的论述为指导和要求。二、史志标准。所有的史料要经得起推敲。三、学术标准。涉及棋谱、课题的研究时，要达到学术要求。四、专业标准。就是围棋的专业标准。比如，提到的比赛、活动要符合体育总局、中国围棋协会的政策、要求、规范。五、出版标准。文字准确、精炼，图片清晰，体例、格式等符合出版社要求。

从2014年我组织调研到2019年主抓召开编写工作会议，历时7年，第一批43部书稿终于进入出版流程。在丛书编写过程中，各地体育部门、围棋协会的负责同志，以及具体的编写人员都本着积极奉献、责任担当、深入刻苦、包容大度、勇于创新、客观求实的态度，整合各方力量，调动各方积极性，很好地完成了各自的任务。山西人民出版社从承办会议到编辑设计，做了大量工作。作为身处伟大时代的围棋人，我们一起克服了很多困难，为解决棋迷的需要、国家的需要、时代的需要做出了贡献，承担了自己的责任担当，履行了自己的历史使命。我们要持之以恒，继续研究，不断改进，更好地完善这一无愧于时代，无愧于后人的重要基础性工程，为中华优秀围棋文化的传承发扬做出更大贡献。

中国围棋协会主席　林建超

2021 年 6 月 12 日

绪 论

——广州围棋姹紫嫣红

岭南，古称百越。约自赵佗建立南越国，始得中原文化之浸润。又有后来建郡治理，历次中原人口迁徙，使岭南文化渐与川陕、中原、江浙文化交融。而文化者，林林总总，涵同化异，不一而足。如饮食衣冠、如音乐绘画，虽有近现代西学东渐之影响而颇具岭南特色，亦不能脱其中原文化之根本者。

叹夫围棋一道，乃中原数千年传承之艺术瑰宝，而何时传入岭南，则少见诸典籍，至于弈手、珍珑，更未见有所以闻于世者，此颇引以为岭南棋文化之憾事也！

广州为岭南政经文教繁盛之地。中华人民共和国成立之初，陈毅元帅有感于广州棋坛唯象棋之一株独秀，而围弈则人枰两荒，遂有提倡围棋之指示。时孙乐宜副市长，揭橥响应，于1957年成立广州市围棋协会，并亲任主席。1961年成立广东围棋队亦由广州代训。继之于1963年委任象棋名宿陈松顺先生为校长，创办广州市青少年业余围棋学校，吸收第一批少年儿童入训。续又邀调齐曾矩、袁兆骥二位名手入粤，分别负责专业提高及群众性普及。于是乎，遂有了羊城围棋规模传播之发端矣。

以专业方面视之，早于1962年10月组队参加全国六城市少年儿童邀请赛及1975年陈志刚、陈嘉锐、容坚行参加第三届全运会围棋团体赛，取得优异成绩始，便窥见广州专业围棋水平之端倪。及至容坚行、陈志刚先后主管广东三棋项目，又得黄妙玲三段之臂助，于是鼎力扶持，培养后进，促进专业水平之提高，遂有了廖桂永、梁伟棠、吴肇毅三九段及曾炳权六段、敖立贤四段、敖立婷四段之脱颖于二沙岛，续又培养出林朝华七段、许书祥五段、苏耀国九段、李华嵩四段、朱剑舜三段、张文耀四段、陈倩薇二段、郑岩二段、陈一鸣四段、高咏梅初段等一众男女子高手。并曾一度夺得过男女子全国赛之团体或个人桂冠，一时人才济济，足以与中原各省市颉颃。

以群众性业余开展角度视之，数十年间，广州市围棋协会无疑肩负起中枢维系之责。协会自1957年成立起，历经孙乐宜、袁兆骥、梁锦豪、卢一先、邓号起、容坚行6任主席，而居中起核心作用之副主席或秘书长则有钟惠华、黄逢春、梁权威、冯曼、陈志良等人。数十年间，诸凡每年一届之甲组联赛、青少年锦标赛、中小学校际赛、区际赛以及不时举行之城际邀请赛、各种商业性杯赛，均由协会主持主办；又，组队参加全国业余锦标赛并一举夺冠，主协办全国性专业赛事，推广应氏（应昌期）计点规则，开展广州与台北海峡两岸围棋互访；及至第16届亚运会在广州举办，围棋项目第一次进入大型国际综合运动会正式竞赛项目；第33届世界业余围棋锦标赛在广州举办，参赛国家和地区达到59个，亦为广州举办体育赛事参赛国家和地区数目之最；两次落户广州的世界围棋团体锦标赛等更为广州围棋增色、造势。改革开放以后又见有广州棋院、东湖棋院、岭南棋院等领衔，而遍布城乡之数百家培训机构星罗密布。除举办青少年幼儿之培训班，并常年举办各类赛事，参赛者动辄数千人。经彼等机构20年之经营，广州围棋人口激增至数十万，开拓了广州一府之围棋盛况！

前所述者，乃广州围棋60余年之发展概略。而棋枰依旧，人事如烟，数代人之弈苑耕耘，当有大量趣闻逸事，妙着珍言，倘不作钩沉整理，则势必与时光同逝，草木并朽，岂不惜哉！省市棋界诸多热心人士，有虑及此，责无旁贷，邀请有识之士，广为收集，历时二载，编成《围棋与广州》一书，是中国围棋协会倡写"围棋与名城"之分册也。行将付梓，诸同仁嘱余绪言卷首，以总揽诸散述之经络。弈中人，不敢后，不揣才德，忝为数语，聊为导读，抑或以见成书之始末也欤。同事诸君，亦一并与慰谢焉。

原广州市围棋协会主席　梁锦豪

2021 年夏

目　录

上篇　中华人民共和国成立前的广州围棋

下篇　中华人民共和国成立后的广州围棋

图篇　广州围棋历史文化大事记

—上　篇—

中华人民共和国成立前的广州围棋

第一章
历史沿革

第一节　历史文化底蕴深厚

　　广州，秦以降一直都是郡治、州治、府治的行政中心，还曾经作为割据小国南越、南汉、南明这"三朝古都"出现过。历史上广州文化多元，换言之，广州的历史文化底蕴十分深厚。也因此，广州被国务院公布为中国第一批历史文化名城。

第二节　深厚底蕴不缺围棋

　　我们推导：广州自公元前214年建城，迄今（2021年）达2235岁的广州的围棋活动、围棋人物、围棋理论、围棋实物——或笼统地说丰富的围棋历史文化肯定是存在着的。我们甚至可以说，在某些时期，它可能还是比较大量地存在着的。作为广州乃至岭南围棋相关机构、围棋从业人员，有必要叩问这些历史，了解这些历史，从而承前启后。也因此，钩沉广州在相关时期的围棋历史文化，包括围棋实物等，是广州围棋界乃至岭南围棋界必须要进行的一项工作，如是，才能够逐步还原历史，使广州十分深厚的历史文化名城的发展史里的"四艺"不至于独缺围棋这一瑰宝，或说这一大项。

第二章

史料简略

第一节　围棋史料十分缺乏

　　令人遗憾的是：可见诸史料的围棋历史文化，特别是作为可以被考证的历史文化，当下关于广州围棋——主要是中华人民共和国成立前的部分——却十分缺乏文图方面以及实物方面的资料。如是，本书的第一章将会是十分简略的，甚至是令人遗憾的：因为它不能以大量的史实，包括证据确凿的人物、出版物、围棋实物等翔实的历史文化资料作为写作依据。也因此，它的写作只能另辟蹊径：以编者的一些联想以及推理，作为上篇编写的依据。当然，这些联想及推理能否被证实，或被证伪，有待更多的围棋文化研究者提供意见和建议了。

第二节　更多围棋文化研究

　　万事开头难。编者以为，广州围棋——主要是中华人民共和国成立前的部分——十分缺乏文图以及实物方面的资料，这些缺失当然造成了很多历史文化研究上的缺陷：容易使人含糊不清，或在历史逻辑上不能有机融合。我们认为，这个缺陷以后肯定是可以不断加以弥补的，前提就是我们要重视广州围棋历史文化的发掘、梳理、研究工作。我们十分希望以本书的编写为开端，开启与围棋相关的更多研究，包括集合更多的有志之士参与，也包括通过多种渠道，等到不断筹集到更多的相关史料后，或当本书若干时间后有机会、有条件再版时，广州围棋在中华人民共和国成立前这一部分的历史文化，一定是可以慢慢充实起来的，最终，也是能够与中华人民共和国成立后广州蓬勃发展的围棋事业有机地对接起来的。

第三章

起源联想

第一节　秦征南越带来围棋？

　　广州围棋起源于何时？好像从来没人提过这个问题。谈起广州、广东，或说南粤围棋，大家的指向基本上都是现代围棋，别说古代，就连近代围棋都乏善可陈。换言之，在大家的认知里，广州围棋乃至南粤围棋的缘起，就是20世纪50年代末60年代初在陈毅元帅、孙乐宜副市长等领导关心下，广州围棋协会的成立及广州围棋学校的建立，以及建立后的一系列围棋赛事活动了。不过，这样说解决问题了吗？好像也没有，我们总不能说广州、广东，乃至更广泛地域意义上的南粤围棋起源于1949年后的中国吧？那么，在没有确凿证据的情况下，编者猜想，有一种可能，秦征南越带来围棋，这是有可能的。根据之一：围棋在历史上的兵推作用。有研究甚至认为围棋的发明其实是兵推发展的一种结果呢。根据之二：学习围棋，能够起到增强将士们战略及战术意识的作用（这一点毋庸置疑，这也是世界上一些著名军校为什么专门开辟围棋课程的重要原因）。不论何种原因，毫无疑问，围棋不单纯是娱乐的工具，而是变成了强化军事力量的一个组成部分，故此，编者猜想，秦兵征伐南越时带上围棋，完全是合理的，也是有可能的。

第二节　客家南迁带来围棋?

另一种猜想:客家南迁带来了围棋,这也是有可能的。中原客家的5次往南大迁徙,百姓当中品流十分复杂,推理个中有些痴迷围棋的家庭,在南迁的过程中也割舍不下围棋,不远千里把它带到南粤来,甚至是带到广州来了。这种推理当然也是有根据的:棋迷于棋如鱼恋水,视心爱的棋具为珍宝司空见惯,不管是在什么样的状况下,都带上围棋棋具及棋经棋谱并不奇怪。如是,既然带上了围棋,带上了棋经棋谱,待生活稍安定下来,或是在心痒难耐的情况下把玩棋具,打打棋谱,或邀人再下下围棋,都是大有可能的。

著名雕塑家蔡文星先生创作的秦兵南征官员,后为南越王赵佗

河源客家文化公园

第四章

粤籍华工

第一节　粤籍华工下围棋吗？

2019年，在美国芝加哥展出的"华工与铁路"部分图片中，编者注意到其中展示了一副围棋。当年到美国修铁路的华工，即便在当时的中国，也算是社会的低层，而低层人群爱好围棋的人从来就是不多的，那么疑问来了：

真的是每天辛苦劳作了10个小时以上的华工，在美国的简陋工棚里下围棋了吗？这有点匪夷所思。第一，下围棋的时间从哪里挤出来呢？第二，居住的环境是不是太艰苦，不太适合下围棋呢？

第二节　是中国人带到美国？

围棋真的是由中国人带到美国去的吗？具体讲，是普通的华工还是身份地位较高的劳务中介人员带去的？这是比较容易回答的一个问题，若是棋迷，无论他是什么地位，是中介还是劳工，作为重要的随身之物，远渡重洋后使业余生活有个寄托，在劳作赚钱之余也有一些人生乐趣，带上尚属比较简单的围棋棋具还是可以相信的。

第三节　中美交往史或重写

如果这个展览中所描绘的围棋情况是真实的，那么中美围棋的交往史，或具体说是中国围棋传入美国的历史不但需要重写，就连广州围棋乃至南粤围棋的历史文化（尤其是起源）也需要重写了。因为，华人劳工带到美国的围棋，到底源自何人、何处、何时，皆是需要了解的问题。

若美国芝加哥"华工与铁路"展览中的围棋是真实的而非想象的道具，那么，这围棋最有可能是通过广东侨乡（特别是新会、台山、开平、恩平）的华工，或劳务中介途经广州然后带到美国去的。当然，这仍然是一种推

1869年5月10日，庆祝美国太平洋铁路贯通

断，还需要更多的历史资料及实物加以证明。

要请大家注意，非常有意思的是：此一线索与广州僧人下围棋的线索，在时间上是完全吻合的：英国人约翰·汤姆森拍摄的时间是1869年（月份不详），而1869年5月，以中国广东华工为主修筑的美国太平洋铁路东、西两段铁路正式合龙，这条被称为19世纪世界铁路建筑奇迹的交通大动脉宣告竣工。遗憾的是，此时中国积弱良久，在国际上毫无地位，也因此，庆贺活动居然禁止所有的华工出席，人群中因此找不到修路最大的功臣：中国广东华工的身影，令人欷歔！

第五章

清代史料

第一节　谢南山的十册日记

　　广州，乃至岭南围棋的起源除了以上线索，还有一条线索。据喜欢围棋的李云博士说，十多年前，他的博士论文正是以广州历史文化作为背景展开的，他翻阅大量史料，发现清末民初时的一些围棋人物，其中有一位名叫谢南山的，是当时的一个名流，其围棋棋力也很高，经常与广州当地的一些世家大户（包括伍家、潘家、叶家等）的人下围棋。编者已经邀请李云博士协助，或提供更详尽的资料，或动笔撰写一些文章，以充实关于广州围棋的起源以及在清末民初时的发展历史。当然，暂时是做不到了：因为本书所规定的编辑出版时间比较紧，李博士的文章，以及其他陆续新发现的广州围棋历史文化的文章或相关资料，都要在本书再版后补充进来了。图片方面，读者可参看图篇：广州围棋历史文化大事记，其中有专门介绍谢南山先生日记的复印件。除此之外，编者还有重要的发现：其中一册日记的第一页第六行有"入海幢坐禅起与僧手谈"的字样，证明清代嘉庆年的广州是有围棋活动的。十册日记的复印件李云博士已经赠给了一向醉心于研究中国，特别是岭南围棋历史文化的邓扬威。编者在此再次感谢李云博士的慷慨以及对围棋文化研究的大力支持！该日记的原件，李博士说在中国国家图书馆，希望大家有机会可以看到。

第二节　僧人下围棋的照片

网络上流传着1869年（即清同治年间，其时慈禧太后垂帘听政）英国人约翰·汤姆森拍的一张照片。照片分为两部分，上半部分为摄影，下半部分是根据照片创作的铜版画。铜版画的作者不详，但正是这幅根据照片创作的铜版画，使我们确凿无误地确认僧人们下的就是围棋。

据"约翰·汤姆森眼中的中国和暹罗摄影展"介绍，约翰·汤姆森是英国维多利亚女王的御用摄影师，他对亚洲十分着迷，在摄影出现的20年后，曾作为纪实摄影师独自前往远东，停留了10年，其中4年间先后到香港、澳门、上海、福州、广州、北京等地旅行。他是最早一批到中国的外国摄影师。约翰·汤姆森于1921年离世，享年84岁，他的一生虽然事迹不多，但所留下的150年前大批的中国图像，丰富地反映了那个年代的众生相以及多个行业，还有当时香港、澳门、上海、福州、广州、北京等城市的实际风貌，弥足珍贵。

第三节 僧人下棋的地方在哪?

约翰·汤姆森所拍的下棋的具体地方,看起来并非是一座寺庙的某个局部,那么,这又是广州的什么地方呢?编者推理:有可能是岭南庭院式的一个酒楼包房,或说包厢。

清乾隆二十二年,即公元1757年乾隆皇帝颁布上谕,仅留粤海关一处对外通商,广州成了清朝闭关锁国时期唯一保持开放的城市。朝廷在广州获得大量财政收入,广州因此有"天子南库"的美誉,也因此,广州在那个特殊的时期,保持了它在中国的相对开放、繁荣的地位。而崇尚"食在广州"文化的广州,从来不吝惜钱财建设酒楼食肆,譬如创立于光绪六年,即1880年的老店陶陶居,以及稍后一些,开业于1889年的莲香楼等著名酒楼食肆,都投入巨大,装修得金碧辉煌。更重要的是,广州的高级酒楼食肆最讲究的一点,就是建筑布局以及装修上十分讲究,采用岭南庭院的设计风格。从约翰·汤姆森的照片分析,这个地方不太像是一处寺庙,却很有一点岭南庭院的味道。而在晚清,能够拥有这么大庭院的无非是两种地方:第一是大户人家带天井的花园式客厅;第二就是编者所说的著名酒楼食肆包房,或说包厢了。

第四节　汤姆森照片的用具

　　约翰·汤姆森照片，包括按照片创作的铜版画中，有多种日常用具：包括吊灯、家私、水烟筒，也包括了当时僧人的服饰等。这当然可以在某种程度上反映出如下情况：譬如这个环境确凿是在何处，环境的主人大概属于什么样的阶层，经营什么行业。这当然都需要有更多的时间，有更多关心广州围棋乃至岭南围棋发展的人士的研究成果了。

第五节　广州围棋起源猜想

　　虽然本书上篇罗列出编者的一些记载、一些猜想，而从真实的历史考证角度，所有的记载及猜想均需要过硬的、多样的考古资料才能够证实或证伪。但不管怎么说，像谢南山日记中关于"手谈"的记录，以及英国人约翰·汤姆森拍下的这张最后还被创作为铜版画的照片，仍然可以为广州围棋乃至岭南围棋的起源提供非常重要的线索。附图请参看附录一：广州围棋历史文化大事记中1869年英国人约翰·汤姆森拍的照片。读者要留意的是：此图的上半部分为摄影，下半部分为根据照片创作的铜版画，作者不详。

第六章

民国线索

第一节　孙中山使用的围棋

倘若撇开谢南山先生十册日记中关于围棋的蛛丝马迹，撇开英国人汤姆森拍摄的上述照片，以及撇开《华工与铁路》图片展上的围棋图片，广州坊间关于民国围棋，也有一些非正式的线索：包括大元帅府里孙中山居所中摆放的一副围棋。

编者认为大致有两种可能：一种可能是历史上孙中山自己或身边确实有人（譬如亲朋）下围棋；另一种可能是大元帅府的历次建设或翻新装修时设计师们发挥了想象力所导致的一个结果——他们认为在孙中山居住的房子中放置围棋，符合主人的身份，符合主人的气质，因此是合情合理的事情。请参看附录一：广州围棋历史文化大事记中的大元帅府外貌，以及孙中山居所中所摆放的围棋部分。值得读者留意的是，大元帅府孙中山故居的木制棋墩和棋罐，摆放的位置都是十分重要的：客厅的中心位置，因此，可以解释为棋盘的放置证明了它恰恰是在主人活动的中心位置上。

第二节　黄埔军校的围棋

　　黄埔军校的教职员工中，有许多著名人物，如：曾为政治部主任的周恩来，曾为教授部副主任的叶剑英。本文介绍的黄埔军校第五期战术教官林之茂，或不算著名人物，选其作为本文主角的原因，是他在黄埔军校教学时曾使用过的一副围棋，现在还好好地保存着。这为研究广州乃至广东的围棋发展沿革提供了实物证据，十分珍贵。本文插图中有林之茂先生使用过的围棋。围棋罐腹径12厘米，底径5厘米，高10.5厘米。百余年过去了，如今我们使用的围棋罐在尺寸上略宽（现在的棋罐宽约15厘米），但区别并不算大。棋罐在设计上比较普通，制作上也

广州长洲岛黄埔军校及周边风貌

林之茂使用过的围棋罐

林之茂使用过的玻璃围棋子

不算精巧：全无图案雕饰，全木质。区别较大的是围棋子：林教官用的围棋子的直径是1.70厘米，这与如今使用的2.25厘米~2.35厘米的围棋子在体型上有较大的差别。有意思的是，林教官20世纪20年代使用的围棋子材质是玻璃，冥冥之中好像是启发了晚辈——20世纪60年代的广州围棋拓荒者们，开发出同样的玻璃材质的围棋子"广东子"。

第三节　李小龙祖居围棋盘

　　又如同样是在民国时期的恩宁路上的永庆坊，李小龙祖居（主要是李小龙的父亲李海泉一家在居住）的二楼小阳台上，就刻有一个石制的围棋盘，上面还刻有棋局。编者认为大致也有两种可能：一种可能是，历史上李小龙的父亲，粤剧界的李海泉及其亲朋喜欢下围棋；另一种可能，也同样是上述情况，李小龙祖居的建设或翻新装修设计师们的想象力所致——他们认为李海泉先生及其儿子李小龙都是有头有脸的人物，其居住的房子不但有中华武术，同时还应该有中华文化，特别是要有"四艺"的痕迹，在房屋中的某处放置围棋，同样就是合情合理的事情了。附图请参看图篇：广州围棋历史文化大事记，其中可以清晰看到李小龙祖居阳台上的石刻围棋盘，以及上面所刻出来的棋局。

—下　篇—
中华人民共和国成立后的广州围棋

第一章

解放初期

第一节　迎解放古城喜逢春

1949年10月1日，中华人民共和国成立。同年10月14日，人民解放军先头部队进入广州，这座有2100多年历史的南方古城迎来解放，广州迈进新的历史时期。

20世纪50年代初，陈毅同志多次到广州考察，他了解到广州还没有开展围棋活动，就嘱咐广州市副市长孙乐宜同志把广州的围棋活动开展起来。

时任广州市副市长的孙乐宜，是一位热心围棋的领导干部。他1925年参加革命，1926年加入中国共产党，参加过北伐战争，也曾在新四军战斗过，是陈毅同志的老部下。孙市长做事雷厉果敢，身体力行，马上推进围棋活动在广州的开展。

孙乐宜副市长首先于1957年发起成立广州市围棋协会，这是中国大城市成立的第一个围棋协会，它比1962年成立的中国围棋协会早了整整5年。孙市长亲自担任广州市围棋协会主席，黄逢春任围棋协会副主席，还马上落实协会经费十几万元，这个费用超过了当时广州市所有其他体育单项协会的年度总经费。

20世纪60年代初，孙乐宜副市长倡导在广州开展三棋运动，会议在广州文化公园举行，由广州市体委主持，这是广州解放后发展棋文化有历史意义的一次会议。会议中，为参加三棋运动人员特别颁发了纪念章，该纪念章精心制作，纪念章的上方是广州五羊的标志，纪念章的下方则是三棋图案，十分精美。

本次会议后，落实的具体措施是：在广州有条件的学校（主要是小学）、各区少年之家推广三棋活动，物色会下棋的老师任教；在公众场所，如广州文化公园（弈斋）、广州市第一工人文化宫和烈士陵园（思先小舍）等地供市民下棋娱乐，在流花俱乐部设立围棋中心小组，开设培训班；举办各种棋类比赛；在广州体育馆培训有潜质的学生。三棋都有资深的老师任教，当时教围棋的是钟锡龙和余文辉老师。

钟锡龙是广州解放后出现的第一个少年围棋好手，曾在50年代取得省围棋比赛冠军，堪称天才，后在广州棋坛有"妖龙"之称。

当时，由于广州围棋师资缺乏，急需用群众运动的方式增加围棋人口。1961年，广州市体委组织近百名小学老师参加围棋培训班，由黄逢春老师执教，白绳举作为助教，这些老师也是点燃广州市围棋运动普及的火种。同时，有关部门加强宣传工作，在《广州日报》和《羊城晚报》时常都有关于围棋比赛的消息和报道。由于培训了一批小学围棋老师，指定了一些开设围棋课的重点小学，学围棋的人数增长很快，广州围棋活动的发展开始加速。

据《广东地方志·体育卷》记载："建国初，广州较出名的围棋手有孔庆隆、卢作尧、范振邦、邓荷农和黄逢春……1958年广东省棋队成立，设围棋项目，参加集训的棋手有孔庆隆、余文辉、黄汝平和钟锡龙，教练是邓荷农。"

广州夙有"象棋城"之称，从20世纪30年代开始，在相当长一段时间内，论棋风之盛、棋人之多，广州都首屈一指。旁及我国香港、澳门、东南亚乃至海外其他棋坛，都与广州棋界交往甚密，渊源很深。

黄逢春原名黄启康，早在20世纪30年代后期已经闻名于香港象棋界，是香港南华体育会游艺部主任，曾获香港南华体育会象棋冠军。抗战时，黄启康在香港积极参加救护队及运输工作，并曾主持一次大赛，筹款用于购买国债支援抗日。当时香港象棋高手周德裕答应出场，与他水平相当的钟珍却担心出场后名声过大，影响日后在江湖混迹。黄启康不辞劳苦找到钟珍，以抗日救国大义动员钟珍，劝其出场，周、钟10局象棋大战，劲敌相逢，曲折精彩，轰动香港象棋界，过程见于《广州棋坛六十年史》第四集。

中华人民共和国成立后，黄启康从香港返回广州，先后在广州立人会

20世纪50年代末，黄逢春在广州市三十六中学操场上为学生讲围棋普及课。讲台上的男学生叫刘文康，后来也成为广州市的围棋高手

计学校、广州市三十六中学任教师，目睹祖国建设欣欣向荣，他改名为黄逢春。黄逢春一如既往地积极参加象棋活动，50年代被任命为广州市棋艺研究会理事，这时他对中国古老的围棋已产生了浓厚兴趣。

当年，黄逢春老师经常背着装有自编教材的挎包走进广州市许多中小学义务讲授围棋课，自编教材是小棉毡加布条缝成的棋盘和薄绒布棋子。黄老师常常先在大操场上讲围棋的历史、现状、规则，然后每周一节到小课堂，讲各种战术、布局、中盘、收官要点，解死活题，课后他还辅导同学们下棋。为加大推广和普及力度，黄老师经常为小学上围棋义务课，时间长的达一年之久，附近好几所小学都有黄老师的足迹；他还组织校园围棋队进行友谊赛，广州市围棋活动就这样在校园里逐步发展起来。

前广东省围棋女队主教练黄妙玲这样回忆到："最早将我引入围棋这个大门的就是我的第一位恩师黄逢春，他是广东第一代职业棋手之一黄汝平的父亲。我小学是广州明兴里小学，现在已经合并入西关实验小学。当时学校的场地小，就只开了乒乓球和围棋两个班，原本我报的是乒乓球班，但有一次下课的时候看到角落里有个老师在讲围棋，我就跑过去听，结果一下子就着迷了。后来老师看到我这样就建议我改报围棋班，而当时黄老师就是我们围棋班的老师。"

"其实他是三十六中的老师，为了提高广州的整体围棋水平，他不惜用自己的业余时间跑到好几个学校免费辅导，他自制棋盘和棋子给我们讲棋，还经常把我们这些尖子生带到家里练习，我的棋艺能提高得这么快也是多得他的指点，正是在他的教导下，我拿到了广州市的冠军。"

黄逢春老师（右）与学生白绳举（左）的合影

中国电脑围棋宗师陈志行原是中山大学的象棋高手。在他所著《电脑围棋小洞天》里介绍说：1960年夏，在一次参加广州市教工象棋赛时，象棋赛场旁边有一群小孩在下围棋。他跟带队的黄逢春老师攀谈，两人一见如故。黄逢春老师和陈志行下了一盘围棋，还热情地讲了一番话：围棋源于中国却落后于日本，要着眼于从小孩开始培养以赶超日本。和黄老师接触不久后，陈志行就放弃象棋，把大部分的业余时间投入围棋。20世纪60年代停课，他有时也到黄老师家里下棋。棋艺日益精进，退休后从事电脑围棋程序工作，他制作的围棋程序"手谈"曾在20世纪称霸全球。

陈志行在《电脑围棋小洞天》中还提到"陈志刚六段童年时的事曾被《羊城晚报》报道，他父亲是鼎鼎有名的象棋前辈陈松顺，也会下围棋。小志刚很调皮，学习成绩不好，父亲就请黄逢春老师教志刚下围棋……"陈志刚学围棋后"用功念书，成绩大为长进，围棋也进步飞快"。

白绳举1958年下半年与围棋结缘，他与孔宪元、蒙养飞等是黄逢春老师教棋的第一批学生。白绳举住在黄逢春老师家附近，常常到黄老师家里

黄逢春老师与参加全国第一届少年儿童围棋赛广州少儿围棋队全体成员合影。从左至右：广州市体委主管围棋干部、广州市围棋协会秘书长钟惠华，参赛选手古辛才、容定行、陈志刚、莫汉昌、赵翰梅、闵毅、黄小虹、容洵美，黄逢春老师

受教，获益良多。黄逢春老师教导学生从不厌倦，乐此不疲，而且从来不收取报酬，他家成了一间义务围棋教室。

在黄逢春老师悉心指导下，白绳举棋艺进步很快。学棋仅一年，就在1959年底广州文化公园举行的广州市青少年围棋锦标赛中获得亚军，并在同年的广州市中学生围棋锦标赛中获得第三名；在1960年6月举行的广州市围棋锦标赛中，白绳举更是一举夺得冠军。

不过最令白绳举自豪的是，在1961年举行的广州市围棋锦标赛中，当时省运动队余文辉、黄汝平，全省高手钟锡龙、孔庆隆、范振邦等都到会参加，白绳举历经初赛、复赛、决赛多轮苦战，最终夺得第三名，堪称含金量极高的成绩。之后机缘巧合，白绳举到香港工作生活，至今仍在从事围棋的普及和推广工作。

1962年10月，黄逢春老师带领广州少儿围棋队去北京参加全国第一届少年儿童围棋赛。选手中古辛才、莫汉昌、闵毅、容洵美4人是三十六中学学生，赵翰梅小学时就读于黄老师家附近的宝源中约小学，也曾受黄老师悉心指导，他们当年不仅在学校里跟黄老师学棋，还经常聚集在黄老师家里的客厅下棋，这些小棋手不但在棋艺上得到黄老师的辅导，在生活上也得到老师的关心。当年在广州市围棋学校任班长的莫汉昌回忆说："黄老师就像父亲一样关心我们。"

黄逢春老师精心辅导少年棋手，热心参与组织各种围棋活动。可以说，他毕生为棋艺竭诚效力，为广州市早期围棋事业做出了显著成绩，不愧为广州围棋界劳苦功高的"开荒牛"之一。

黄逢春老师的儿子黄汝平13岁起随父亲学围棋。1958年广东省棋队成立，设围棋项目。1960年，19岁的黄汝平成为广东省围棋队正式队员。在此期间，黄汝平于1959年获广州市青年围棋赛冠军，1960年广州围棋甲组棋赛亚军，1960年广东省围棋赛季军。

1964年2月，中国围棋协会第一次给国内棋手定段，当时评定的最高段位是五段，共4人：刘棣怀、过惕生、陈祖德、吴淞笙。黄汝平被定为职业初段及国家一级围棋裁判员，同期评为职业初段的棋手还有：北京韩念文，浙江姜国震，安徽魏昕、胡懋林，北京王立，广东余文辉，吉林谈阳。

黄汝平一生热爱围棋事业。"文化大革命"中，广东省围棋队解散，黄汝平被分配到广州电机厂工作，在工厂，他仍热心开展棋类活动，辅导工友学围棋、学中国象棋，被广州电机厂工友誉为"棋王"。

1988年，黄汝平回到自己的出生地香港定居，1989年获香港围棋协会夏季联赛冠军，1992年世界业余围棋锦标大赛香港区选拔赛亚军，被授予围棋业余六段。他多次代表香港参加围棋国际赛事，1997年香港围棋队参加新加坡东南亚围棋锦标赛，获团体冠军，黄汝平是香港围棋队队员之一。之后他曾在香港儿童围棋学院任专职教师，被聘为香港围棋文化学院名誉院长。2007年5月，黄汝平在香港病逝。

1964年2月，与黄汝平同期被评为职业初段的广东棋手余文辉，当年曾与黄汝平一起长期在广东省围棋队集训，两人水平堪称旗鼓相当。说到余文辉，不能不提起当年在广东省围棋队的一件趣事。

大约是20世纪60年代初，时任中南局书记处书记的金明同志十分热心

黄汝平

支持围棋发展，而且个人棋艺高强。当年中南局书记处就设在广州，有一个星期天，金明同志亲赴省棋队找到余文辉过招。第一盘金明同志执黑先行。金明面对高手毫无惧色，弹指之间，竟然将余文辉拿下。于是金老信心倍增，第二局再来，竟然将本该上手所执的白棋拢到自己一边，令观者一时侧目，不禁掩面失笑。

金明同志回忆说：当年新四军和华东局的很多干部文化程度相对较高，不少人都会下围棋，并乐此不疲，涵养情操。比如陈毅和邓子恢，黄克诚与金明都是志同道合、棋逢对手的老战友。

说到1958年时早期的广东省围棋队，还有一位传奇人物，他就是孔庆隆。孔庆隆先生1923年3月生，浙江慈溪人，震旦大学毕业。他是第六届、第七届广州市政协委员，第八届广州市政协常委。孔庆隆历任香港金凤发展有限公司董事长、泉隆有限公司董事长、广州地区政协香港委员联谊会副会长等职。

孔庆隆先生在1958年举办的广东围棋锦标赛上获得冠军，这是广东围棋历史上第一个全省围棋男子冠军。孔庆隆先生一生可谓多姿多彩，他既是广州市的政协委员，也是香港著名企业家，更是中华艺术发展的推动者。

20世纪90年代，随着改革开放的进一步深入和香港回归祖国的临近，内地和香港以及台湾渴望进行交流的愿望升温。就在有识之士翘首企盼牵线搭桥使者的时候，孔庆隆先生这位民间大使，成功地扮演了首次体育交流的"红娘"。

之后，他以香港太平洋围棋协会副会长的身份，广州市香港地区政协

孔庆隆先生（右）、应昌期先生（左）与吴清源大师（中）探讨棋局

委员的头衔，借助香港社会环境和地缘关系的特殊优势，穿梭于三地友人之间搭桥铺路，终于克服了各种困难，争取到台湾围棋活动家、实业家应昌期先生的赞同和支持，确定1988年在北京举办"第一届应氏杯国际围棋锦标赛"。

事实上，从1987年起，应昌期通过应昌期围棋教育基金会董事长沈君山、香港泛太平洋围棋会副会长孔庆隆与中国围棋协会、日本棋院、韩国棋院等各地围棋组织展开接触，又派代表赴北京做前期洽谈。应昌期决定参赛棋手代表所在城市而非国家或地区，同时邀请一代宗师吴清源担任应氏杯终身裁判长，以保持赛事的绝对权威，也很大程度上保证了整个赛事的顺利进行。

从执着围棋普及与推广的黄逢春老师，到职业初段黄汝平和余文辉，再到传奇人物孔庆隆先生，谁能想到从中华人民共和国成立初期发展而来的广州棋坛，竟已经这样的五彩斑斓呢？

第二节　初授艺校园树权威

　　1961年，广州河南（广州珠江南岸地区）的宝贤大街小学迎来一位特别的老师。这事还得从头说起，宝贤大街小学是当时全国重点体育学校，也是广东省传统体育学校。校长郑文楚先生来自一个十分殷实的家庭，他是一位爱国民主人士。郑校长热心教育，不单学生教学方面抓得很紧，而且非常强调学生的全面发展，即素质教育。

　　郑校长也非常重视学生的体育发展，要求学校的每一位老师（班主任除外）至少有一项体育专长，能够负责和带领学生的一个体育训练队，这让新到学校的梁权威老师由此与围棋结下了不解之缘。

　　初到学校，梁权威老师不会下围棋，象棋倒是还不错，不过学校没有

梁权威老师在校园里教授棋艺

专门的象棋队，于是梁老师决定自学围棋并组建学校围棋队，招进了自己的第一批学生，当时的那十几个学生中，就有容定行和容坚行兄弟俩。

半路出家的梁老师"摸着石头过河"，边学边教。平日里到文化公园、市一宫等地跟黄逢春等老师学棋，回来自己自学苦练，然后再传授给学生。

虽然梁老师自己的棋力不高，但教学方法得当，辅导耐心得法，加上选材得力，学生们天资聪颖，他的教学很快便有了成绩，宝贤大街小学一跃成为广州市小学围棋冠军，所向披靡。

出色的成绩让学校对围棋更加重视，梁老师的教学范围逐渐从最初的十几个学生扩为全校，他也由此成为广州市教育系统第一位专职围棋教师。

梁老师带领的宝贤大街小学围棋队，连续多年获得全市小学生围棋锦标赛团体总成绩第一名。因为围棋教学开展得好，很多人来学校参观学习，1963年日本业余围棋名宿安永一先生带队来学校参观，并现场指导小棋手们。

时代变迁，1971年梁老师被调到跃龙上街小学，因为在宝贤大街小学已经教出名气，到了新的学校，梁老师仍旧以教棋为业，先后挖掘了曾炳权、曾炳辉兄弟，以及敖立贤、敖立婷姐妹这几棵好苗子。

要特别讲一下敖立贤、敖立婷姐妹，当时姐姐已经进入围棋专业队，

梁权威老师在比赛现场为安永一先生做记录。居中为安永一先生，右为安永一的弟子、石毛嘉久夫六段

妹妹也被看中，敖家父母是很犹豫的，因为父母都是大学生，希望姐妹二人至少有一个能上大学，而且妹妹立婷似乎对跳舞和唱歌兴趣更浓一些。为此梁老师和陈志行教授多次劝说敖家父母：大学生千千万万，但围棋却属于特殊人才，实属难得。经过反复多次劝说，几乎磨破嘴皮，敖家父母慢慢才想通了。

广州某资深棋友曾这样回忆到："开始学棋，略知一二，不通门道，后经黄逢春老师介绍，认识了梁权威老师。当时梁老师住在大新路，他胃病入院动手术，我到他家探望过。当时梁老师让我四子，也杀到我溃不成军，这对我认识围棋帮助很大。梁老师平易近人，没有架子，热心帮助棋友，我好奇心强，总会问梁老师围棋技术、广州围棋现状和典故等问题，他都是有问必答，毫无保留地告诉我。梁老师诲人不倦，令我受益匪浅。"

1981年，在跃龙上街小学教棋10年后，梁老师又一次工作调动，到了滨江中二小。他又一次从零开始教棋，并又一次挖掘出好苗子，这其中包括陈倩薇、雷秀瑜等职业棋手和业余高手。

虽然梁权威老师棋力不算出众，据他回忆，参赛最好成绩也就是省职工赛第三名，但经他之手启蒙的学生却数不胜数。

据统计，梁权威老师历年来输送到省、市围棋集训队的学员达到35名之多，也正是因为他教棋成绩卓著，被评为全国优秀教师，还曾担任海珠

广州棋友合影（左一余文辉、左二梁权威、左三钟锡龙、右二黄汝平、右一范振邦、下蹲者为黄贤楷）

梁权威老师在辅导学生

梁权威老师的全国优秀教师奖章

区政协常委。

梁老师热衷于围棋教学，在学校教棋的时候，他经常带学生回家免费"开小灶"辅导。即使后来梁老师退休在家，还不断有人慕名而来，持续求教，梁老师是20年不涨学费，半义务教学，他是广州市三四十年来围棋培训的"权威"。即使到了2010以后，他74岁高龄时，在家里教棋，他采取的仍是十几二十年前的收费标准：2小时40元，这是真正的"白菜价"。除了2020年初因新冠疫情暂停教学外，8月份后，84岁高龄的梁权威老师又开始在家里给少年儿童辅导围棋了。

用梁老师自己的话说："我教棋是不计报酬的，就是想着教好了再说。现在有些人还没做，就开始讲价钱，这种习惯不好。看到有天赋的孩子狠不下心来不教，再说挣那些钱自己花不了啊。"

不仅是少儿围棋普及和推广，梁权威老师还在围棋裁判方面贡献颇丰。梁老师是广东围棋裁判的"开荒牛"，他是中国围棋首批4位国家级裁判之一，后来又考上了国际级围棋裁判。

梁权威老师不单自己做了大量的实际裁判工作，还不断培训新人，组织发展广东围棋裁判。他当裁判长时，组织工作亲力亲为，从选定人手、发布通知、现场布置，到处理个案，全部做到严肃、公正、准确。梁老师是各大棋院围棋赛事裁判工作的首选，是名副其实的"权威"。

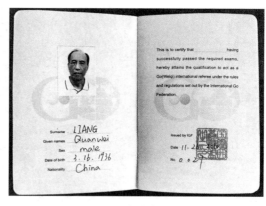

梁权威老师的国际级裁判证书

至今，梁权威老师还常说："最大的安慰就是教出来的学生都很有心，像容坚行他们每逢节日都会来探望，有时在大街上都能碰上学生打招呼，虽然教过的学生太多，不能一一记得，但心里还是感到很欣慰。"

梁权威老师与部分弟子在一起

第三节 及时雨名师双抵穗

20世纪60年代初，在孙乐宜副市长直接关心下，广州市在小学和区少年宫广泛开展围棋普及活动。孙市长对成年围棋也很重视，1961年成立广州市围棋队，黄汝平、余文辉成了广州第一批专业棋手。

1963年，创办广州市青少年业余围棋学校，并聘请广州棋界元老陈松顺先生担任校长。苦于当年广州成年围棋基础薄弱，师资力量严重不足，孙市长看在眼里，非常着急。他又做出重要安排，决定引进高水平的围棋教练来广州。

主意既定，孙市长专门去北京请陈毅元帅帮忙协调，经过各方努力，终于在1965年先后把袁兆骧老师和齐曾矩老师从广西和北京调来广州任教练。具体分工是：齐老师负责专业队的训练，袁老师负责青少年的培养。两位老师都是当时国内知名棋手，而且都是大学老师，他们的到来标志着广州围棋迈进了新的发展阶段。

当时广州市青少年业余围棋学校的学生们正处于年富力强、棋艺突飞猛进的时期，齐曾矩老师和袁兆骧老师的到来，无疑给他们带来天大的利好，两位老师言传身教，令诸多学生受益非浅，以下特记录两位老师的一些琐碎往事，感谢老师们的授艺和指点。

齐曾矩老师生于1924年，是一位全才。20世纪30年代中期，他的二太爷齐如山先生家里常是梅兰芳和姜妙香等探讨艺术的处所，齐曾矩小小年纪，经常到齐如山家中玩耍，在此时就种下了京剧及梅兰芳艺术的种子。但是齐曾矩老师的才能，并不局限于京剧，可以说，他是位天赋极佳的体育明星。

早在20世纪40年代中期，齐曾矩老师在北京第四中学和辅仁大学就读时，就以惊人的弹跳力在跳高（17岁时，齐老师在北平先农坛华北运动会获跳高冠军，成绩是1米80）和排球上蜚声体坛，他还曾经参加远东运动会。

齐曾矩老师

齐曾矩老师研究梅派唱法是在结束运动员生涯之后。他从宏观到微观对梅先生的歌唱、念白进行科学解剖，仔细分析，几乎把梅兰芳鼎盛时期的所有歌唱记录，以及绝大部分梅派演员和著名票友的唱法都做了研究、比较，用他自己那种和梅先生十分相近的嗓音由浅入深地实践。他不是单纯研究唱法，对徐兰沅那种京胡伴奏格调也同时下手操练，并达到很高的境界。

齐曾矩老师的唱和琴，早已为一些名家和行家所称道，如梅葆玖、姜凤山和台湾的魏海敏、罗吟梅。香港的包幼蝶先生更是齐曾矩志趣相投经常沟通研讨的挚友。包称齐的唱念"极似盛年的梅兰芳大师，国内无第二个，全世界也找不到"。齐的音带资料传到香港，海外戏迷和行家都很震惊。齐曾矩老师集中田径、球类、围棋、梅派唱腔、琴艺于一身，而且都有很高水准，说他是京城一怪杰并不过分。

说来围棋是齐曾矩老师作为运动员时的一种"副业"，运动员生涯结束后，围棋就成了他从事的第一专业。中华人民共和国成立后，齐老师已经是北京屈指可数的几大围棋高手之一了。

1960年6月，日本围棋代表团首次访华，齐老师两度出场，分别对阵铃木五良和坂田荣男，虽都失利，不过过程却是可圈可点。

特别是与当时日本顶尖棋手坂田荣男一局，大半盘领先，一度胜利在望，最后竟然被坂田九段简单地吃了个类似"倒脱靴"，结果小负，此局令齐老师抱憾终身。为此，坂田荣男九段回到日本后，特意在日本《围棋》

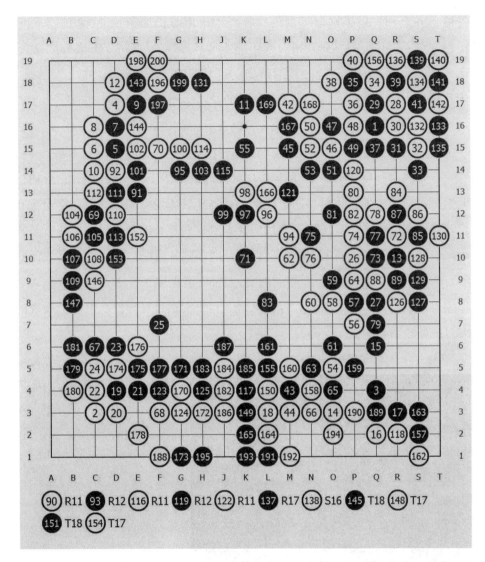

齐曾矩执黑负坂田荣男，200手以下略，白胜4子

杂志上刊文，称齐老师为"中国围棋最高实力者"。

印象中，齐老师身材挺拔，额头很高，浓眉大眼，相貌堂堂，棋风也是中规中矩，注重棋理，这与他的面相非常吻合。齐老师对学生要求很严，专业上一丝不苟，这一点他当年的学生陈志刚感触很深。

多年后，陈志刚仍印象深刻，据他回忆："当年自己年纪小，有时候比较懒。齐老师发现了这个不良苗头，特别语重心长地和我说：'我们下围棋，一定要下功夫去钻研和研究，不能走捷径。'正是听进了齐老师的这段话，才能在学棋的重要阶段，踏踏实实打好基础，这也是最终成长为一名优秀棋手、优秀教练的重要保证。"他的学生容坚行也回忆："齐老师的棋风很正，特别注重大局，像日本著名棋手大竹英雄九段的美学求道派，很多学生都记得他在复盘指导时，常说的一句话：全不要就赢了。"

袁兆骥老师是北京人，生于1918年9月22日，1946年毕业于北京辅仁大学。1948年参加解放军第四野战军，1955年转入地方工作，他曾在包头和长沙等地有色金属学院任教，于1959年调到广西桂林冶金地质学校任教。

相对齐老师棋风的中规中矩，袁兆骥老师则是完全意义上的"野战派"，酷爱杀棋，这一点可能与他早年在长沙与湘军各路豪杰淬火搏杀有关。袁老师生得浓眉善目，总是满面笑容，单看面相，实在很难与他在棋盘上展现的大刀阔斧联系起来。

袁兆骥老师夺得广西第一届全运会围棋冠军

袁兆骥老师的大弟子，来自广西桂林的前国家围棋队队员黄进先，棋风也是骁勇无比。"文化大革命"时期黄进先入调河南省，主持河南省围棋培训和发展工作，人称"中原围棋之父"，后历经多年辛勤耕耘，先后培养出刘小光、汪见虹、丰云、王冠军、时越等一大批实力战将，由此，力战型棋风也可谓得以一脉相传。

袁兆骥老师的弟子

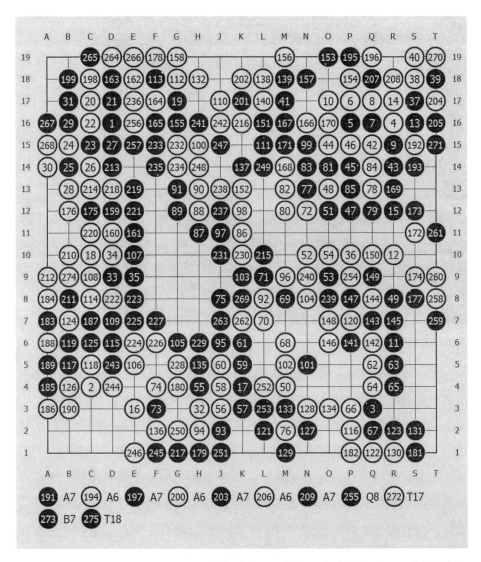

1964年杭州全国围棋赛，袁兆骥执黑275手和黄永吉

中还有老牌广西围棋冠军白起一，而多年后，白起一又发现并培养出来自桂林的业余围棋天王级选手唐崇哲，这些都是袁老师早年种下的善因结出的硕果吧。

袁兆骥老师的得意女弟子黄妙玲，即深受袁老师影响，颇得真传，留下不少棋坛趣事，此处暂时按下不表。

袁兆骥老师全家福

　　黄妙玲撰文回忆："袁老师人很好，他训练抓得很紧，我从他身上学到很多。袁老师主要是教小孩子的，所以我跟他学棋的时间比较多。"

　　黄妙玲还说："袁老师好战，齐老师注重理论，是两种完全不同的棋风。受他们的熏陶，我就养成了好战、具有大局观、重视理论的风格。"

　　说起袁老师吸烟，他一手拿烟，一手下棋，两不耽搁，堪称一绝。这在当年队里是尽人皆知，袁老师的另一位得意弟子敖立婷也专文提及。袁老师下棋时吸烟，可以从早到晚，一刻不停，眼看一支香烟即将燃尽至尾部，他会以很快的速度续上另一支，香烟的接续过程从来不需要打火机相助，速度之快看上去令人瞠目结舌。下棋时，袁老师和对手常常已经神游局中，完全没有留意到烟灰会洒落到棋盘上，那些烟灰就仿佛白莲花一般，飘飘扬扬落下，并缓缓盛开在黑白子之间了。

第四节　正适时百花齐争艳

20世纪60年代初开始，在孙乐宜副市长的直接关心下，广州市在小学和区少年宫开展了围棋普及活动。当时开展得比较好的有荔湾区的宝源中约小学、明兴里小学、东山区的清水濠小学、海珠区的宝贤大街小学等，还有海珠区少年宫、东山少年宫等。

市三十六中学教师黄逢春、海珠区宝贤大街小学教师梁权威和老前辈邓荷农先生，则是校园围棋普及推广的佼佼者。广州市第一批少年儿童围棋苗子也崭露头角，包括莫汉昌、陈志刚、闵毅、古辛才、容定行、容坚行、赵翰梅、黄小虹、陈婉瑜、陆佩玲、黄妙玲等。

1962年，陈毅元帅在北京组织六省市少年儿童围棋比赛，当时王汝南是少年组的，聂卫平是儿童组。

这次比赛，广州市参赛队员有陈志刚、闵毅、古辛才、赵翰梅、黄小虹等，他们大多学棋还不到两年，有些还不到一年，其中陈志刚获得儿童组第四名，赵翰梅和黄小虹分获女子组第三名和第四名，赛后陈毅元帅亲自为赵翰梅和陈志刚颁奖。

广州容定行也参加了这次比赛，而且在儿童组比赛中，战胜了赛前夺冠呼声最高的聂卫平，这事聂老记了一辈子，即使是几十年后，他一见面就说当年就是容定行赢了他这盘棋，不然是要拿冠军的。

这次比赛反映出当时广州市少年儿童的围棋水平已基本达到全国先进水平了。这次比赛少年组前三名是合肥王汝南、杭州姜国震、上海华以刚。聂卫平获得儿童组第三名，前两名分别是上海范九林和成都丁开明。

1963年，广州市创办青少年业余围棋学校，学校选址在旧中苏友好大厦（现老广交会旁），后转到越秀区大北路越秀公园旁。当时学校的办公用品和桌椅等，是由原广东省军区政委、时任广州军区副参谋长的王一平少将和广东省军区副政委孙正少将从部队支持解决的。王一平将军是围棋爱好者，后来回到他的家乡广西担任自治区副主席，还一直支持广西的围棋发展。孙正将军也是围棋爱好者，后来调回北京担任商务部副部长，每年在北京举行的陈毅杯老同志围棋赛上都能见到他的身影。

　　当年创办的广州市青少年业余围棋学校，聘请广州棋界元老，有"华南神龙"美誉的陈松顺先生任校长，卢作尧、邓荷农、黄贤楷、钟锡龙、莫洪江、梁国兴等前辈为指导老师。学生由各区和学校推荐，根据水平和成绩分为甲一、甲班、乙班、丙班共4个班，人数五六十人。

　　师资方面具体安排是：卢作尧、黄贤楷负责甲一班和甲班，钟锡龙、莫洪江负责乙班，邓荷农、梁国兴负责丙班。学校还专门编写了围棋教材和练习题，每个学生都有学生手册。而在这间围棋学校的同一时期，饶建真负责广州东山区少儿围棋培训班，汪思成负责广州越秀区少儿围棋培训班。

　　广州棋界前辈汪骅先生曾经撰文回忆：这是全国第一所围棋学校，但教师没有编制，没有工资预算。所有任课教师的报酬，都按课时计发，每上一次课，校方付给课时费两元（此标准等同于在公园棋坛应众对弈一个晚上的茶水费）。先后在围棋学校任教的有卢作尧、邓荷农、梁国兴、钟锡龙、黄贤楷、莫洪江……他们任劳任怨。

　　当年，广州市青少年业余围棋学校管理十分规范，每个星期上三次课，基本是星期三、星期六下午4点以后和星期日上午上课，所有参加训练的学生都是免费的，还可以报销交通费。当时乘公共汽车或电车车票为4分至1角6分不等。因为很多学生家庭都比较困难，大多数学生选择走路而不乘车上学，他们宁愿拾车票去报销，攒凑够了钱买零食或贴补家用。

　　据容坚行先生回忆："当时无论春夏秋冬，三哥容定行和我基本上都是赤脚上学，风雨无阻。不过也有意外受阻的时候，围棋学校在旧中苏友好大厦上课时，因为大厦档次较高，要求穿鞋才能进入。这时候我们就喊楼上的小伙伴们扔鞋下来，穿上鞋后，堂而皇之地看着目光略显诧异的门卫进入大厦了。"

得益于系统的训练，学生们进步很快，呈现出一派英才辈出、百花争艳的喜人景象。陈志刚、容定行、容坚行、陈嘉锐及4位女将黄妙玲、赵翰梅、陈婉瑜、陆佩玲被编进甲一班，成绩突出，各个棋艺高强，当时被称作围棋学校的"八大金刚"。

1965年在成都举办的十省市少年儿童围棋邀请赛，就是由广州市青少年业余围棋学校甲一班8名棋手参加，其中陆佩玲、陈婉瑜分别获得女子少年组第三、第四名，陈嘉锐和黄妙玲分获男女儿童组第四名，可谓成绩不俗。

《广州日报》曾刊载当年的"八大金刚"合影

汪骅先生这样写道：就是这样一间极不"正规"的学校，培养出多名高段棋手以及此后多届的省、市冠、亚军，还培养出全国冠军。

当年在围棋学校的小伙伴们，还有胡均安、吴武典、谭展超、杨启荪、赵志强、梁兴华、张志雄、林凤阁、张妙华、程剑龙等，他们有的从事围棋裁判工作，有的投身围棋普及推广，有的一直保持着对围棋深深的热爱，他们都在不同岗位上大力支持、积极参与围棋活动，并为围棋事业做出了各自的贡献。

第五节　战须眉金刚女扬威

上一节说到广州市青少年业余围棋学校甲一班这"八大金刚"，那可是个个风姿绰约，人人皆有千秋，篇幅所限，此处其他人物按下不表，单单说说那女金刚之首黄妙玲。

黄妙玲师从袁兆骥老师，棋风彪悍，极为好战，善使两口日月双刀，势大力沉，锋利无比，实非常人所能对阵。

1965年的一天，孙乐宜副市长到学校接黄妙玲去下围棋。领导亲自来，而且是轿车出行，待遇很高，妙玲非常开心。下午车到兰圃，经介绍才知道原来对手是陈毅元帅。

初始，孙市长考虑到陈老总工作繁忙，休息之余下棋调剂身心为上，担忧男金刚们出手过重，所以安排女孩子比较合适。

没有料到，棋路一开，妙玲就四处出击，砍杀起来，不多一会儿，陈老总大龙已然告急。眼见盘面棋势紧张，孙市长赶紧低头附在妙玲耳边，细语叮嘱妙玲："不要杀得这么厉害。"可惜为时已晚，局后陈老总哈哈大笑说："这小孩真厉害，这么凶狠，把我的大龙都给吃掉了。"然后陈老总大手一挥，那手势仿佛在空中划出一道雨后绚丽的彩虹，刹那间一切都云开雾散。"不怕不怕，这女娃厉害啊，再来！"

另有一次，陈毅元帅来到广州，由孙乐宜副市长亲自派车，接陈嘉锐去和陈毅元帅下棋。陈嘉锐当时才11岁，事前只知道是和一位老爷爷下棋，陈嘉锐还赢了棋，回来老师告诉他，才知道对手是陈毅元帅。

1973年，国家围棋集训队恢复，黄妙玲也调到北京集训，历史原因，耽误了她学棋的黄金年龄达7年之久。由于专业训练中断的时间较长，导致她在入队时的水平比其他人低，不过靠着自己的勤奋和努力，她还是慢慢地缩小了差距。

黄妙玲老师后来回忆："1972年底，国家恢复了围棋集训队，我就到了北京集训，从那时候开始正式走上职业围棋的道路。在棋队时，我面对着陈志刚、容坚行等男将，一开始只有我一个女生在训练，如果我不勇猛一点，怎么和他们下棋呢，所以我的棋常常很凶。"

1974年，黄妙玲参加全国围棋锦标赛，当时的全国赛是男女混合赛制，实力较弱的女队员赛前并不被看好，怎料一场好戏正在酝酿。

比赛中黄妙玲遭遇男队华以刚。华以刚来自上海，科班出身，老国字号队员，基础扎实，棋理清晰，功力深厚，棋风华丽多变，尤其擅长轻快腾挪，堪称当时国家围棋队"小诸葛"。如今，实力派华以刚对上女队员黄妙玲，多少心存轻慢之意；反观妙玲，深知功力不及，铆足劲头，准备一拼到底，此消彼长，似乎棋局未开，胜负之神已做出了选择。

棋局上果然泾渭分明，开局华以刚即步调疾驰，但这恰恰违背了"慎勿轻速"的围棋要诀，妙玲候得正着，双刀齐出，快如疾风，势如闪电，华躲避不及，刀锋所向，早被妙玲斩于马下。

此正是：意轻敌小诸葛失蹄，力千钧女金刚扬威。

无巧不成书，当日另一位女将何晓任也建奇功，竟然将国字号男队员陈志刚拉下马来，上演了一出"两弱女子齐齐砸缸（刚）"的好戏，轰动赛场，一时传为棋坛佳话。

1974年广东省运会，黄妙玲获得广东省办赛以来第一个女子冠军，陆佩玲获得第三名。1978年，黄妙玲获得全国赛女子第六名。1979年全运会，黄妙玲获得女子组第六名。1980、1981两年她代表广东队出战，都获得了女子团体第三名。1982年黄妙玲定为职业三段。

1987年，黄妙玲退居二线，转而成为广东少年儿童队总教练，吴肇毅九段就是她慧眼识珠培养起来的。或许是幼时受几位恩师影响，她深深地爱着教棋育人的工作。

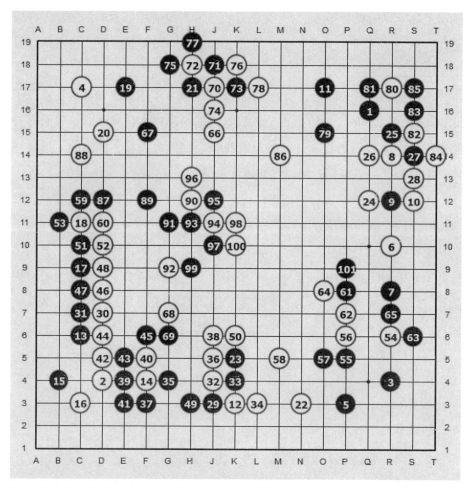

1987年全运会预赛，黄妙玲执黑101手中盘胜黎春华

　　说起启蒙老师黄逢春，黄妙玲回忆："黄逢春是我的启蒙老师，小时候我在明兴里小学读书，本来我想报乒乓球班的，结果看到一个老师在讲围棋，我一下子就入迷了，老师就问我报了什么项目，然后他建议我改报围棋，我也觉得学围棋很好玩的样子，就报了围棋。"

　　"报了围棋之后黄老师常常让我们去他家里练棋，他像慈父一样对待我们。因为我父亲去世比较早，所以小时候家里经济比较差，妈妈要做些手工来补贴家用。当我要去比赛时，黄老师就跟我说：'没关系，我让班上的同学来帮忙，你来训练。'这样才能保持我正常的训练，那两年我的进步就

黄妙玲（右）与敖立贤（左）合影

比较快。后来要去北京的时候，黄老师知道北京天气非常冷，他就送了些衣服和袜子给我，还写信鼓励我。他对我的照顾可以说是无微不至，我真的十分怀念黄老师。"

黄妙玲老师回忆："一次省赛，我到惠州去看到一个小朋友很有计算力，又没有名师指点，但是很有资质，就请他到省队集训，后来他进步很快，一两年就追上了廖桂永和梁伟棠，那个小朋友就是吴肇毅。"

"当时吴肇毅才12岁，并不起眼，那次比赛的成绩也一般。我让他五六个子都下不赢，不过他那副不服输的样子给我留下了很深的印象，尽管他当时的水平很低，也没有经历过大场面，但我觉得他很有潜力。他们云浮本身没有什么高水平的教练和棋手，他能有这样的表现，我就觉得很不错，就提议把他带到省队集训。"

"吴肇毅很灵活，人也精明。到了省队之后他的进步很快，非常用功。经常别人在摆谱的时候，他就会在一旁问这问那。一年多以后，他的水平就很接近梁伟棠他们了。"众所周知，如今的吴肇毅已经成为职业九段，而这一切，与当初黄妙玲的慧眼识珠是分不开的。

除了吴肇毅，著名旅日棋手苏耀国的成才，也离不开黄妙玲的辛勤培养。"我不是苏耀国的启蒙老师，但我陪伴他的时间很长。苏耀国是五六岁开始学棋的，在他进入省队前，他的父母经常来我家，请我教教他，他就有很大的进步了。"

"后来省队觉得他的进步很快，就想把他调到省队集训，但他当时只有8岁，生活还不能自理，需要教练全权负责，换句话说就是除了当教练还得当保姆，我们之前都没有收过这么小的孩子。但我看他很灵活、很有天赋，虽然平时很调皮，但一坐到棋盘旁边就会变得很专注，就是冲这点，我同意了。苏耀国不论对谁下棋都很用心，所以他的棋力进步很快。"

2000年起，黄妙玲老师到东山区少年宫教了10年棋，转眼间就60年了，她一辈子也没离开围棋。"看来，围棋是会陪伴我一生了"，黄妙玲老师这样说。

黄妙玲老师在指导学生

第六节　赞手足兄弟情义重

　　1953年，原籍广东台山的容宝琛先生带着一家人回到广州。最先在广州市解放北路周家巷的一栋三层小楼上安下家来，那里是广州的老市区，生活与出行都十分方便。

　　容宝琛先生有4个儿子，他将4个儿子姓名中间的字作了编排：分别是立行、志行、定行和坚行。当时，谁能设想孩子们会从此名扬海内外呢？

　　容宝琛是个足球爱好者，每天下班回家，就带着孩子们到离家不远的中山纪念堂附近去踢球。有时兴致一来，还分成两队，来一场家庭足球赛。

　　广州中山纪念堂，坐落在美丽的越秀山南麓，那是一片瑰丽而庞大的建筑。它是广州人民和海外华侨为纪念孙中山先生集资兴建的，于1929年1月动工，1931年11月建成。

　　纪念堂总体布局采用中国传统的宫殿式风格与近代西洋平面设计结合。它是一座八角形建筑，白色花岗岩为基座和台阶，淡青色大理石为墙裙，乳黄色贴面砖为墙身，紫红色水磨大柱上盖

容氏一家合影

宝蓝色琉璃瓦顶，层叠舒卷，显得格外雍容华贵。前檐下横匾高悬孙中山先生手书"天下为公"4个大字，雄浑有力。

当年的中山纪念堂前有一片极为平整的空地，是广州人运动的好去处（中山纪念堂现在的围墙建于1963年，之前可供市民随意游玩）。这片空地，是难得的踢球宝地，那时候它可以说是容家父子的足球乐园。

1957年，容宝琛先生单位分配住房，一家人遂离开周家巷，搬到广州的"河南"（指珠江南岸的海珠区）。他们的新家在河南的牛奶厂街，宝山里七号二楼（现广州海珠区同福中路），这里距离宝岗体育场直线距离不过50米，可以说是一家足球迷的理想住所。同时，这里距离邓世昌故居也很近，邓氏故居位于海珠区宝岗大道龙珠直街龙涎里2号。

家里老大容立行回国后不久就远赴杭州农校学习和发展。老二容志行是一家人中最痴迷足球的，瘦小个儿，光脚丫子，穿着反领汗衫，枣红短裤，斜背一个圆鼓鼓的书包，里面装着蓝白相间胶球，这个典型的形象已经牢牢刻在班级老师和同学们的脑海中了。

当时，一起踢球的小伙伴们家庭经济都不宽裕，踢球时都是当"赤脚大仙"，胶球本身又小，起脚高了踢不到，起脚低了就要"磨姜"（粤语是擦破脚趾甚至踢掉脚指甲的意思）。

容志行对足球的痴迷加上勤奋，使他的球技很快在小伙伴中间脱颖而出，皮球在他脚下如粘了胶水一般，左右开弓，神出鬼没，掌控自如，他是小伙伴们眼中的"球王"。

随着岁月的延伸和容志行球技的进步，没过多久，新的问题很快摆在了一家人的面前。

当时一家6口，主要靠容宝琛的工资收入维持，经济比较拮据。那时候粮食不够，家里就安排上午少吃点，下午多吃点；月初少吃点，月尾多吃点。最困难的时候，还曾经拌过野菜、薯藤充饥。容宝琛夫妇其实很支持志行踢球，可是这样半饥半饱的日子，怎么能够提供足够体力给志行，坚持体校的训练呢？

群众的智慧总是无穷的，容宝琛于是借周日休息，就带定行和坚行兄弟去附近的河里捉鱼。运气好的时候，确实可以捉到不少食指长短的小鱼，拿回来清洗干净，夫人用清水煮鱼，只是略微点些盐，那热气腾腾的鱼汤，已经是志行当年的高级补品和一家人的美味佳肴啦。

那时，一家人在街道饭堂搭伙食。容夫人白天参加街道工艺组劳动，晚上料理家务到深夜，操劳过度，脸上浮肿了。志行每餐都从自己的饭钵里挖一块双蒸饭（蒸了两次的米饭，视觉效果看起来多些）给母亲吃，而他自己回到体校训练，练不了几下，肚子就饿得咕咕叫。

有一次，志行实在饿得慌，就从弟弟的饭钵里挖了一团饭放进嘴里。当时这一举动在弟弟看来，无疑是动了他的"奶酪"，立马高声哭闹起来，志行看在眼里，当场掉下了眼泪。不过弟弟的哭闹，反而引起街道居民组长潘大姐的注意，她了解到情况，马上向组织汇报，后来组织想方设法每月给志行落实补助了几斤粮食，也算是解决了一家人的燃眉之急。

在家里，老三定行和老四坚行年龄最接近，一起上学放学，一起去田里摘番薯叶，一起踢球捉鱼，可以说是如影随形。1961年，梁权威老师来到宝贤大街小学，他们俩又一起加入三棋训练队，一起学棋，一起成长。

1963年，广州市创办青少年业余围棋学校，学校选址在旧中苏友好大厦（现老广交会旁）。家住海珠区的兄弟俩每次去训练都要走很远，步行单程一个小时左右。定行坚持步行上下学，节省交通费，长此以往，竟然攒凑了整整10元钱交给母亲，这给了容夫人极大的惊喜。要知道，在那时候一箩筐几十斤重的香蕉，只需要1元钱购买啊。

1964年小学毕业前，广州市外国语学校提前来学校挑选尖子学生，容坚行被选中了。这个消息不知何时传到市体委，主管棋类的钟惠华老师（后成为广州市资深法律专家）特意去到容家，和容宝琛说，去外国语学校固然好，不过围棋人才时下特别难得，尤其是小坚行很有天赋，更加难得。容宝琛当然十分理解，回答说只要国家需要，去哪里都没有问题，这样也就决定了容坚行可以在围棋的道路上继续前行。

到1966年底，广东省队通知容定行和容坚行归队参加集训，准备集训一个月就转为正式运动员。集训半个月后，当时全国的运动队，包括军体

容定行打谱中

系统的运动队全部撤销，集训中止了。容定行也去了农村，而且一待就是8年。

种种原因，容定行没有走上职业围棋道路，后来他成为广东业余棋王，是广东第一个业余五段，曾经参加全国业余的百团千人大战，获得第六名。容定行非常痴迷围棋，长期从事围棋培训和教育工作，他还是国际级围棋裁判，在中国业余棋界也是大名鼎鼎，多次获得广东省和广州市业余大赛冠军。

容定行教棋常常是不计较报酬的，像李华嵩和陈一鸣等都在他家里学过很长时间，不但不收钱，有时间他还会主动跑去人家里教棋。曾经有段时间，容定行发现陈一鸣学棋停了下来，他特意跑去陈家，和陈一鸣的父亲聊天并劝说继续学棋，一鸣的围棋兴趣逐步培养起来了。

容定行很热心操办围棋赛事，常常集运动员和裁判员于一身，这样做的初衷是既能维护赛事，又能过上棋瘾，不过也有出人意料的时候。

20世纪90年代后期，广州市举办大规模围棋个人赛事，由于参赛人数众多（数百人），赛事周期有限，所以赛制只能是采用快棋方式，单盘限时每方30分钟包干，一天要下六七盘。围棋爱好者们都有体会，这种快棋比赛，时间太紧，不容思考，即使是高手也极难控制，比赛过程常常也是冷门迭报。

首届赛事关键轮次，容定行对上了来自广州华南理工大学的一个后生棋手。此后生在华工也算是个好手，不过与容定行相比，实力悬殊，若是慢棋，稳稳拿下当不在话下，但因为是快棋，加上此后生也偏爱拼搏厮杀，胜负徒然生出许多变数。

果不其然，开局双方就扭杀起来，不过容定行功力深厚，很快占据优势。怎料那后生三招两式竟然妙笔生花，在容定行大龙空中做出一个"花六"，这朵花仿佛是二三月间花城广州遍地盛开的木棉，鲜艳夺目地绽放在棋盘之上。

　　容定行自知大龙局部已经不活，情势万分危急。好在身经百战，临危不乱，暗暗扫视棋盘，发现对方包围圈也并非铜墙铁壁，尚可谋划。趁后生以为擒获近四分之一棋盘超级大龙，大功告成之时，容定行竟然实施反包围，将后生大棋牢牢裹住，逼迫对方全部收气吃，从而占尽棋盘四周便宜。局终数子，裁判宣布，容定行黑棋大胜三又四分之三子，这个结果足令那后生和四周众多观棋者目瞪口呆，久久不敢相信。

　　时隔20多年，当年现场观棋的佛山业余高手冼建辉对此棋局仍然记忆犹新，说起当时盘上形势的变幻莫测，禁不住感慨万千。

　　常说无巧不成书，一年之后的第二届赛事，容定行与此后生再度狭路相逢。容定行还是黑棋，终究是琐事缠身，加上久战体力难支，几个回合，一招不慎，容定行超级大龙再次被"咔嚓"锁住。得了前次的惨烈教训，这回那后生只顾步步扎紧口袋，其他全然不理，任凭再三试探，终究大势已去。当裁判宣布白棋获胜，后生腾然起身，振臂高呼，"终于打倒了"，

容志行（右）与容坚行（左）兄弟在1975年第三届全运会合影。志行代表广东足球队获得冠军，坚行代表广东围棋队获得团体第三名

兴奋之情，溢于言表。此时此刻，容定行默不作声，静静地收拾起棋盘上散落的棋子……

容家兄弟4人，容志行是中国足球的翘楚。老三容定行和老四容坚行则是围棋高手，尤其是容坚行，职业五段，曾为国家围棋队队员。哥三个均能上场踢球，再在棋盘上对弈，可谓文武兼备，动静相宜。

受两个弟弟的影响，容志行也喜欢上了围棋。容坚行在学校下棋时，已念初中的容志行经常跑到学校来看他们下棋，有时兴起，也找弟弟和几位同学杀上几盘。容志行回忆，他中学时参加过唯一一次的广州市中学生围棋比赛，还碰上了当时的中学生高手刘文康。

容志行和容坚行两兄弟先后进入国家足球队和围棋队，成为国脚和国手。两人兴趣相仿：容坚行的职业是围棋，平时经常上场踢球；容志行专攻足球，但围棋成了他的兴趣和爱好。"后来他每次上北京开会，总是先去中国棋院报到，找棋友下几盘棋后再去足协报到。"容坚行说，"在国家围棋队中，陈祖德、聂卫平、王汝南、华以刚都是容志行的好友和棋友。"

王汝南回忆说，容志行的棋瘾很大，经常找职业棋手下棋，相互间熟了，职业棋手们也不客气，让他四五个子，仍将其杀得溃不成军，让容志行很难受。后来他索性找同等水平的围棋队工作人员下棋，这样他既过了瘾，又能赢棋。

容志行经常出国比赛，他消磨空余时间的办法就是看棋书，随身行李里总带着《日本名局精解》之类的围棋书籍。没人陪他下，他就自个儿琢磨。容志行性格随和，又喜欢下棋，他的棋友遍布全国，每到一个地方，他都能找到一些棋友。他退役后，在广州二沙岛担任广东体育运动技术学院党委书记，每天下班后，在棋队总能找到他。象棋泰斗、特级大师杨官璘也经常与他下围棋，他的棋友还有二沙头训练基地的行政人员、司机和田径队的教练等。

下棋能给容志行的足球职业生涯带来什么呢？容坚行讲过这样一件事。有段时间他在围棋上面临瓶颈无法突破，颇为苦恼。容志行开导他："不要老是埋头下棋，要学会调节。一方面可以调节精神，以免脑筋呆滞；另一方面可触类旁通从中得到启发。比如，我有一次去打篮球，看到别人一个过人切入的假动作很不错，我就在足球场上使用，效果果然不错。"

容坚行说，围棋对于容志行来说，不仅仅是一项智力游戏，更是一种精神调节，对形成"志行风格"是一种促进作用。"紧张训练和比赛之余，下下围棋是一种很好的调节，形成爱好后，围棋对他起到了潜移默化的作用，常动脑筋、爱思考，形成观察问题、思考问题和解决问题的习惯性思路，更有大局观。在围棋潜移默化的熏陶下，他的综合素质得以全面提升。"

棋圣聂卫平对容志行推崇备至，每次对中国足球恨铁不成钢时，他都忘不了要拿容志行做例子。"这么多年来，我一直认为容志行是中国足球踢得最好的球员，他为什么踢得好呢？因为他的大局观最好。他的大局观为什么好呢？因为他喜欢下围棋。他自己也这样说，说他在场上观察时，就用围棋的一些思路，看得很远，注意整体配合，大局观那不是一般的好。他的球之所以踢得好，围棋对他的帮助很大。"

2009年，首届中国棋文化峰会在广州番禺举行，聂卫平再次见到容志行。老友相逢，分外喜悦，容志行请老聂指导一盘，老聂欣然应允。容志行出招极快，深合老聂之意。一局战罢，老聂在夸奖容志行思维敏捷、落子飞快的同时，也笑称容志行的"勺子"越来越多。容志行哈哈一笑："岁数大了，'勺子'挡也挡不住。"

国家围棋队与中国女子足球队进行足球赛已成传统，年维泗每次必到场，客串围棋队的足球教练。他对常昊、古力等棋手在场上的表现赞赏有加："他们踢球会用脑子，有大局观，善于配合。本来他们的整体技术肯定不如职业球员，但他们却能不输于他们，确实是在用脑子踢球，弥补了整体技术上的不足。"

美称"手谈"的沉吟围棋与动感拼搏的黑白足球聚会一处，交相呼应，这正是：手足兄弟情义重，黑白人生诗画长。

第二章

特殊时期

第一节　遇艰难棋途路漫漫

　　1966年初的广州棋队，可以说是人才济济，奋勇争先，呈现出一片蓬勃兴旺的景象，队员们更是意气风发，对未来的美好前景充满信心。

　　1966年4月底到5月初，在河南郑州举办全国围棋锦标赛，当时分成年组和少年组，陈志刚、容坚行、聂卫平都能够打少年组的比赛，不过他们都没有打，而是参加了成年组的比赛，当时少年棋手中公认聂卫平最好，赛前非常引人注目。

　　参赛一共60人，分两个阶段进行，第二阶段就根据第一阶段的成绩，分成3个组。第一组有陈祖德、吴淞笙、王汝南等，争1~20名，容坚行打到第二组，争21~40名，最终他在第二组拿到第六名，也就是总成绩26名，聂卫平和陈志刚分别是第三组的第一、二名，也就是第41和42名。

　　那是容坚行第一次参加全国正式比赛，过程中，容坚行发挥神勇，战胜了不少国家集训队队员，有王立、朱宝训、杭承义等，还战胜浙江孙义章等老棋手，引起赛场的广泛关注。很多年后，杭承义还和容坚行说："当时我在国家集训队，少年棋手只盯着聂卫平，哪里知道还出了个广东容坚行，而且比赛还赢了我！"

　　那时候容坚行还不到15岁，因为比赛成绩突出，也引起国家集训队的注意。比赛过程中休息一天，大家就坐火车从郑州去兰考，学习全国县委书记的榜样焦裕禄的事迹。在去兰考的火车上，还专门安排容坚行和聂卫平下棋。当时国家集训队领队是李正洛，他和广东队领队刘莹说要把容坚行调到国家集训队。

　　1966年5月，"文化大革命"开始，国家围棋集训队解散，广东省棋队也解散了，一切来得那么突然，又那么迅猛，令人毫无防备，无法抗拒。

后来，广东省棋队元老杨官璘和老搭档陈松顺一道，到广州郊区九佛的五七干校劳动改造。九佛农场干校是广州市文化局办的一所干校，全市文化系统各单位都集中到干校去。在干校，每天都是学习、劳动，杨官璘与陈松顺被安排去放牛，披蓑戴笠地当起了"牧童"，当时的他们再也没有重登棋坛之念了。（20世纪50年代初，陈松顺与杨官璘并肩作战，多次与港澳及京沪、汉沪等联队进行对抗，战绩斐然，被誉为"羊城双璧""双打无敌"）

1966年底，日本围棋代表团来访，那是"文化大革命"开始后日本围棋代表团第一次访华。陈老总在北京饭店接见了日本围棋代表团，聂卫平、陈志刚和容坚行等都在北京观摩了中日围棋比赛。"接见日本围棋代表团时我在场，陈老总发表了热情洋溢的讲话，这是我最后一次见到陈老总。"容坚行老师这样说。

陈毅元帅是一位军事家、政治家，又是一位诗人，他酷爱棋艺更是为人们津津乐道。不论在反"围剿"的艰难岁月，还是在抗日战争、解放战争的烽火硝烟之中，下棋都是他战斗生涯中不可缺少的部分。曾经，在陈老总身边当过参谋长的一位老将军说，当年陈老总在敌人大兵压境时，还是从容不迫地一边下棋，一边指挥作战，那情景真胜过历史上的谢安。国务委员方毅同志曾写了一首诗怀念陈毅元帅，其中有"炮火连天气益壮，纹枰对局意悠闲"一句，真是生动的写照。

陈老总不但喜欢下棋，还大力倡导棋艺。当年凡是和他并肩作战的老战友、老部下，如邓子恢、方毅、金明、唐克等，无一不是受他的影响而爱上围棋的。中华人民共和国成立后，他们都成为我国围棋事业的积极倡导者、支持者。

由于陈老总对围棋事业的亲切关怀和大力支持，不但中国棋界无比爱戴，就连日本棋界也是敬佩万分。

1963年9月，日本围棋棋院和日本关西棋院赠送陈毅元帅围棋名誉七段段位称号和证书，这也是日本棋界首次对国外人士给予这样高的荣誉。陈老总去世后，日本棋院还追赠他围棋名誉八段称号。

1966年日本围棋代表团团长是岛村俊宏九段，团员有宫本义久八段、家田隆二五段，还有木谷门下年轻的三羽鸟石田芳夫、加藤正夫、武宫正树，他们当时分别是19岁、17岁和16岁。

当时还安排了日本棋手下一场指导棋，团长岛村九段让两子同时指导聂卫平和陈志刚，宫本义久八段让三子指导容坚行。因为当年容坚行在全国赛成绩不错，受到国家围棋集训队领导的重视。

世事变迁，斗转星移。1969年高中一毕业，容坚行就被分到学校当辅导员，然后走上了一段连他自己都不曾想到的教师之路。

容坚行来到广州市第五十二中学，在学校教物理，每周要上18节课。到学校不久，他被派遣赴广州师范做几个月短期进修，进修时限十分紧迫，后来这个进修班被同学们戏称为"黄埔二期"。

接下来，容坚行担任班主任，一个班级50多人，学生中年龄参差不齐，最大的还年长他2岁，而最小的也不过小他5~6岁。"说起来我当时也是一边学一边教，尽量通过自己努力来弥补各个方面存在的不足了。"多年后容坚行回忆到。

印象最深的是，经常要带学生们去农村劳动，建设分校，白天出没在田间地头，打土块（一件土块重25斤）、建房子，除草、插秧、通渠，什么农活都做；晚上集体学习，因蚊帐不足，聚在一起"喂蚊子"。

1971年后，容坚行当上了初中二年级级长。"当时我才20岁，全年级有13个班，每班60人左右，一共有700多人，是全校人数最多的年级，年级老师就有30多位。我常常需要站在学校的操场上，面对上千名老师和同学讲话，那种场景至今都历历在目。"容坚行这样说。

"1972年，广东棋队恢复了，就在广州市二沙头训练基地重新组队，杨官璘等都回到省棋队。当时就要把我调回广东队，但是因为我在当物理老师，还是学校的教学骨干，文教办实在缺乏师资力量，调动的事也是久久不能落地。"

1972年底接到消息，为迎接1973年坂田荣男为团长的日本围棋代表团访华，所以要在北京组织国家围棋集训队，是周总理亲自批示重组的国家集训队。

那是1972年12月26日下午，容坚行正在教室里上物理课，看到教室外的窗玻璃上趴着十几张面孔，是学校的革委会主任和十几位老师。看到这个场景他当时心想，这次工作调动的事看来要成了，后来听说他们十几位都是"来听容坚行上最后一堂物理课"的。

一下了课，学校革委会主任就告诉容坚行，马上去教育局报到，那边正在等他办手续。一切都来得那么突然，容坚行立马踩着单车，风驰电掣般飞向教育局。教育局和体育局，一路绿灯，在体育局，领导不由分说，塞给他一件军大衣和一张火车票后，容坚行在学校的欢送会都来不及开，12月28号晚上就踏上了去北京的列车。

"12月28号晚上广州火车站，学校的30多位老师特意赶到站台，为我送行，那依依不舍的场面，令我久久难以平静。26号下午还在上物理课，还是初二年级的级长，28号晚上就要上北京，马上要成为国家围棋集训队队员，这时间节奏，这角色切换速度，怎不令人感叹，一切变化都来得太快！"容坚行感慨地说。

第二节　复振兴广东三英杰

1973年元月1号，重新聚集的国家围棋集训队开始训练了。陈志刚、陈嘉锐、容坚行和黄妙玲都参加集训，正式成为国家集训队队员。

那时候，大家经历了各种困难和迷茫，重新回到围棋中来，都非常珍惜这个来之不易的机会，每个人都百倍地努力，全身心投入忙碌的训练中。

当时，几位广东队队员的水平基本上还是"文化大革命"前少年时候的水平。其他很多人原来就是国家队队员，而且在"文化大革命"期间，他们在工厂里还有机会下棋。聂卫平从黑龙江生产建设兵团回北京时，也经常跟他们下棋，加上聂老的天分，基本已经能和陈祖德、吴淞笙、王汝南他们抗衡了。此时的广东3名男队员就感觉很难很吃力，只有加倍努力弥补差距，不过这似乎并不容易。

1936年，16岁的陈松顺（左）获"战胜攻克奖"

当年，在国家围棋集训队，陈志刚、陈嘉锐和容坚行3位都来自广东，也被称为"广东三杰"。虽然他们个人实力在队里并不拔尖，不过他们辛勤付出的努力有目共睹。

陈志刚出生于象棋世家，他的父亲是号称"华南神龙"的陈松顺前辈。

陈松顺1920年4月8日出生于广东省台山县广海镇，早年曾师事同乡名手雷法耀，少年时即以"象棋神童"名震乡里；16岁到香港学艺，拜有"棋仙"之称的钟珍为师，得其神奥，在棋坛崭露头角；抗日战争期间及其后颠沛流离，挟技行走江湖，在湘、桂、滇、黔、沪等地摆设棋局、攻打擂台，成为技压南中国的"乱世棋王"；1949年代表香港参加"穗港澳三角埠际象棋比赛"并夺得冠军，获得"华南神龙"美誉。

陈松顺弈法能攻善守，布阵擅长"五八炮"与"斗顺炮"，中残局变化阴沉妙蕴，高深莫测，因有"神龙"之号。

陈松顺1956年任《象棋》月刊副主编，1983年任《象棋报》主编。1956年后，多次担任全国棋赛的裁判长工作，积累了丰富的实践经验。对中国象棋竞赛规则的完善、修订，贡献良多。注意培养棋坛新进，吕钦、刘星、黄子君、黄玉莹等名手均曾得其点拨。

由于各种原因，陈松顺没有参加过正式的全国比赛，但其实力公认应跻身于20世纪50年代一流高手之列，是没有大师称号的大师。

20世纪50年代，陈松顺夫妇和三个儿子

陈松顺的象棋故事可谓广为人知，但他与围棋的一段缘分却很少有人知道。20世纪40年代，离家在外"跑江湖"的陈松顺由于抗日战争被困在了西南，一直靠棋艺维生。"有些地方象棋营生比较难，他就学起了围棋。"陈老的二儿子陈志刚解释道，"没有棋子棋盘，就拿黑瓜子、红瓜子代替棋子，在布上画个棋盘，自己买本古谱回来研究"。

这是这位象棋大师与围棋的第一次接触，也埋下了喜爱的种子。中华人民共和国成立后，政府把象棋列为正式体育项目，陈松顺成为广州棋艺社的第一任社长，除了推广自己擅长的象棋，他也开始着手围棋的推广。

当时的广州堪称"围棋沙漠"，围棋领域几乎一片空白，民间会下围棋的人极少。为了推广围棋，陈松顺在文化公园原有的象棋棋坛基础上增设了围棋棋坛，与三十六中的老师、当时广州比较出名的棋手黄逢春一起免费推广围棋。

到1963年底，广州市青少年业余围棋学校成立，陈松顺成了第一任校长，他的二儿子陈志刚与容定行、容坚行、陈嘉锐等一道成为围棋学校的第一批学生。广州市青少年业余围棋学校堪称广州围棋的"黄埔军校"，如今活跃在广州乃至广东的围棋界名人大多数都在这个学校里学习过，陈松顺在中华人民共和国成立后广州围棋的人才培养中做出了不可忽视的贡献。

正所谓将门虎子，小时候陈志刚才接触围棋，就显露出过人的天赋。1961年，学棋仅仅几个月，参加广州小学生比赛，就获得第四名。1962年北京首届全国六城市少年儿童锦标赛，他位列第四，聂卫平第三。

1963年，安永一先生访问广州，实力突出的陈志刚被特别邀请到宝贤大街小学观摩比赛，并接受指导。1966年，崭露头角的陈志刚作为省棋队重点考察对象，以少年棋手身份，参加了全国围棋锦标赛成年组比赛，获得第42名，聂卫平第41名。

1975年的全国运动会，以陈志刚、陈嘉锐和容坚行组成的广东队，显示出"大黑马"的本色，一路过关斩将，杀入半决赛，可惜未能突破陈祖德领衔的上海队，最终获得第三名，不过这已经是广东围棋队历史上的一大突破，这也是广州自己培养的年轻棋手在全国重大比赛中第一次取得如

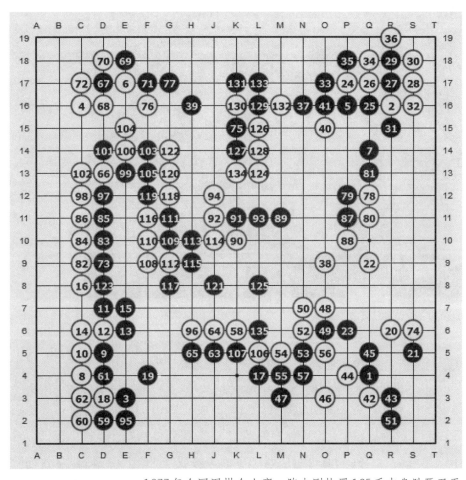

1977年全国围棋个人赛，陈志刚执黑135手中盘胜聂卫平

此好的成绩。

1977年，陈志刚在全国围棋个人赛上再次迎来高峰期，他发挥稳定，连克强手，包括战胜了最后夺冠的聂卫平，获得全国第三名。突出的表现，让他获选进入1978年中国围棋访日代表团选手名单。

陈志刚回忆，"象棋和围棋不能兼得，如果我想继续发展下去，就必须放弃其中一样。当时考虑到广州象棋全国领先，起步比较高，而广州的围棋则水平比较弱，参加比赛、学习的机会也多很多，所以就选了围棋。"

1982年陈志刚定为六段，著有《死活知识》。他曾长期担任广东省棋队领队、围棋队主教练，现任广东省围棋协会常务副主席。

方毅（右一）、陈志刚（左一）、聂卫平（左二）、陈祖德（右二）合影

在陈志刚看来，他的围棋生涯主要分为4个阶段：第一阶段是业余学棋，20世纪60年代初到进入专业队之前的阶段。第二阶段是专业棋手，从省队到国家队，后来又回到省队，最好的成绩是1975年，和容坚行、陈嘉锐一起拿过第三届全运会团体赛的铜牌。"而我获得1977年全国围棋锦标赛个人第三名，这在当时也是广州围棋的最好成绩了"。第三阶段是教练阶段，从1979年底开始担任省队教练，培养了廖桂永、梁伟棠和吴肇毅三个职业九段——当时是很了不起的成就，因为那时全国一共也就十几个九段，而且一定是要一级级打上去的。第四阶段是管理者阶段，1990年开始任省棋牌运动管理中心主任，任职20年，一直到退休。

如果说作为棋手的陈志刚成绩不是最亮眼，那么他在管理者阶段的工作可以说为他赢得了极佳的口碑。由于在任期间参与推出了大量群众性、社会性的棋类推广活动，广东棋界对他的评价很高。

退休后的陈志刚工作不像从前那么忙碌，但仍旧相当充实。"人生还没完，现在我要过好第五个阶段，有生之年我都不会离开围棋。从前围棋是我的职业，而现在则是推广快乐围棋。"陈志刚老师这样说。

如今，陈志刚主要是担任一些社会职务，比如广东棋文化促进会副会长。"我希望能够进一步提高广州乃至广东的群众围棋水平。"

　　陈志刚老师的弟弟陈志良与陈志刚一样在父亲的影响下先学会下象棋，随后又接触围棋，但陈志良最初对围棋并不感兴趣。"围棋学校最后一批招生，我两盘棋输了一盘没考上，也就是平常容定行、容坚行他们来家里玩，和我二哥下棋，我会在旁边围观，但不是特别感兴趣，当时反倒是象棋的水平还好一些。"陈志良回忆。

　　此后，在一个业余棋手的聚会上，陈氏父子结识了后来被誉为中国电脑围棋先行者的中山大学教授陈志行。"当时陈志良和陈志行女朋友下了一盘，开始我认为自己能指导她，结果惨败收场，几乎被剃了光头。"陈志良回忆说，"输了以后我就很不服气，女的居然也能赢我？于是就下定决心要打翻身仗。回来以后，我就拿《围棋》月刊自己研读棋谱，一周之后再战，结果是一胜一负。在这一过程中，我才慢慢对围棋产生了兴趣。"

　　此后，陈志良在父亲的带领下开始到一些围棋爱好者的家中下棋。"最开始对方让我9个子，3个月后变成我反让他2个子，然后就开始去一个水平更高的人家里下。"在这样"非系统"的锻炼下，陈志良的棋力也逐步提升，一年多以后，恰逢围棋业余培训班复课，陈志良进入培训班，开始系统的学习和训练。虽然最终未能进入省队，和哥哥一样走上专业棋手的道路，但在广州棋艺社成立后，他成了袁兆骥老师的助教，从此走上围棋培训的道路。

　　在围棋培训这条路上，最让陈志良有成就感的是"三棋入课堂"。"最早是在朝天小学，在时任校长李松顺的支持下，我写出了技术课程，在他们学校率先实现三棋入课堂。一个星期两节体育课，他们可以拿出一节来下棋，所以这个学校近些年来棋类运动水平都很高。最近市体育局和教育局也联合在推广三棋入课堂，准备在年底办个中小学教师棋类培训班，由我们负责给这些老师培训。"

　　除了在围棋培训方面有所成就，陈志良还是个优秀的围棋裁判，同时也是个智力运动的多面手。"智运会的时候，五棋一牌我都参加了。桥牌我还打得相当不错,可以说我桥牌拿到过的冠军比围棋要多得多。"陈志良自豪地说。

遗憾的是,孙辈们都没有继承这个棋艺世家的传统,陈志刚和陈志良也很尊重下一代的选择。"没有兴趣的话,强迫他们学也学不好。"陈志刚说,只要对棋有兴趣,不管是否棋艺世家出身,都必定能在其中寻找到乐趣。

陈嘉锐1954年出生,后在广州市宝源中约小学学围棋,1964年全国少年儿童围棋比赛获得儿童组第四名,1965年广州市青少年业余围棋学校时,他和陈志刚等已经位列"八大金刚"了,成名很早。

陈嘉锐九段这样回忆:"我的母校宝源中约小学是广州市颇有盛名的体育学校。前述广州市早期的围棋高手莫汉昌、古辛才、闵毅、赵翰梅、黄小虹都出自宝源中约小学,他们都是我的先辈。除围棋项目外,宝源中约还有体操、游泳、乒乓球等,为广东省和全国源源不断地输送了大批运动员。早在20世纪60年代,宝源中约小学曾设有围棋课,教师是王征远、曾雪明老师等,我第一次接触围棋便是王征远老师的围棋课,记得他在黑板上展示的19路棋盘使我大开眼界,课堂上的金角银边草肚皮至今还记忆犹新。课后我便加入了围棋班。"

1986年,陈嘉锐(右)代表香港获得第八届世界业余围棋锦标赛冠军

当年三年二班同学合照，左一伍仲强，左五刘国铭，左六陈嘉锐

"小学在经过一二年级教育后，三年级开始将有希望的同学归纳为两个班，三年一班是体操和乒乓球，我在三年二班是游泳和围棋。每逢暑假、寒假学校还组织集训，记得我的三年级暑假是在二沙乡集训，开始前王征远老师还让我6子，而结束时我几乎可以与他平下了，他是我很好的启蒙老师。学校对出赛的同学都大力支持和鼓励，记得我在参加全省小学生围棋比赛时就教导我是肩负着300万广州人民的期待，而参加全国赛时则是3000万广东人民的期盼，班主任还给我找来得体的出赛服装。学校还对有成绩的同学宣传和表扬。记得我在四年级时取得全国儿童组第四名，就获得校长在全校师生前的赞扬，同期我的同班同学被选入解放军游泳队更成了全校的佳话。"

"2016年宝源中约小学举行60周年校庆，我也回来出席了。见到阔别了50多年的老师和同学（其中刘国铭和伍仲强是当年的校内围棋高手），90多岁的班主任刘美仪，80多岁的教务主任郑炳尧，曾雪明老师和各位同学真是感慨万千，只可惜王征远老师已离去。我在外30余年，回到母校，真有一种回到母亲怀抱的感觉。现在同学们已组起了微信群，每天都有各种惊喜和消息，这也成为我身在海外的寄托了。"

1978年，陈嘉锐在全国个人赛上获得第四名。1979年，参加首届世界业余围棋锦标赛，排名聂卫平和陈祖德之后，获得第三名。1980年，他再进一步，获得该项赛事亚军。

1984年，陈嘉锐移居香港，还曾在金庸先生创办的《明报》工作。1985年，他代表香港参加世界业余围棋锦标赛，获得亚军。次年，他终于破茧而出，一举夺得第八届世界业余围棋锦标赛冠军。

1987年，陈嘉锐申请加入日本关西棋院，获得批准，暂定为五段。1996年，陈嘉锐升为九段。

1991年，陈嘉锐在第47期本因坊预选赛中，力挫坂田荣男等高手，神勇杀进循环圈，坐上了"黄金交椅"。当届循环圈强手云集，小林光一、加

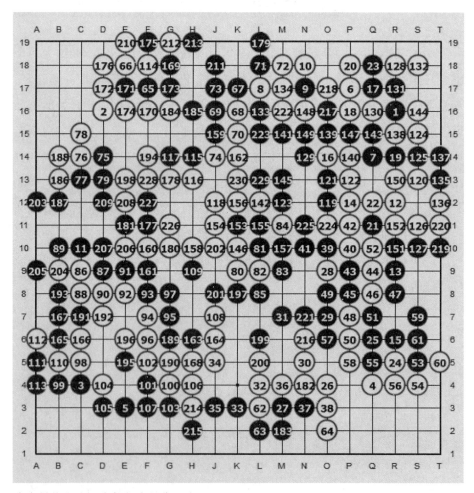

陈嘉锐执白230手中盘胜加藤正夫

藤正夫、大竹英雄、林海峰四大超一流赫然在列，还有片冈聪、今村俊也、小松英树等，陈嘉锐自然被视作降级热门。

不料循环圈开战后，陈嘉锐一路表现令人瞠目，首战力克"天煞星"加藤，次战虽不敌片冈聪，但随后连胜今村俊也、林海峰、大竹英雄，以四胜一负的佳绩与小林光一并驾齐驱。

第六轮陈嘉锐稍有意外输给了小松英树，最后一轮和小林光一狭路相逢，若取胜，则两人同为五胜二负，将要通过加赛决定挑战者。可惜那盘棋陈嘉锐未能发挥特长，最终与本因坊挑战权失之交臂，不过他也顺利保住了循环圈席位。2007年陈嘉锐还打入日本第33期名人战循环圈，再次引起日本棋界广泛关注。

说起当时国家围棋集训队的"广东三杰"，还一直流传着这样一件逸事。故事是这样的：说老广棋手陈志刚、容坚行和陈嘉锐周日在宿舍喝啤酒，才一瓶啤酒，三人喝了半瓶就已满脸通红。看到有棋手路过他们宿舍门前，就热情邀请人家进去喝余下的半瓶。这个笑话是"调侃"老广棋手的酒量，但更好笑的是，陈祖德、聂卫平和罗建文三位元老都自称是那位被邀请的棋手，谜底至今无人知晓。

陈祖德最喜欢传这个笑话，而且他每次说起来都绘声绘色，生动传神。于是后来，当容坚行到陈祖德家吃饭时，就提出要与他当面PK，一人一瓶啤酒，以证明"广东三杰"喝一瓶啤酒还要请人帮忙，这一笑话纯属子虚乌有。

第三节　克险阻黑白子重光

　　1961年，在孙乐宜副市长直接关心下，成立广州市围棋队，余文辉和黄汝平成了第一批专业棋手，并在1964年国家体委公布的第一批43名五段到初段棋手中，一同被评为初段。曾获得第一届广东省围棋比赛冠军，后来移居香港的著名商人孔庆隆先生，也在队里集训过。

　　1962年，中国围棋协会在安徽成立，陈毅元帅担任中国围棋协会名誉主席，孙乐宜当选为中国围棋协会副主席。

　　1963年后，广州市青少年业余围棋学校成立，孙市长更是倾注了加倍的热情和心血。孙市长对学校学生的关心真是无微不至，当时他的家住在盘福路，离越秀公园旁的围棋学校大约10分钟步行路程，每次训练时，他都请孙夫人亲自到围棋学校做服务员，斟茶倒水、打扫卫生……要知道，孙夫人的脚有病，走路很不方便。有几次下棋比较晚，孙夫人还带学生们回家一起吃饭，在当时虽然是极为普通的饭菜，但在学生们的眼里却是最可口的美味佳肴。

　　在孙市长的关心下，广州市青少年业余围棋学校甲一班的同学在旧中苏友好大厦训练时还享受营养餐的特殊待遇，这在当时物质条件十分困难的情况下，是极其难得的。

　　后文图中，是1963年在广州中苏友好大厦流花俱乐部孙乐宜副市长（前排居中）观看选手对弈，落子者为孔庆隆，左边坐的男孩是莫汉昌，旁边站立的女孩是赵翰梅。照片后面转挂棋局的棋盘是用绒布做的，棋子也是用布和棉花做成，挂棋者是后期在香港从事少儿围棋培训教育的广州市

1963年，孙乐宜（前排中）副市长在广州中苏友好大厦流花俱乐部观看选手对弈

围棋高手白绳举。

　　到1965年前，广州少年儿童的围棋普及活动已大见成效，校园围棋蓬勃兴盛，以前陈毅元帅来广州时，都是和孙乐宜副市长下棋，现在孙市长也可以选少年棋手与陈毅元帅下棋了。1965年前后，陈毅元帅来广州，分别和小棋手黄妙玲及陈嘉锐对弈，看到小棋手们的茁壮成长，陈老总特别开心。

　　孙市长也大力推动群众性围棋活动的开展，在他的亲自过问和指导下，广州文化公园的弈斋、越秀公园的弈阁、广州烈士陵园的施先小舍等围棋活动点先后开业，为广大市民和棋类爱好者提供了品茗对弈的好地方，各工人文化宫也增设棋坛和棋艺对局室。1966年"文化大革命"开始后，广州市内所有下棋的场所都被关停。

　　1962年中国围棋协会成立以后，全国围棋活动迅速发展，围棋子的需求量也快速增长。孙市长马上联系广州的兴隆玻璃厂等厂家，研发玻璃围棋子。这之前学生们在学校学棋，使用的常常是木头棋子或黑白纽扣棋子。到1963年11月，安永一先生和弟子石毛嘉久夫六段访问宝贤大街小学时，日本客人们已经用上玻璃围棋子了。

1964年以后，价廉物美的玻璃围棋子占领了全国主要市场，这一时期的围棋子就叫广东玻璃围棋子。可惜到了"文化大革命"时期，围棋活动停止了，玻璃围棋生产也停止了。

1968年，当了十多年广州市副市长的孙乐宜也受到迫害，被送往广东韶关五七干校，直到1972年才落实政策获得解放。他一回到广州，还未重新安排工作，就为恢复广东玻璃围棋子的生产而奔走。

容坚行老师回忆："孙市长在越秀公园旁的兰圃约我见面，我当时在广州市五十二中学当物理老师，他和我寻找到了当年生产玻璃围棋子的师傅。已经65岁高龄的孙市长和我一起骑自行车，去了广州旁边的南海县小塘镇，找到玻璃厂的李跃崧厂长，几乎是不由分说地让他们马上投入玻璃围棋子的生产。"

那时的玻璃棋子都是人工滴制，工艺和设备比较落后，经过不断改进，烧出的光面棋子合格率约80%，但如果再用石晶砂打磨成受欢迎的哑光围棋子，成品率只有30%。因为光面围棋一经打磨，里面空气气泡形成的沙孔全露出来，就成了次品或废品。经各方不断努力，哑光子的合格率也才达到70%左右。

玻璃围棋子生产恢复后，孙市长又联系负责文化体育用品批发销售的广州中文站，马上安排他们供应全国市场。1973年后，为了加快广州围棋的恢复和发展，他又把当时在广州中文站工作的凌沛祺同志调到广州市体委，加强对围棋和其他棋类项目的推广。

1972年底，撤销多年的国家围棋集训队在周总理的关心下重组，陈志刚、容坚行、陈嘉锐、黄妙玲从不同的工作单位到北京开始了围棋专业训练，工作关系也转入广东省棋队，正式成为运动员。

这时广州市的围棋活动也开始慢慢恢复，梁权威老师从海珠区宝贤大街小学调到跃龙上街小学后，培养了敖立贤、敖立婷两姐妹和曾炳辉、曾炳权两兄弟等，冯曼、麦浩源老师在荔湾区华侨小学培养了廖桂永、梁伟棠、廖勇夫等，他们在广州市少儿围棋队训练中，又得到齐曾矩老师和袁兆骥老师的悉心指导，逐步成为广东围棋的中坚力量。

1978年中国围棋代表团访问日本，这次代表团的团长就是71岁的中国围棋协会副主席、广州市围棋协会主席孙乐宜。这是中国围棋协会对孙市长长期推动围棋事业发展工作的充分肯定。代表团团员有陈祖德、聂卫平、陈志刚、吴淞笙、华以刚、孔祥明、杨以伦、江鸣久等8人。可以说孙市长

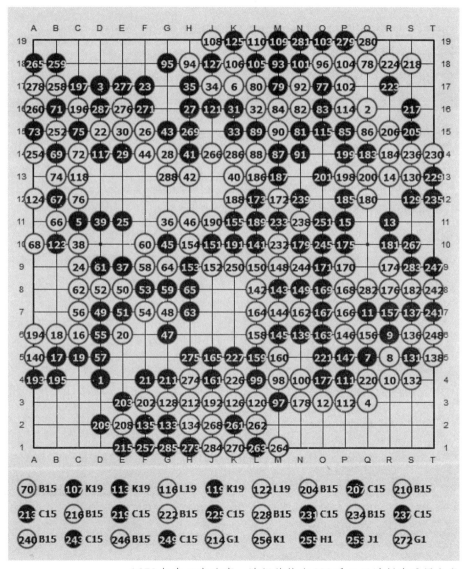

1978年中日友谊赛，陈祖德执白288手二目胜杉内雅男九段

见证了中华人民共和国成立以后，中日围棋交流的重要历程，也见证了中国围棋和广东围棋成长、发展的重要过程。

1981年初，广州市在市中心的广东省体育场开设"文化大革命"后第一个对群众开放的棋社，面积150平方米，还派了省体委干部李春负责管理。棋社开张当天，孙乐宜副市长亲临剪彩，下棋助兴。

1983年，广州二沙头训练基地内，承办第三届新体育杯围棋赛。比赛期间，在广州文化公园群众台进行大棋盘讲解，76岁高龄的孙市长台上台下、忙前忙后倾注了极大的激情。

1973年后至1981年离休，孙市长先后担任广州市革委会副主任、中共广州市委常委、广州市人大常委会副主任。20世纪80年代后期，孙市长身体渐差，但仍十分关心围棋。

容坚行老师深情地回忆到："最令我感动的是，有一次，孙市长在广州市第一人民医院高干病区住院，我先后两次去探望他时，一进门都看见他正在用布制的大棋盘给几个护士上围棋入门课，他真是用毕生的精力推广围棋。"

容坚行老师还说："孙市长对棋手们真是亲如家人，他雷厉风行，刚正不阿，亲力亲为，一丝不苟，一直深深地激励着我们。"

1988年至1990年，广州市连续三年举办了围棋百杰赛，以成年人为主，每年都有近800人的规模，这带给病中的孙市长极大的安慰。

1990年初，孙乐宜市长永远地离开了我们，享年83岁，他的身影已经融入广州白云山的苍松翠柏之间，他的精神已经汇进了羊城珠江水那滚滚洪流之中……

第三章

复兴时期

第一节　争锦标老聂收高徒

1979年第四届全国运动会，以陈志刚、容坚行和陈嘉锐为主力的广东队获得围棋团体第五名。容坚行冲击个人赛前八遗憾未果，对于他而言，这不能不说是个非常遗憾的事。

1979年全运会预赛在苏州分组后，每个组前两名进入前八名争夺，容坚行前面连赢4盘，包括战胜了沈果孙、黄成俊、曹大元等棋手。在接下来的3盘棋中，只要再赢一盘，他即可小组出线。结果容坚行先输给了陈祖德，这盘是完败；接着对上罗建文，这盘棋一开始，容积极主动，攻击对方几条大龙如豕突狼奔，形势一片大好，但因他年轻气盛，没能把握好节奏，急于建功，最后导致攻击彻底失败。

最后一盘对阵湖北刘力，这盘棋开局优势更大，几乎可以说是胜局已定，但是对方劣势下反弹非常强烈，不断试探容坚行优势下的心态，并且通过缓气劫顽强抵抗，最终容的战线崩溃了，这是令他终生遗憾的一盘棋，从而最终与赛事八强无缘。

1982年容坚行定为四段，同年底升为五段。

1978年元月，组建国家少年围棋集训队，由容坚行和何晓任带队，队员分别是马晓春、江铸久、钱宇平、陈明川、杨靖、黄丽萍、杨晖、穆晓红、敖立贤、牛力力、姚小敏、李扬、金茜倩、郭娟等。当时，马晓春、钱宇平和陈明川是队里最小的3个队员，容坚行老师就和他们3个在一个宿舍，一住就是3年。

1979年，中国首个少年围棋代表团访问日本，这个代表团的组建源于

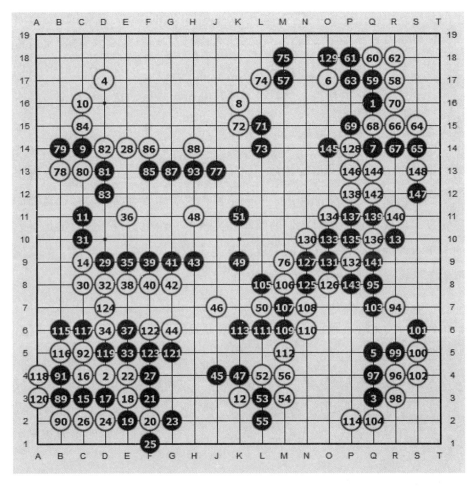

1982年底段位赛，容坚行执白148手中盘胜谢裕国

邓小平副总理1978年访日时，对大阪知事黑田先生的承诺。在邓小平副总理对日本进行正式友好访问期间，大阪知事黑田先生向邓小平副总理提出，1979年是国际少年儿童年，希望邀请中国围棋少年棋手访问日本，邓小平副总理答应并指示国家体委落实。

国家体委随即在全国范围内选拔10名15岁以下的青少年棋手组建访日代表团，最终确定10名代表团成员，他们是：钱宇平、芮迺健、王海钧、郭春林、田小农、孙乃经、张璇、丰云、高又彤、黄焰。当时，他们中年龄最大的孙乃经15岁，年龄最小的张璇11岁。代表团团长由聂春荣（聂卫平的父亲）担任，教练由容坚行和孔凡章（孔祥明的父亲）老师担任。

　　那是容坚行第一次出国，短短一周的行程，其规格之高，现在来看也是不可想象的：围棋代表团访日一事受到国家领导人的直接关心，在日期间也受到最高规格的接待。当时代表团住在帝国大厦，全程活动都有日本旅行社、新闻社人士陪同。

　　这是一次非常成功、收获颇丰的访问活动。在与日本棋手的交流比赛中，中国棋手以总分26比4获胜。同时，中国访日代表团成员不仅在日本感受到现代化生活的强烈冲击，收获丰富，代表团所有原订的行程也都如愿实现。那次访日经历对他们的影响和围棋本身给他们带来的能量是很大的。更重要的是，这一次从国家层面上设计和组织的中日少年棋手的交流事实上承载着中日友好交往的历史使命。

　　一个如巴掌大的小本子——容坚行当年的工作日记，这是20世纪七八十年代流行的袖珍小本，塑料外壳看着有些发硬发脆。打开这本工作日记，如同穿越时光般，那早已褪色的钢笔字迹，详细记载了当年访日行程计划、接待人员以及具体实施安排，它更是记载了中日围棋外交的一段佳话。

　　在当年访日的日记中，容坚行一笔一画地记录着："整个大阪城灯火辉煌，霓虹灯遍布全城，五光十色。马路上、高速公路上行驶的车辆就像一

陈志刚（左）和容坚行（右）合影

条鳞光闪闪的巨龙在游动，久久不息。"

1981年初，经过多次协调，国家体委训练局终于同意容坚行离开国家围棋集训队返回广东工作，由此开始了容坚行在广东省棋队（包括围棋、象棋和国际象棋）为期10年的领队兼教练组长的生涯。

之前的1979年，陈志刚已经先期回到广州，担任广东省围棋队主教练职务，这对老搭档继续了他们新的棋艺探索旅程。

1983年，广州二沙头体育训练基地内承办了第三届新体育杯围棋赛，除参赛棋手外，还特邀王群、华伟荣和17岁的钱宇平以外卡身份参赛，最终钱宇平获得向上届冠军聂卫平的挑战权。当年以外卡身份参赛的年青棋手王群，至今还保留着当年广东队领队通知他参赛的那封信件。

在广州举行新体育杯围棋赛期间，还邀请了香港著名武侠小说家查良镛（金庸）先生夫妇前来赛会观摩，并与等待挑战的上届冠军聂卫平前往从化温泉休息，陪同前往的有新体育杂志社社长、新体育杯和中日围棋擂台赛创办人郝克强先生、广东省体委管新群处长和容坚行。

在从化温泉，金庸先生毕恭毕敬要拜聂卫平为师，并行下跪礼。聂卫平连称晚辈不敢受此大礼，坚持不让金庸先生下跪行大礼，只接受其为学生，两位年龄相差28岁的围棋师生一时传为美谈。

金庸先生随后邀请聂卫平和钱宇平前往香港进行新体育杯三番棋挑战赛，并由陈志刚进行大棋盘讲解，最终聂卫平2：0战胜钱宇平卫冕成功，这次比赛进一步推动了广州和香港围棋的发展。

金庸先生的小说，在华人中可谓家喻户晓、妇

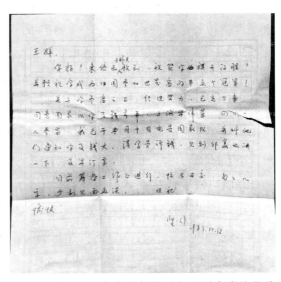

广东队领队通知王群参赛的信件

郝克强（左三）、金庸（右二）、容坚行（左一）、聂卫平（左二）等合影

孺皆知。金庸身上充满了传奇色彩，他写武侠小说却不懂武术，家财万贯却自甘平淡恬静的生活。金庸可算是一个超级棋迷，围棋是他一生最大的爱好。人们常常从他的武侠小说中看到围棋，围棋不仅是他的兴趣所在，更是他精神和情感的寄托。在一方小小的棋枰中，金庸体味着东方文化的神奇与玄妙，滋生出无数的激情和灵感。

金庸年轻时爱好体育，曾是学校排球队队员，后来又迷上了围棋，围棋便和书籍成为金庸生活中两个最大的爱好。金庸从 20 世纪 30 年代初涉及黑白世界，是香港棋界公认的"棋痴"。初到香港时，金庸常常用笔名发表一些卓有见地的棋评。金庸的棋艺在香港棋坛也堪称一流。

有段时间，他在香港《新晚报》旧馆的五楼上，与香港《文汇报》主笔聂绀弩杀得天昏地暗、废寝忘食。两人还订下"君子协定"，谁输了谁就得请客吃腊板鸭。有时，他们沉迷棋局，下到兴头上，会将第二天报纸上的评论文章也搁到一旁，先过足棋瘾再说。

众所周知，金庸与另一位新武侠小说大家——梁羽生一度因见解不同

陈志刚用粤语为香港围棋爱好者大盘讲解现场。前排郝克强（左二）、聂卫平（右二）、金庸（左一）和杜维忠（右一）等

而互不往来。但过了20多年，两人私下以棋会友，围棋成为他们捐弃前嫌的见证和媒介。令人慨叹世事如棋，殊难定论。一时间传为美谈。

金庸不仅喜欢对弈，还是一位围棋的"收藏迷"，迄今已收藏各种棋子、棋具数十种。一生不喜欢铺张的金庸曾花数百万港币买下一个棋盘；还有一次，他花上万元美金购买了一件棋具，那是用千年老树的原块木头制成的。一有空暇，他就潜入自己的收藏天地，一边欣赏，一边研究。广拜名师、棋艺精进的金庸对于围棋十分执着，为了不断提高棋艺，常常向职业棋手请教，广交棋友。金庸与国内和日本的许多围棋高手，如武宫正树、林海峰、大竹英雄等都有往来。同时，也曾拜陈祖德和罗建文为师。

他在香港购下太平山顶的花园式华屋后，不轻易接待客人，但为棋艺精益求精，这个惯例打破了。其中，台湾的著名棋手沈君山曾在此小住。这在别人是休闲，在金庸是便于请教。在金庸宅里停留时间最长的客人是陈祖德。20世纪70年代初，声名如日中天的围棋国手陈祖德突患胃癌，金庸即邀其到家中休养，直到陈祖德走出癌症的阴影。其间，陈祖德与金庸有空便摆开棋局，其乐融融。为了提高棋艺，金庸甚至不计较年龄的差异，故拜了小自己20多岁的聂卫平为师。

1984年第三届"新体育杯"决赛就是在香港金庸的家中进行的，钱宇平获得了挑战权，向聂卫平挑战。金庸知道聂卫平爱吃螃蟹，专门在家里请他吃了顿螃蟹。那顿饭从下午5点一直吃到晚上10点半，聂卫平一共吃了13只，金庸一直在旁边陪着。在众多的围棋老师中，金庸与聂卫平交往甚密。两人在各自的天地里，都是顶尖人物，彼此惺惺相惜。聂卫平曾在中视体育频道中大谈金庸的武侠小说，赞誉有加。

　　金庸酷好围棋，棋力究竟有多高？这一直是棋迷们关心的问题。事实上，由于创作繁忙，难有时间参加大赛磨炼，金庸棋力大约是业余三段。但中国围棋队每次去香港比赛，都是由《明报》接待，而金庸几乎每次都出面。为了感谢金庸对中国围棋的支持，中国围棋协会曾授予他荣誉六段称号，这对于喜爱围棋的金庸来说，真是莫大的荣誉和安慰。

　　容坚行老师回忆："我有几次去香港，均受邀在金庸先生家下指导棋，让金庸先生5子。2005年广东棋文化促进会成立，我们还诚聘金庸先生担任广东棋文化促进会名誉会长。"

　　琴、棋、书、画，是中国传统文化的一个组成部分。中国四大名著中除了《水浒传》外，每一部都有围棋的影子。金庸在《天龙八部》《倚天屠龙记》《笑傲江湖》《侠客行》《鹿鼎记》中，都成功地把对弈写入武打之中，为"武戏文唱"提供了一次实践的机会，也为人物塑造起到画龙点睛之妙。因此，金庸的小说，也如棋局一样既博大精深，又构思缜密，令人叹为观止。

　　聂卫平说："金庸不仅是一代武侠小说泰斗、文学大家，也是围棋事业的热心支持者，对我们围棋贡献很大！特别是金庸先生在他的很多武侠小说中对围棋的精彩描写，对大众的影响很大，对围棋推广影响深远"。

　　"金庸酷爱围棋，他笔下《书剑恩仇录》中的陈家洛，《碧血剑》中的木桑道长，《天龙八部》中的段誉、段延庆、黄眉僧，《笑傲江湖》中的黑白子，《倚天屠龙记》中的何足道等都是围棋高手，陈家洛甚至用围棋子做暗器。金庸对围棋研究颇深，将围棋与人生哲学相融合，在《天龙八部》中，无崖子自创'珍珑棋局'，天下高手都因被世俗功利困扰，即使棋艺再高，也无法解开这一盘超级死活棋局，最后却由心智纯净、不通棋艺的虚竹误打误撞解开。这跟《射雕英雄传》中天生愚钝的郭靖最终成为天下大高手有异曲同工之妙。"

聂卫平认为，金庸写的是武侠故事，但他对中国文化传承贡献极大，读他的书，不仅在字里行间感悟中国

金庸先生

人的侠义、道义情怀，而且还能欣赏到中国文字之美。老聂说："凡有中国人处，就有金庸小说。"

提到金庸的围棋水平，聂卫平说："这个不好说，说太高，他名不副实，说太低，与他的身份不符。围棋，就像他的武侠小说里说的，是世外高人吧。"

金庸先生写过几篇谈围棋的散文，《围棋杂谈》《围棋五得》《历史性的一局棋》，都是专门写围棋的。

金庸先生的三篇关于围棋的文章写于不同年代，但文章中处处显露出他的真性情。围棋是中国的国粹，中国人的智慧才情，在黑白棋局中表现得淋漓尽致。金庸先生在文章中谈围棋时，由衷地表达了一个中国文人对围棋的欣赏和喜爱，那种真挚沉迷的姿态，令人感动。

金庸少年时代就喜欢围棋，他曾给他崇拜的围棋高手汪振雄先生写信，他在文章中深情回忆道："那时我还在念中学，曾千里迢迢地跟他通过几次信。汪先生笔力遒劲，每次来信很少谈围棋，总是勉励我用功读书。我从未和这位前辈先生见过面，可是几十年来常常想起他。"

在《围棋五得》这篇散文中，他以自己的睿智，谈了对围棋的独特见解。"围棋五得"，谁也说不清此种说法的最初出典，金庸先生是在日本棋院的一个条幅中看到的："围棋有五得，得好友，得人和，得教训，得心悟，得天寿。"而他在文章中把这"五得"具体化时，引经据典，溯古论今，谈得都是中国人的经验，其知识的渊博，想象的丰富，见解的深刻，

让人叹服。

2018年10月30日下午金庸先生在香港安详逝世，享年94岁。

惊闻金庸先生逝世的消息，聂卫平悲痛不已。"那句'为国为民，侠之大者'，铭记至今。好友驾鹤西去，愿彼岸仍有黑白缘分，闲敲棋子，快意江湖!"聂卫平30日在个人社交媒体上这样写道。

如今，大师走完了自己的人生之旅，黑白对弈间，方显侠义本色。

第二节　绽新颜羊城姊妹花

20世纪70年代末80年代初，国家围棋队先后迎来了来自广州的围棋姊妹花，她们就是姐姐敖立贤和妹妹敖立婷。

在20世纪80年代的广州围棋界，敖立贤、敖立婷这对姐妹花的名头可以说是响当当的，她俩先后进入国家队，并且都代表广东队在全国锦标赛和全运会围棋项目中获得过不俗的战绩。

不过在姐姐敖立贤看来，作为棋手的自己其实并不够用功，反而是在退役后的生涯里，这位曾经的美女棋手绽放出了别样的光彩：由于丈夫的工作变动，她先后辗转新加坡、香港两地，却在无心插柳间对这两个地方的围棋发展起到了极大的推动作用，特别是在香港这片曾经的围棋荒漠，她开办的香港儿童棋院已经发展得颇具规模，培养出的学生陈志轩代表香港多次获得世界业余锦标赛的第四名。

"跟棋手相比，办棋院的责任要大很多，因为我不仅要养活自己，还要给那么多的老师、职员发工资。不过既然做了就要尽力去做，我也希望能够做到最好。"敖立贤这样说。

回忆起自己成为专业棋手的过程，敖立贤最感激的就是成长之路上的几位恩师。与妹妹敖立婷一样，她接触围棋也是在小学的时候，启蒙老师正是广州的梁权威老师。

"那应该是1972年的事情，当时中日刚恢复交往，围棋推广重新兴起，正好梁老师在跃龙上街小学任教，他就教全校师生下围棋。其实我并不是该校的学生，但我爸爸是那间学校的校长，就带我过去让我跟随梁老师学棋。"天资聪颖的敖立贤很快被慧眼识中，不久之后她便进入海珠区少年之家，开始系统的围棋学习。"那里有很多来自不同学校的尖子生，大概相当于区培训班。"

之后便是一个循序渐进的过程。1973年，广州市组织围棋集训队，作为海珠区尖子的敖立贤顺理成章地入选，上课地点也从海珠区少年之家换到越秀山对面的体育馆。随着棋力的增长，敖立贤进入广州市少年儿童尖子班，齐曾矩老师和袁兆骥老师给予她不少指导。尤其是齐曾矩老师为学生们详细讲解日本名手本因坊秀策，秀荣的棋谱，敖立贤至今仍回味无穷。此外，已故的中大教授陈志行老师也对学围棋的好苗子非常关爱，给予敖立贤不少指导。"他们的指导让我获益良多，我有今日的成绩，多亏当年几位老师的教导。"采访过程中，敖立贤多次感谢老师们的恩情。

1977年，广东省队需要补充一名女队员，在同龄人中比赛成绩拔尖的敖立贤脱颖而出，成为一同学棋的小伙伴中进入省队的第一人。1978年敲开了国家队的大门，1982年她代表广东队获得全国锦标赛的团体第三名。

成为一名职业棋手是很多人梦寐以求的事情，但在敖立贤看来，很多人只是看到了表面上的风光。"很多业余棋手可能很羡慕职业棋手，但其实做职业棋手也压力很大。你每年都必须要有成绩，如果没有成绩就交代不了，对于我来说，这是一个特别的工作。"

如此心态或许可以从侧面看出敖立贤志不在此，也是她如今回忆起来，仍说自己"作为棋手不够用功"的原因。在国家队待了两年之后，敖立贤回到省队，1986年由于结婚而退队，结束了棋手生涯。这原本是一次生活上的转变，没想到却为敖立贤打开了围棋世界里的另一扇门。

多半是源于性格和气质，敖立贤与丈夫因棋结缘，当中故事至今仍为穗港棋界所津津乐道。1983年，后来成为"三棋王"的简怀穗约了一班棋友回广州一边旅游一边学棋，其中包括土木工程师谢英明。香港棋友与广东围棋队一众棋手到肇庆游玩，围棋"发烧友"谢英明也因此有机会结识了广东队的女棋手，他一眼就看上了年仅23岁的广州妹敖立贤。谢英明比敖立贤大5岁，以棋为媒，双方擦出爱的火花。此后，谢英明加入当时的新加坡地铁局，帮助新加坡兴建地铁。敖立贤随后退队，1986年与谢英明结婚并随夫到新加坡工作，开始了新的生活。

堪称成就此段佳缘"媒人"的简怀穗原名简明基，1964年获得全国国际象棋比赛冠军，广州市象棋甲组棋手。简明基后移居香港，因怀念故乡广州，故改名为简怀穗，穗，即广州也。20世纪70年代初，简怀穗还以香港国际象棋冠军身份参加国际比赛，后来转到围棋。1976年初，简怀穗创办香港第一家围棋社，被称为"香港围棋之父"，几十年来为香港围棋的普及和推广做出了贡献。

1990年1月，筹划三年之久，堪称万众瞩目的三棋赛（围棋、象棋、国际象棋）在北京兆龙饭店举行。参赛的6位选手在棋界可是鼎鼎大名，三棋翘首，他们是陈祖德、聂卫平、胡荣华、刘文哲、李来群和简怀穗，赛前夺标呼声最高的是胡荣华和刘文哲，经过一番激烈的龙争虎斗，最终分量最重的冠军为赛前不太被看好的简怀穗所获得，由此也可见简怀穗三棋综合实力非同一般啊！

2005年，简怀穗在泸州带队参加比赛时心脏病突发，幸抢救及时才躲过一劫，之后做了心脏搭桥手术。后来，简怀穗基本处于退休状态，棋社的事务由女婿杨士海和女儿简莹打理。杨士海原是浙江职业棋手，1998年杨士海从中国围棋队退役，1999年赴港定居，与夫人简莹团聚。夫妻俩继承了简怀穗的事业，在香港招徒授棋。2015年3月，简怀穗在香港因病去世。

由于丈夫是一名工程师，没有养家压力的敖立贤完全可以轻轻松松地做一名家庭主妇。然而，当她发现自己居然是第一位来到新加坡的职业棋手时，心底那根与围棋相连的琴弦又被拨动了。

"虽然新加坡没有职业棋手，但围棋氛围却很好，因为一直有一些日本的业余棋手在那边，交流得也不错。新加坡有自己的围棋协会，那里的人很热情，也很淳朴，在他们的邀请下，我成为围棋协会的理事，开始在那里教棋。也正是从我开始，他们建立了教棋收费的制度，在那之前，他们学棋都是不用收费的。"

新加坡本来地方就不大，围棋老师更是凤毛麟角，几年的教棋生涯，让敖立贤在新加坡可以说是桃李遍天下。"现在新加坡围棋协会里的很多人，都是我当年教过的学生。"敖立贤笑道。

在敖立贤"拓荒"成功之后，新加坡对围棋的重视程度也开始增加。"后来他们就跟陈祖德老师商量，希望可以引进一些职业棋手来当全职教练，因为我毕竟还只是业余教棋。于是在陈老的引荐下，陈锡明、杨晋华、康占斌等几位职业棋手先后来到新加坡当全职教练，其中杨老师待的时间最长，有十几年。"

除了教棋，敖立贤还代表新加坡参加1989年在日本横滨举行的首届世界女子业余围棋锦标赛并勇夺冠军。"说是业余，但因为是第一届比赛，所以大家都很重视，中国派的是职业棋手穆晓红，韩国和日本派的都是院生，实力也都很强。不过新加坡这边政府还是不怎么重视，我拿了冠军也没什么奖励，就是当地一些主流媒体，包括《联合早报》都报道了。回来的时候坐的是新加坡航空，怕托运弄坏奖杯就抱着上了飞机，一开始空乘还不让上，后来听说是奖杯，而且是新加坡夺冠了，就给了我个'特殊待遇'。"

1993年，敖立贤随丈夫回到香港定居，生活又翻开了新的一页。虽然同为经济热土，但与新加坡没有职业棋手却有围棋氛围不同，敖立贤看到的香港几乎可以称得上是一片"围棋荒漠"。

虽然回归后与内地交流日益频繁，也不乏职业棋手来来往往，但香港的围棋却一直搞不起来，特别是儿童围棋培训，可以说是一片空白。"没有小朋友学棋，只有成年人平时休闲玩一下，根本不可能真正发展起来。"正在敖立贤想在香港发展围棋，却又无从着手的时候，她又迎来了一个机会。

"2003年非典末期，人们不敢上街，也不敢出去旅行，香港学校停课，小朋友们无事可干，学围棋反而成了一种很好的选择。"巧合的是，日本动画《棋魂》当时正在香港电视台热播，趁着动画刮起的这股"围棋风"，敖立贤在2003年6月成立了香港儿童棋院，这也是香港首家儿童围棋培训机构。

尽管时机不错，但棋院起步之初还是遇到不少困难。"当时带小朋友进来询问的家长，十个有九个不知道围棋是什么，还有人问我'是不是苹果棋？'不过看到小朋友进来玩得很开心，家长也很快就接受了。2004年元旦，我们办了第一届香港儿童棋院杯比赛，已经有500多名学生参加。"

香港儿童棋院的匾额是由已故的中国围棋泰斗陈祖德题写的，当年陈祖德曾颇有感触地说："香港围棋的进步让我震动，我出席了一个小学生围棋比赛，居然有600多人参赛。"陈祖德说的这项比赛名为香港校际比赛，由香港儿童棋院主办，每年都会有超过100所中小学组队参赛。

经过十多年的努力，香港儿童棋院已经发展得颇具规模，光是直属教学点就有过千学生，还有不少合作教学点，师资力量也从最初的几人扩充到20多人，敖立贤自己则已经退出教学一线，更多地从事管理工作。香港儿童棋院杯也已经连续举办了十多年，近年的参赛人数已经超过1000人。

为了让棋童掌握变化多端、充满复杂性的围棋，敖立贤还组织教师们编写了围棋三字经、围棋漫画等寓教于乐的教材和儿歌，还请了容坚行和徐莹帮忙录制。"都是朋友义气，没有付酬劳的。"敖立贤笑道。

棋院的教学成果也在赛场上得到体现。在敖立贤亲自指导下成长起来的香港年轻棋手陈志轩连续三年称雄香港，并多次代表香港获得世界业余锦标赛的第四名。

虽然陈志轩跟内地的很多年轻棋手还是没法比，但这些成绩都是在他一个礼拜只上一堂课，每次两小时的情况下取得的。从他身上可以看出，这十多年香港围棋发展得很快。在2013年年底的世界围棋团体锦标赛上，香港队更是获得了第八名的好成绩，仅名列7支全部由职业棋手组成的队伍之后，令人刮目相看。这里面，自然也少不了敖立贤这位"拓荒者"的功劳。

目前，香港儿童棋院已成为香港规模独大的棋类教育机构，并与广东东湖棋院建立起战略合作关系，双方经常进行教学交流，联合举办比赛。

一次，城围联香港赛区的讲棋现场，一位80多岁的老人在安静地听讲，他旁边的棋迷都将注意力集中到大棋盘上，这位老人没有引起人们的注意，其实他就是被誉为"香港电影教父"的邹文怀。邹文怀是香港电影事业家、制片人，成功打造出世界功夫电影巨星李小龙，创造了香港的电影界奇迹。

邹文怀曾担任香港桥牌协会主席超过10年，但他迷上围棋却是几年前的事。据敖立贤介绍，邹文怀的围棋水平大约是业余三级。2011年的某一天，邹文怀与女儿出门散步，无意中发现了香港儿童棋院九龙分院，就去那里要求学棋，棋院的同事不以为意，一位业余二段水平的年轻老师单独教邹老先生。平时多在铜锣湾棋院总部的敖立贤那天刚好过去太子院。

敖立贤到达时，邹文怀的课也快结束了，敖立贤于是与老先生一边闲聊一边复盘，邹文怀很开心，末了就提出要拜敖立贤为师。邹文怀曾诉苦说，没人跟他下棋"好惨"。他还表示，有一位大学同班同学也会下围棋，却对胜负看得很重，不肯被让子，又怕输棋，输了几次后不肯跟他玩了。敖立贤认为，如果自己不单独教他，也很难为他找一个棋力相当，各方面都"门当户对"的爱好者，况且自己也能从老人身上学到很多有益的东西，最后就答应了。每次学棋，邹文怀都是让司机特别送他过海去铜锣湾棋院总部找老师的。敖立贤后来也介绍过当时已退休的香港围棋协会会长与邹文怀下棋，但邹文怀还是觉得跟敖立贤学棋收获更大，也更谈得来。

除邹文怀外，敖立贤的围棋学生名人中还有香港太平绅士叶谋遵，叶谋遵是香港建筑界及金融界名人，棋力比邹文怀高，他们还有另一个共同爱好就是桥牌。

邹文怀这位发掘了李小龙的香港电影传奇人物身上有很多故事，他自己又是大学新闻系毕业，但却没有出过一本自传，相当可惜。敖立贤表示，邹文怀对她说过，多年来有无数人请他或提出帮他写自传，但他都谢绝了。要写传记或回忆录，就必须真实，但邹文怀在电影界多年，什么人和事都见过，很多人物包括明星的内幕秘闻他都知道得一清二楚，如果要写传记，不可能不涉及电影界的人和事，而这些东西又都是不适宜向大众公开的。说到这里，敖立贤说邹文怀先生真是一个大好人，为人真诚善良。

2013年中国围甲联赛第10轮，围甲新军广州广日队主场对西安曲江队的比赛在香港举行，这场比赛还成了香港儿童棋院10周年庆典最重要的内容。这可以说是一件多方多赢的美事，成就此事的主要是广东东湖棋院、香港儿童棋院以及赞助商、香港最大的证券商致富集团。而促成这一次赞助的是2005年在巴黎自己掏钱赞助并承办象棋世锦赛的法国华商黄秋鹏。而香港儿童棋院之所以能将广州广日队主场拉到香港作为10周年庆典的重要活动，全因院长、香港少儿棋类教育的先行者敖立贤。

敖立贤有一个比自己小3岁的妹妹，她就是广州围棋著名的敖氏"姊妹花"中的敖立婷。她曾经对围棋毫无兴趣，宁可去宣传队唱歌跳舞也不去学棋，却成为广东20世纪80年代初最强的女棋手，率领广东队拿下全国赛团体第三名的优异成绩。

初次见到敖立婷的时候，一度认为认错了人。眼前这位穿着端庄、妆容精致的美女棋手看起来相当年轻，谁又能想到她居然是20世纪80年代初广东最强的女棋手。

正如很多兄弟姐妹一样，敖氏姐妹也是年长3岁的姐姐先学棋，之后妹妹在家长的鼓励下也迈入这片黑白世界。"刚开始学的时候我的兴趣其实不是很大，去了几次就不太想去了，宁可去宣传队跳舞、唱歌。但是梁权威老师跟爸爸是好朋友，他老是游说爸爸，比赛人手不够的时候又把我拉回去，后来还是慢慢入了门。"敖立婷这样说。

"下棋和我姐姐也有关系，她那个时候进了省集训队，经常出去比赛，好像很开心的样子。而且自己的围棋水平也在不断提高，然后也对围棋越来越有兴趣了。下围棋也能交到很多朋友。其实和梁老师也有关，那个时候他和我爸爸是好朋友，他有时会和我爸说你那个小女儿没下棋吗？出去参加比赛挺好的呀。"

"当时总是参加比赛拿奖有荣誉感。其他的同学问你，怎么又请假没有上学，我就说去比赛了。这样的过程一直

敖立婷（左）接受访谈中

持续到我读中学的时候，那是我最威风的时候。初二拿了省女子围棋比赛的冠军，又在年级数学竞赛中拿了第一，学校贴了两张大红海报。"

"我们当时有七八个选手，我是比较晚学的。要进市的集训班，好像是只有6个名额。我才刚刚起步学围棋，前面的选手都已经学了一段时间。我记得当时对我好像有特别优待，当年是选前8名，我是第7名进入的市集训班。后来进入市集训班学习，我很快就超越了他们，因为我的数学、计算能力特别强。当时水平低，有时候怎么赢得都不知道，就是走着走着吃了它就赢了，优势总是在我这一边。"

事实证明梁权威老师慧眼识珠，敖立婷在学棋大半年后便由于比赛中拿到名次而进入市队，开始了自己迈向专业棋手之路。敖立婷还是比较幸运的，她进入市队时适逢市体委大力推广围棋，后者为此专门请来了袁兆骥和齐曾矩两位老师，一改广东此前"围棋沙漠"的面貌。

"后来进了国家队才知道，广东的师资还是相对薄弱。像杨晖她们那些棋手都已经是专业的了，我却只会实战，都不带打谱的。因此到了国家队那个大环境之后，我感觉自己进步得很快。之后跟黄妙玲老师一起打了全国赛团体第三，13盘棋赢了11盘。个人赛拿了第五，也是当时广东的女子最好成绩。"

代表省队取得了如此佳绩，敖立婷想在广东棋界取得一席之地理应是不难的。但她却在26岁那年，在一个棋手还被认为相当年轻的年纪选择了退役。

"当时我觉得，自己继续当运动员也就这样了，无法取得更大的突破，如果当时坚持留在队里，我可能会成为广东队的一名教练。但我身体本来就不是很好，肩周炎比较严重，低头下棋时间长了很容易累，所以想离开，学点别的东西。"

其实，促使敖立婷离开的是因为她对日本的向往，归根结底还是与围棋有关。因为在那个年代，日本仍是世界围棋的圣地。

"我们当时打棋谱的书都是日文的，我真的很想到日本亲眼看看那里的围棋世界。不过，这个原因在申请退役的时候也不能说，因为说了国家队

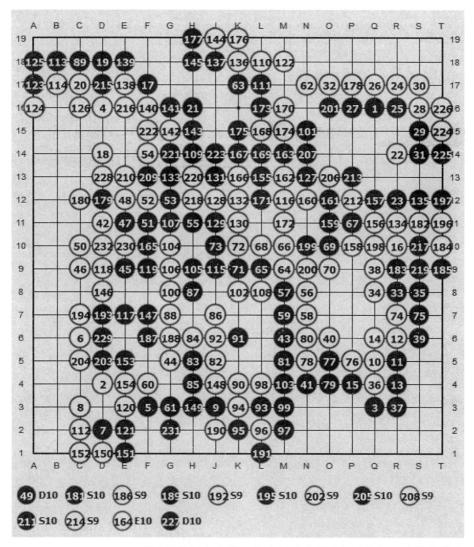

1986年洛阳个人赛，敖立婷执白233手四分之一子胜孔祥明

就不会放了，只有等真正退下来，成了转业待分配的运动员后才能申请去日本。签证也是申请了两次才通过的，我跟芮乃伟差不多时间过去，我还去她那里住了一晚。"

怀着"学点新东西"的希望离开国家队，去到日本。开始的一段时间她刻意不去碰围棋，除了学习日文，也尝试一些新的领域，却意外地发现，每当听到有人提到围棋的时候，当时日语还蹩脚的自己竟然听力特别灵光，日本街头的报摊、杂志、电视等围棋内容出现时，自己的视线会不自然地追随过去。敖立婷不得不承认，原来围棋已经深植自己的心田。

"去了日本4年之后，我拿到了日本的国籍。但当时他们的规定是，作为职业棋手直接过去的不行，只有在那里重新考试入段，才会被日本棋院接纳。我当时已经通过一位棋院的理事递交了申请，但这份申请被另一位理事压下来了。不是日本棋院的棋手，就不能参加日本棋院的正式棋战，收入会受到很大影响。"

不能参加比赛，对专业棋手来说是一种遗憾。热心的日本朋友，冈信光先生（专业六段）建议敖立婷教授围棋。当时日本学棋的成人居多，经济刚刚从最高处开始下滑，人们钱袋子普遍还是充实的，围棋相对兴旺，活动也比较多。或许是有新鲜感吧，日本棋友对中国棋手参与活动都比较热情，很友好。

"记得经朋友们介绍，我的课从大公司的围棋部到民间团体的围棋会、棋友会以及一些一对一的私人教授。印象最深的是当时已经90岁高龄的前文部大臣剑の木先生主办的围棋会。先生很喜欢下棋，棋会是在每个月单周的星期六下午进行。我们老师被要求从棋会的中途（三点多钟）到会，每人（每次两三个专业棋手参加）下一盘一对一指导棋。棋会最后是叫来外卖送餐，大家喝点小酒聚餐联谊。现在回想起来，在对局室叫外卖喝酒聚餐的联谊活动比较普遍，（东道主都是大老板或者是有身份地位的人）可见日本人的生活习惯还是比较简朴的。回到前面提到的剑の木棋会，干事不时会对一些指导棋记谱并记录复盘讲评。因为剑の木先生主持出版着一份叫'文教'的季刊小册子，每期必登载一盘指导棋棋谱及对局照片。这个棋会在剑の木先生离世后，由其儿子接任主办，再延续了两三年吧，很遗憾先生的儿子对下棋的兴趣并不大。"

除了普通授课，敖立婷还会出席一些文化活动。"那是一些大型的民间活动，有几十人上百人参加的大会，一日之内几盘快棋，最后决出冠军。这些活动通常会请几个职业棋手来讲棋或者举办车轮战，又或是奖励获胜者指导棋。"

在日本生活多年，结识了很多日本朋友，也很深地体会到日本人讲礼仪；特别是老一辈日本人受中国传统文化的影响之深。

"记得有一次，大概在1999年，我父母及姐姐一家来东京时我带他们去了伊东（伊豆半岛东部）旅游。当时刚从东京把家搬到伊东的温泉别墅居住的一对70岁老夫妇棋友，热情邀请我们去他们家吃饭。先生是琼应社掌门人富田忠夫（八段）的会员，我们常在'一石会'上下棋，去拜访那天，老夫人还特意穿上和服，用茶道招待我们。"

"幸亏我初到日本时，就在学校里体验过茶道。还能勉强充当讲解及翻译。不知道老夫人是否还满意我们的表现，至少不至于让盛装打扮了一番的老夫人失望吧。"敖立婷这样回忆到。

敖立婷也有过值得骄傲的成绩，那就是将曾经是师弟，后来变成师徒的苏耀国带到了日本。

2008年1月《日中友好新闻》《我和日本》专栏采访

马晓春著《三十六计与围棋》日文版封面及作者简介

"他的比赛直播，等介绍都会写他是'敖立婷门下'。我的日本名字叫'江藤祐希'，因为日文中没有我名字里这个'婷'字，但教棋的时候仍用'敖立婷'，学生也都叫我敖老师。"敖立婷这样说道。

"我最大的问题就是肩胛骨受过伤，一直未能完全恢复，容易疲劳。这几年，我回到国内，觉得身体越来越好了，因为国内的中医理疗越来越多元化，效果越来越好。找到了合适的治疗方法，相信很快身体就能得到再生啦。"

"而且广州这边棋类的发展情况，还有氛围都是很好的，从事棋类工作的社会地位也蛮好的。在日本发展，华人毕竟不是社会的主流群体，始终是外国人。日本棋友对教棋的老师是很尊重的，但始终不是日本棋院的棋手，有些遗憾。"

第三节　夺头筹岭南三九段

　　1993年全国围棋团体锦标赛上，由领队兼教练陈志刚，教练黄妙玲，队员吴肇毅八段（一台）、廖桂永八段（二台）、梁伟棠七段（三台）、许书祥三段（四台）、李华嵩（少年）组成的广东男子围棋队力压群雄，勇夺冠军。这是广东省棋队建队历史上第一次夺得围棋项目男子团体冠军，这是一个值得铭记的时刻，这个冠军凝聚了广东几代围棋人的努力和心血。

　　这支广东男子围棋冠军队成员，均是土生土长的广东人，其中有3位九段棋手，他们是廖桂永九段、梁伟棠九段和吴肇毅九段，在那个广东男子围棋队辉煌强盛的时期，他们被称作"岭南三九段"。

　　与很多那个年代的人一样，廖桂永的"围棋缘"也是不期而至的。廖桂永的3个哥哥也与围棋有着不解之缘，虽然没有和天赋异禀的弟弟一样走上职业棋手之路，但廖桂强、廖桂荣和廖桂耀在离开各自工作岗位后都不约而同地投身少儿围棋教学事业，组成

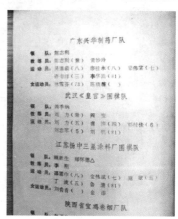

1993年全国围棋锦标赛（团体）秩序册

了一队别具风格的"围棋兄弟连"。

兄弟几人的学棋之路也是很艰苦的：在围棋班不用操心棋具的问题，但家中就很难配备棋子了。因为当时围棋运动刚还处于复苏阶段，即便是在广州，棋子也只有少数几家店有得卖，进货量也不大，而且一副棋子要5元，对于当时一个月伙食费才8元的兄弟几人来说，已经算是一笔很大的支出了。

办法总比困难多，没有棋具，兄弟几个就自制。"人家给硬纸皮打孔，打出一叠圆形的纸皮，我们就捡回来，把其中一半用笔涂黑，棋子就有了，棋盘也是用纸皮自己画，虽然手感不好，但省了不少钱。"大哥廖桂强回忆。

在纺织公司工作的廖桂强获得过1993年广州市纺织职工围棋赛的冠军，

廖桂永九段指导爱好者

还获得过荔湾区第十二届职工运动会围棋赛个人冠军，而廖桂荣也在冶金业职工赛中获得过个人和团体冠军。

廖桂永，1962年12月29日生。11岁学棋，12岁进体校，17岁进集训队。曾获1984年中国围棋个人赛第六名，1986年、1989年第四名。进入1993年第五届棋王赛前四名。1994年第八届天元战四强。1982年定为四段，1995年升为九段。

采访廖桂永九段时，他首先说起了自己学棋道路上的几位恩师。

"我开始学棋大概是1973年，小学三年级的时候，冯曼老师在自己任教的广州市荔湾北小学里开了个围棋班。我当时在班里成绩等各方面算比较好的，就被招了进去，那时候根本不知道围棋是什么，象棋倒是还会下一点。"廖桂永回忆到。

"其实原本我都不应该是在荔湾北小学上学的。按照我们当时住的地方，应该是分配到金华里小学，就在家旁边。但不知道为什么，我上学那一年就是被分到了荔湾北小学，然后就遇到了冯曼老师，接触到了围棋，现在想来也是一种缘分。"

1973年3月，廖桂永开始学棋，当年8月他与两名同龄小棋手到省棋队集训，并在双循环训练对局中四战全胜，成为"文化大革命"后第一次全国围棋比赛（即11月在郑州举行的全国邀请赛）儿童组的广东代表，后来廖桂永在这次比赛中获得儿童组第五名。

"能在短时间内有如此大的进步，主要得益于启蒙老师冯曼。冯老师是荔湾北路小学的英文老师，他1973年初才接触围棋，其实也是边学边教。他非常执着于围棋教学，无偿教棋，而且不图回报。"廖桂永这样说。

受到围棋魅力的吸引，加之当年娱乐项目极少，这种复杂有趣的游戏让冯曼老师围棋训练班学员们产生了浓厚的兴趣。共同的爱好使大家学棋热情高涨，每天早上7点到8点在校训练，放学后在办公室取棋具到操场上杀上几个回合才回家。每个星期两天晚上，多名队员到冯曼老师家训练，在冯老师家里，场地不大、棋桌不够都不是问题，将床板一拆，两张日字板凳支撑，就可多人同时下棋，局后冯曼老师还进行复盘指导。

为突破自身技术水平的局限，冯曼老师还请来各路高手指点队员们，此期间在冯老师带领下，廖桂永有幸去过广州围棋拓荒者黄逢春家、国内第一批职业棋手余文辉家学棋，在学校里接受过年轻高手彭致力（1973年全国邀请赛少年组广东代表）的指导。之后还有数月，每周到前辈高手程剑龙家学棋。当时程老师家在教育路附近，离廖桂永家约公交车三站地距离。

在这样好的学习氛围中，训练班队员们技术水平快速提高，1978年进入广东省棋队成为专业棋手的6人中，就有3人是荔湾北路小学围棋训练班的首期学员，他们是廖桂永、梁伟棠、廖勇夫。

1973年底至1975年，廖桂永入选广州市围棋训练班，地点位于广州市体育馆内（越秀公园正门对面，现已拆除）。当年训练班的两位专职教练是袁兆骥老师和齐曾矩老师。袁老师很注重实战，主要负责抓训练，安排对局。齐老师棋风正、理论强、教风严谨认真，经常为学员们讲解布局和做复盘探讨。

廖桂永回忆，他与齐老师第一次接触是1973年8月在省棋队集训第一天，齐老师与来集训的3名学员下指导棋，都是让6个子，结果廖桂永获胜。也许是这次对局给齐老师留下了不错的印象，后来在市训练班学棋时廖桂永得到齐老师的许多关照。有时下午训练结束后，齐老师将廖桂永留下，在体育馆食堂打晚饭，一份饭两人一起吃过后，晚上继续对廖桂永进

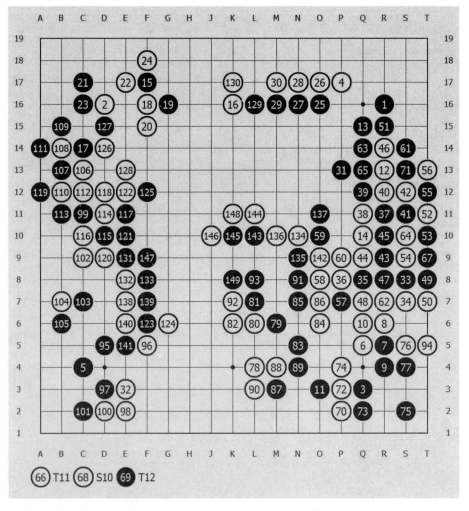

1990年中日围棋对抗赛，廖桂永执黑149手中盘胜大矢浩一

行指导。有段时间，齐老师周日下午到其他学员家指导，也约上廖桂永。在齐老师的悉心指导下，廖桂永对布局、棋理等方面的理解大大增强，为日后棋艺的成长打下良好基础。

廖桂永还特别说到，在他初进广东省棋队时，黄妙玲老师对他指导很多，帮助很大。而在其后国家队的一段岁月中，廖桂永曾经和吴淞笙、邵震中、曹大元等同住一间宿舍，他们经常在一起摆棋研究，尤其是吴淞笙九段的指点对他的启发很大，受益良多。

廖桂永九段棋风细腻绵长，杀力十足。他特别引以为自豪的是，在1990年举办的中日围棋对抗赛中，廖桂永坐镇第一台连赢7盘，力斩7员日本大将。

回忆起棋坛拼搏几十年的经历，廖桂永九段感觉最遗憾的还是1989年的全国围棋个人赛。1989年全国围棋个人赛上，开赛之后廖桂永势如破竹，连战连捷，取得八连胜佳绩（包括在第三轮战胜了最终夺冠的汪见虹）。当时赛场的形势是，在剩余的三轮比赛中，只要再赢一场，廖桂永就将获得冠军。结果事与愿违，廖桂永最终遗憾地获得第四名，这也许是围棋职业生涯中，他个人距离全国冠军最近的一次。

1989年起廖桂永作为广东省队运动员兼教练，2002年他正式退役，转任广东省围棋队主教练。说起自己的众多弟子们，他特别提到了郑岩二段。

郑岩1984年出生在黑龙江，1997年定为初段，1998年获得广东省运会冠军，同年进入广东省队。2002年郑岩在全国体育大会中成功封后，这是广东围棋专业女子棋手奋战数十载的第一个全国大型赛事女子冠军。

郑岩二段性格开朗、自信，理解力强，且有主见，她的抗挫折能力极强，善于从失败中走出来。尤其在面对强手时，她常常越战越勇，常能在不被看好时给人惊喜。

2007年11月，在第5届建桥杯中国女子围棋公开赛决赛三番棋中，郑岩二段以2：0战胜王祥云初段，获得冠军，郑岩成为广东女子围棋第一个杯赛冠军获得者。2008年第一届世界智力运动会围棋女子团体比赛中，郑岩代表中国队坐镇第一台，决赛中力克韩国队，中国队夺得冠军，郑岩成

廖桂永一家三口合影

为广东围棋首位世界冠军的获得者。2009年第一届全国智力运动会女子团体比赛中，郑岩代表广东队坐镇第一台，决赛中战胜北京队，郑岩、陈一鸣与蔡碧涵组成的广东队夺得女团冠军，这也是广东女队第一次获得全国女子团体冠军。

2010年5月，在姜堰举行的首届"黄龙士佳源杯"全国女子围棋名人赛上，郑岩战胜李赫，荣获冠军。可以说，郑岩为广东女子围棋队成长和发展做出过重要贡献。

值得提到的是，2003年在国内影响最大、奖金最高的首届"建桥杯"全国女子围棋公开赛上，来自广东省队的黄佳二段战胜多名热门棋手，获得亚军，被誉为最黑的"黑马"。

廖桂永九段的夫人沈蔓蓉也是一位专业围棋棋手，这位上海姑娘是专业四段选手，曾代表上海参加第六届全运会围棋项目比赛，并获得女子团体冠军（与队友芮廼伟、杨晖）。他们的女儿廖韵怡是围棋业余五段，曾获得广州市中小学生赛中学女子冠军。2011年，廖韵怡高考总成绩列广州市广雅中学第一名，被清华大学录取，这也令廖桂永九段和夫人感到由衷的欣慰和自豪。

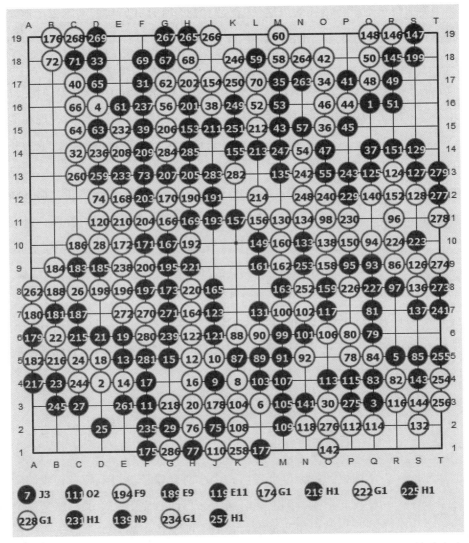

1992年第四届棋王战决赛第三局，梁伟棠执白286手四分之一子胜马晓春

梁伟棠九段1963年10月2日生，10岁学棋，12岁进体校，15岁进省集训队。获1986年、1987年、1989年全国围棋个人赛第六、第二、第六名。进入1990年中国围棋名人战循环圈。获第三届棋王赛第五名，第四届挑战权。获1994年首届"新人王"围棋赛冠军。1982年定为四段，1994年升为八段，1999年升为九段。在围棋界，梁伟棠九段素有"长生剑"之称，棋风端正，自称为本格派棋手。

关于初学围棋，梁伟棠回忆："我是1973年3月开始接触的围棋，那时候不到10岁，就读于广州市荔湾区荔湾北路小学。在二年级下学期，我和廖桂永、廖勇夫等二三十个孩子就被冯曼老师选中。那时候是'文化大革命'后期，社会还比较动荡，我被选中以后就回家告诉了父母，当时父母并不了解围棋，他们想着社会那么乱，担心我在社会上闲逛学坏，现在能够有这么好的机会跟着老师学习肯定不会错！父母最朴素的愿望，成为我围棋生涯的开始。"

"我一直觉得自己很幸运，冯老师能够在那么多学生中挑中我。冯老师上课非常幽默风趣，经常讲故事给我们听，他讲的棋如人生的哲理、道家阴阳辩证的思想，使我受益无穷！我现在都记得很清楚那些经典的金句：师傅领进门，修行在个人；塞翁失马，焉知非福；大浪淘沙；赢一子是赢，赢一百个子也是赢，等等。还有胜不骄，败不馁；棋手既是指挥员，又是战斗员等很多精辟的哲理和论断。老师的这些教诲，既是我学习、理解、消化、领悟的动力，更是我学习围棋、参悟人生的源泉。冯曼老师既是我的围棋老师，更是我人生的导师！"

"当时在学校，冯老师就找那些成绩好的学生，特别是算术（数学）一百分的，因为围棋虽然也有一定的艺术性，但更需要很强的数理能力，围棋里面的逻辑思维，还有缜密的计算力，是关键的因素。那时候我们一边上文化课一边学围棋，每天早上提前一个小时到学校，冯老师带着我们做完早操后，就教我们下棋，到上课时间了，再回教室上文化课。那是一个读书无用论的时期，学校作业很少，我们上课都很轻松，下午放学后，在学校再练习一会围棋。我们这些学棋的孩子，经常下午练完棋后，就在操场上踢足球，所以当年我跟师兄廖桂永九段是一块学棋，一块踢球长大的。"

"大约到1975年，有了一点成绩，被选进市业余体校的围棋训练班学习，地点在广州体育馆。这期间得到袁兆骥、齐曾矩老师的指导。袁老师、齐老师都是专业棋手，我得到很好的、系统的学习。在市体校学了两三年，我人生的重要机遇又来了。因为被'文化大革命'耽误了十多年的时间，前辈棋手年纪都逐渐大了，这时广东省围棋队急需补充一批新鲜血液。1978年8月，我幸运地被选入广东省围棋队。我们那一批有6个人被选进省队，我和廖桂永师兄都被选进队里，开始在广州二沙岛省体工队棋队接受专业训练，开始领工资，属于专业运动员了。在省队，我又得到容坚行、陈志刚等前辈的教导、栽培、提携，围棋功力有了较大的提高。"

"1983年2月，在国家围棋队更新换代大调整的时候，我在前辈老师的积极推荐下，幸运地到国家体委训练局围棋队继续深造。那时候国家队就是国内围棋的最高殿堂，汇集了全国的围棋精英，在国家队，我得到更好的锤炼，我的一点点成绩，主要都是在国家队期间获得的。在国家围棋队训练学习了整整十年多，到1993年11月才因为家庭原因，又回到广东省棋队训练。"

"我觉得自己就是围棋人生，一生一世一盘棋。我的围棋职业生涯主要有两个阶段：一是作为棋手从1978年到1999年，从接受专业训练到获得围棋九段。到1999年，作为棋手我已经36岁了，也算年纪大了，有更多年轻优秀的棋手出现，自己已经有点力不从心了，所以就考虑选择退役；第二阶段就是2000年之后运动员退役，工作调动到深圳棋院当围棋教练，从事围棋教学管理工作，开始了围棋教练员生涯。"梁伟棠九段这样说道。

2000年，作为广州围棋界的代表人物，"长生剑"梁伟棠九段加盟深圳棋院，在广东棋界引起过不小关注。作为一个土生土长的广州人，梁伟棠却选择了深圳作为自己职业生涯的落脚点，他说当时看中的是深圳围棋蓬勃发展、大有可为的前景。如今20年过去了，梁伟棠已经是深圳围棋队的主教练，他带领的深圳队也常年活跃在围乙、围甲赛

梁伟棠九段对弈中

梁伟棠九段与深圳棋迷互动中

场，回顾这些年来深圳围棋事业的发展，梁伟棠认为，其实一切都在预见之中。

成功挖掘周睿羊，至今仍是梁伟棠引以为傲的一件事。因为在他发现这棵极具潜力的苗子时，周睿羊才9岁，学棋也才两年多，什么成绩都没有。

那是在2000年，深圳为了准备2002年的省运会需要挑选一个有前途的孩子培养，负责组队的梁伟棠特地到全国定段赛上选人。

"那一年周睿羊并没有冲上段，但我看这孩子下棋的神态很不一样。棋盘外的他看起来好像很敦厚的样子，但只要到了棋盘前就表现出强烈的求胜欲望，就像要吃人的狼。"

同样背负着挑人使命而来的曾炳权就为广州队挑选了李天罡，后者年纪比周睿羊大一些，当时棋力也要好一些。但梁伟棠认为，技术是表现棋手的天赋才能，下棋时的神态则体现了棋手的心理素质。

"在围棋这个胜负的世界里，必须要具备过硬的心理素质，平常心很重要。我也亲眼见过一些学棋的小孩，胜负观强烈过头，都十来岁大了，输了还在地板上打滚，抗击打能力这么弱，以后怎么承担更大的责任？"于是梁伟棠下定决心，将周睿羊定为引进对象。

梁伟棠的决定一度让领导十分不解，但后者还是尊重了他的职业意见。梁伟棠亲自"跑腿"，将周睿羊的户口从海南迁到深圳。"因为实在是没成绩，还特地让他打了个省赛，拿了个9岁年龄组的冠军。"

事实证明，梁伟棠这一近似"赌博"式的决定是正确的，两年后，周睿羊在省运会上拿到冠军，11岁半又定段成功，踏上职业棋手的道路，此后周睿羊的职业生涯顺风顺水，并最终成为中国围棋界的九零后世界冠军。

"围棋里有个说法，叫走不好的地方不走。人生就像下棋，很多时候都要作出选择，你不知道自己这条路走下去会是怎么样。但我下棋习惯了落子无悔，所以人生也是一样，自己想怎么走就怎么走，不会后悔。"梁伟棠九段这样说。

说起来，吴肇毅九段可能自己都没想到，围棋会成为他一生的职业。1976年，11岁的吴肇毅第一次从父亲那里接触到围棋，在此之前，属于"四旧"的围棋运动是被禁止的。在那个年代，吴肇毅的家乡云浮会下围棋的人极少，吴肇毅在中学担任校长的父亲就属于这小部分人，在父亲的影响下，吴肇毅"看"会了围棋。

尽管11岁才开始学棋，在现在看来或许有些晚，但在当时和吴肇毅同一批的棋手普遍都启蒙得较晚，但进步得也快。1976年，广东省拟举办一次全省少年围棋赛，为省围棋队选苗子，不巧的是，因发生唐山大地震，这次比赛被取消。次年，比赛如期举行，吴肇毅发挥出色勇夺全省第八名。1978年，吴肇毅被黄妙玲老师选去广东省体工队棋队集训。

初出茅庐，吴肇毅当时的水平用他自己的话来说，"陈志刚老师让我6个子，接近半目胜负，还不一定能赢。"到了省队以后，队员们都是专业棋手，吴肇毅天天和他们在一起训练，在这种高水平的环境中，吴肇毅飞速进步，两年之后，他已经不用让子，也就在这个时候，省队的教练认为吴肇毅可以转为正式队员。

不过在成为省队的正式队员前，吴肇毅的文化课也很优秀，父亲经过反复思想斗争，终于决定让吴肇毅吃围棋这碗"饭"。

通往顶尖高手的路注定漫长，吴肇毅在这条路上一走就是20年。1982年，中国举办了第一届围棋定段赛，在此之前，中国的所有棋手都没有段位。除了聂卫平、陈祖德等德高望重的棋手，大家相互之间大多不知底细，于是中国棋协制定了两个政策，部分具有实力的棋手直接定段，而剩下的省队专业棋手只能报四段以下，同时在12盘棋中至少赢下4盘就能获得所报的段位。在那个保守的年代，吴肇毅为安全起见，报了二段，"教练，包括前辈都说不要这么着急，你还这么年轻，慢慢打上去，可能当时我的实力已经可以达到四段了"。吴肇毅说，在那年的比赛中，吴肇毅因为赢棋多，直接被定为三段。

吴肇毅透露，段位赛越到后面越难，升段赛中有个责任局数，高段位后要达到75%的胜率才能升段。按照当年的赛事安排，棋手一般每年只能升一个段位，经过14年的努力，1996年，吴肇毅升至九段，他也成为广东

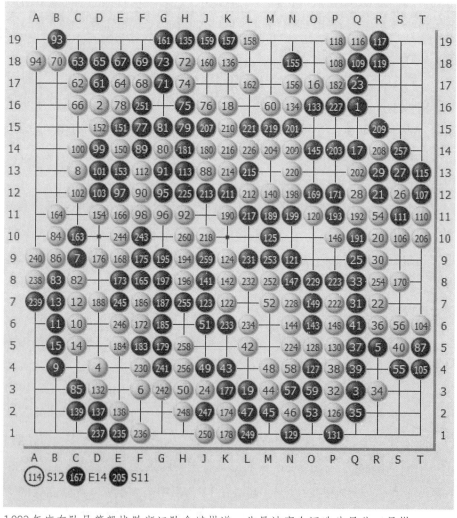

1993年广东队吴肇毅战胜浙江队俞斌棋谱，此局被赛会评选为最佳一局棋

仅有的三个九段之一。

2002年，中国围棋协会出台新政策，"凡获得世界职业围棋锦标赛冠军的（含亚洲杯），一律晋升为九段；凡获得世界职业围棋锦标赛两次亚军的（含亚洲杯），也晋升为九段"。这对于年轻的围棋选手来说，冠军是他们避免漫漫升段路的最佳捷径，从另一个角度来说也是他们实力的体现。而对于吴肇毅来说，在这14年中一步一步成长，让他在通往顶尖高手的路上多了几分自信和沉淀。

从11岁初识围棋开始，吴肇毅的围棋之路可以用一帆风顺来形容。1986年，经容坚行老师推荐，吴肇毅进入国家队；1987年获得第一届"新秀杯"冠军，1989年"牟铜杯"邀请赛冠军，1990年获"楚海杯"中国围棋王位战冠军，第七届"宝胜电缆杯"冠军，1995年中国国手邀请赛冠军，1996年获第三届"永大杯"国际邀请赛冠军……在20世纪90年代的前几年，吴肇毅可以说到达了职业生涯的巅峰。尽管吴肇毅谦虚地表示自己一直都没有达到马晓春等顶尖棋手的水平，但没有人质疑吴肇毅的能力，他的等级分也一直排名前十位。

对吴肇毅而言，1997年是他职业生涯的拐点，那一年，他32岁。就在那一年，吴肇毅在一次体检中被检查出鼻中隔弯曲和鼻窦炎，他对自己职业生涯的判断发生了变化。

棋类运动是高消耗的脑力运动，鼻子不通气，供氧不足，会严重影响对比赛的判断。为吴肇毅检查的医生也是一位围棋爱好者，在他的建议下，吴肇毅进行了鼻腔手术。可不曾想，手术之后的吴肇毅觉得情况没有太大的好转，之后，常昊夺得他自己的第一个国内头衔大国手，正是在争夺挑战权中战胜了吴肇毅，继而挑战马晓春成功。这次失败，让吴肇毅开始意识到自己该转型了。其实，那个时候吴肇毅

吴肇毅九段

依然处于一流棋手水准，国内大赛他经常能进前四。若干年后，吴肇毅谈到自己的激流勇退，坦言有些轻率和后悔，"我的职业生涯原本可以更长一些"。

20世纪90年代末的中国围棋面临着"内忧外患"的局面，新生力量尚未完全接班，韩国李昌镐、曹薰铉、刘昌赫等棋手又轮番称霸棋坛，中国围棋一直处于"韩流"的压制下。面对这样的困境，陈祖德、王汝南等棋协领导寻找着应对之策，鉴于当时的国家少年队尖子少，于是棋协在全国范围内挑选后备人才，常昊、周鹤洋、罗洗河、邵炜刚等人都是那个时候被发掘的，他们当时的水平与顶尖高手相比要让2~3子，从职业角度来说还只是"菜鸟"。

为了尽快提高这拨苗子的水平，棋协让他们和老队员一起参与选拔赛，"我们让他们两个子，如果我输了算我零分，要赢了才有分，这样的情况下我们的压力还是很大的，要拿出自己的全部本事才能去赢他们。"吴肇毅说。通过和高水平棋手的切磋，这拨年轻棋手的水平突飞猛进。在吴肇毅看来，常昊这拨人是所有棋手里最幸运的，"他们碰上了最好的时代"。

吴肇毅所说的幸运，是"聂马收徒"亲手带教围棋"希望之星"。当时，聂卫平九段收了常昊、周鹤洋、刘菁、王磊4位新锐，马晓春九段带了罗洗河、邵炜刚两位"好苗子"。聂马与学生之间还签订了师徒协议，成为当时中国棋坛上轰动一时的新闻。作为中生代力量，吴肇毅也开始考虑他的未来，如果在这条路上走不远了，那该怎么办？

职业棋手经营围棋培训在当时几乎是没有的，为了围棋的普及和推广，棋院领导做了一个决定，允许国家队队员外出办一些俱乐部、茶馆、道场，自己收徒弟授课，吴肇毅等一批中生代也自知上升空间有限，退而求其次，走上了推广围棋之路。

1997年开办于大连的"吴肇毅围棋俱乐部"应该是吴肇毅摸索围棋培训市场的一个起点，也是从那时起，他的围棋人生走向了更广阔的天地。大连的俱乐部由于种种原因，办了一段时间就停了。接下来吴肇毅和汪见虹、郑弘一起创办了三九段围棋道场。三位九段很认真地去做、去教棋，一度成绩斐然。但即便是在这个时候，吴肇毅还没有完全打算放弃下棋，只是想暂时换换环境。做了鼻炎手术后，打通了鼻腔中膈，还把腮豆摘除了，但是没想到手术的效果并不理想，吴肇毅发现还是不能像从前那样下棋，干脆就专心地教学生吧——这次吴肇毅牢牢地锁定了人生目标。

三九段道场办了一年多，由于经营模式的问题也停办了。那时候道场还剩下七八个小孩，都挺有前途，吴肇毅不想就这样放弃，于是开始一个人带他们。为解决经费问题，他和在广州的容坚行老师联系，容老师十分支持，经商定以"广州迈特兴华"的名义，每年赞助支持5万元，当年签约的棋手有周睿羊、王昊洋、郭闻潮、佟禹林、吴树浩、范蔚菁、王香如等知名职业棋手。这批棋手入段后应深圳方面要求，都签约落户到深圳棋院。后来吴肇毅又得到罗曼集团老总王永革先生的支持，创立了罗曼少年围棋队。解了燃眉之急。

2001年，由王永革先生出资支持，吴肇毅、马林(领队)、王存（助教）

韩国职业棋手许壮会（前排右二），道场来访合影

带领罗曼少年队去韩国权甲龙围棋道场交流学习，这是中韩职业培训的第一次交流训练，具有历史意义。权甲龙围棋道场被誉为韩国围棋的"黄埔军校"，其严格的管理措施、近乎残酷的训练手段非亲见不能感受。用吴肇毅自己的话来说，首次造访权甲龙道场的感受是"触及灵魂的"，当从权甲龙口中得知权道场1984年就创办，目前已有17年的时候，吴肇毅顿时就明白了韩国围棋强盛的原因。谁可承托中国围棋的未来？让国内更多天赋好的孩子接受正规专业训练时不我待。

市场大潮云谲波诡，摸爬滚打多年以后，吴肇毅深切体会到，办围棋培训也要自立自强，一味依靠企业支持是无法打持久战的。2002年在北京南二环边的高级住宅区清芷园内，吴肇毅创立了北京吴肇毅文化发展有限公司，其实体即是吴肇毅围棋道场。董事长兼任总教练，吴肇毅又开始了自己围棋事业的新起点。

王剑坤七段、段嵘六段、褚飞四段、施洲四段、吴道明三段、朱阿逸二段、王治国二段等一大批职业棋手曾陆续加盟执教，经过几年磨砺，吴

权甲龙道场到访吴肇毅道场（正中为权甲龙与吴肇毅）

肇毅围棋道场在圈内声名鹊起，成为向中国棋坛输送职业棋手的重要基地。

清芷园内环境优雅，生活及各种运动设施配备完善。吴树浩、胡帅、王昇新、王倪乔、蔡碧涵……一个又一个棋童在这里圆了自己的职业围棋之梦。对低龄儿童的围棋培训，吴道场也走在了前头。那几年，在国家体委每年组织的全国少儿围棋锦标赛上，吴道场弟子们组建队伍参赛，年年都能拿到冠军，吴肇毅收获的还是欣慰。

说起弟子柁嘉熹，据吴肇毅回忆："我印象最深的是，柁嘉熹这个小孩挺有灵性的，反应很快，计算力很强，对棋有自己独特的理解。"吴肇毅说，柁嘉熹不仅学棋非常认真，而且可塑性很强，"他刚来道场的时候，尽管显露出超人的计算能力，但也暴露出布局不佳、大局观不好等缺陷，经过学习，他渐渐改了布局不好等毛病，棋力得到很大提高，并开始在棋坛崭露头角"。

吴肇毅九段一点也不掩饰自己对爱徒的赞许："李钦诚这孩子才六岁半时，已经有业余五段实力了，据我所知，国内还没有同样低龄的孩子达到这样的水平。"从不轻易赞扬小棋童的著名国手、中国围棋协会副主席罗建文七段在曾与儿童时期的李钦诚下过一盘让4子指导棋后道：这样的年龄下出这样的棋，当然有极高的天分。

2009年的一个周末，王香如和吴肇毅老师以及郭闻潮、柁嘉熹、佟禹林几位师兄弟一起聚了顿餐。与其说是聚餐，不如称为"谢师宴"更加妥当。"想来惭愧，吴老师早年带的一批弟子中，我是入段最晚的一个。因此，吴老师等这顿饭的滋味一定不怎么好受。"王香如这样说。

"人说吃水不忘挖井人，席间妈妈提醒我应该向老师敬酒，表示感谢。我当然应该感谢，但又觉得这形式上的举动已不能表达内心的那份感激。于是对身旁的恩师说：'大恩不言谢。'吴老师爽朗地笑了，尽管额头已悄然爬上岁月的痕迹，可笑容一如从前那般和蔼可亲……"

说起吴肇毅老师，王香如这样回忆到："一日为师终身为父。在十来岁的孩子眼里，吴老师不但是严师，同时也是慈父。那时由于我起点低，水平在8个孩子里是最后几名，出去下对抗赛时像个队伍里的小尾巴。但吴老

吴肇毅九段等探讨棋局中

师从不会因此而忽视我，在生活上更是像父亲一般无微不至。即使过去这么多年仍能记得发烧的我在医院输液，吴老师放下诸多繁杂事务冒雨前来探望的情景。还有一次，吴老师照例来给我们上课，碰巧那天我生日，吴老师二话不说就请人买了个蛋糕回来一起为我庆生。如今我每每出门远行无论是坐飞机还是乘火车都会想起吴老师亲自送我的画面。这些慈爱的善举，足以让年纪尚小就独自离家求学的我铭记在心，难以忘怀。"

2005年，吴肇毅被聘为中国围棋队教练，专职国少队和女队。从围棋道场到国家队，经过多年的辛勤耕耘，曾跟随吴肇毅学习的职业棋手迄今达到170多人，其中世界冠军级的有时越、周睿羊、柁嘉熹、檀啸、党毅飞、芈昱廷、连笑、杨鼎新、李钦诚、郑岩（女）、唐奕（女）、王祥云（女）、蔡碧涵（女）、范蔚菁（女）、李赫（女）、宋容慧(女)、陈一鸣（女）、王晨星（女）等棋手，还培养了业余"天王级"的王琛、白宝祥、唐崇哲、何鑫等众多业余强豪。

看到自己培养的棋手有了如此出众的表现，吴肇毅坦言自己的心愿已经完成，他意识到，自己的能力毕竟有限，而所肩负的历史使命也已圆满，于是他产生了离开的念头。2011年1月，吴肇毅离开了工作5年的国家少年队，回到广州进入东湖棋院，重新开始自己新的围棋教学事业。

之所以选择东湖棋院，而不继续开办自己的围棋道场，吴肇毅说，一来东湖棋院是自己的恩师容坚行老师所创立，和自己有着很深的渊源，二来自己办道场将会和东湖棋院产生竞争关系，这也是自己不愿意看到的。

当然，在东湖棋院，吴肇毅也有以自己的名义开办的"吴肇毅围棋教研室"，在这个教研室的学生以各级围棋的比赛尖子为主，共有100多人，程度从业余一段到业余五段不等。尽管不少学生也有优秀的成绩，但吴肇毅还是希望通过培训提高他们的围棋素养。

　　吴肇毅九段说，自己的一生已经离不开围棋，他有时候会问自己，还能为围棋事业再做些什么？其实，早在他离开国家少年队的时候就已想好，为了能让更多的人认识围棋，让围棋有更好的发展，推广围棋势在必行，不仅是在中国，还要面向世界，这是一个围棋人应负的责任，也是为自己热爱的事业尽一份力。

第四节 携后辈广州群英荟

上一节说到，岭南三九段中的廖桂永九段和梁伟棠九段初学围棋时，皆受到广州冯曼老师的指点，其实包括后来出国到日本的苏耀国九段，早期学棋成长路上也是得益于冯曼老师的发现和提携。

冯曼生于1946年，广东广州人，国家级围棋裁判员。围棋无师自通，曾任广州棋艺社（广州棋院前身）社长，后任广东省桥牌协会副秘书长、广州市桥牌协会秘书长。

对于冯曼来说，接触围棋完全是一次"误打误撞"的经历。1973年3月，广州市青少年围棋赛在珠玑路小学进行，其时的冯曼对围棋一窍不通，只是在几个同事的撺掇下一起到现场"看热闹"。当时冯曼是荔湾北路小学教师，时任广州市副市长、主管文教的孙乐宜当时正好准备在市内学校大力推广围棋，便召集在场的所有老师开动员大会，要求他们在学校开展围棋培训。"正好当时和我一起来'看热闹'的两个朋友都会一点围棋，有一个水平还可以，自告奋勇说要教我，于是我便开始了准备工作。"

冯曼便走上了"边学边教"的道路。"街上没有棋书卖，我就去省队看人家训练，看到他们手里有本油印的日本年鉴，上面记录着很多一流棋手下的棋，就连忙借来'恶补'。当时比较年轻，还没有结婚，也没有谈恋爱，所以晚上一有时间就钻研棋谱。现在回想起来，能闯过这一关，全凭着年轻人的一股热情和冲动。"在其他老师协助下，冯曼从学校里挑选了最初的一批校围棋队队员，当中就包括当时上三年级的廖桂永，还有上二年级的梁伟棠。"没有专门的围棋教室，我们就在音乐教室里面训练。像廖桂永、梁伟棠他们这些尖子，晚上7点到9点间还会到我家来'补课'。"

"到了1973年11月的时候，省里需要选拔一个小孩去参加全国赛。曾炳权在3月那个青少年赛拿了冠军，按照以往的惯例应该是他去。但当时职业队的教练齐曾矩认为应该给廖桂永一个机会，于是让两人进行了一场对抗赛。结果，廖桂永5：1大胜曾炳权。其实满打满算，廖桂永那个时候也就学了8个月左右。后来，廖桂永代表省里去参加那次全国赛，还拿到第五名。那是围棋运动恢复后全国第一届青少年赛，可以说是高手云集，曹大元、江铸久这些名将都有参赛。"

廖桂永的出色战绩让全校轰动，也让冯曼的默默耕耘终于获得了关注，"全校掀起了学围棋的潮流，不仅有校队，还有年级队、班队，最高峰的时候，全校几百人在操场一起上课"。

学校的支持，让冯曼的教棋事业愈加风生水起："之后那段时间的市赛，前六基本都是我们学校的学生。1978年，廖桂永和梁伟棠就进了省队，之后广东基本是靠他们打天下。"

1982年，广州棋艺社成立，陈松顺是首任社长，苦于没有帮手的他很快向冯曼抛出了橄榄枝，但冯曼前一年才刚刚升任学校的教导主任，而荔湾区教育局当时也不想放人。经过陈松顺的再三努力，冯曼才终于被调到广州棋艺社，担任陈松顺的秘书。"其实工资也不高，跟学校比起来没差多少，不过到了棋艺社之后可以全身心去搞围棋这行，心胸开阔了很多，也很开心。"

1984年，广州棋艺社原教练袁兆骧退休，冯曼便接过教鞭，重新拾起了他的教棋事业。由于人才缺乏，他不得不走入校园，一间一间学校地挑人。

现在旅日的广州棋手苏耀国，就是他挑回来的，因为冯曼不仅仅将目光局限于小学和中学，还延伸到幼儿园。冯曼大概是广州最早推广幼儿围棋培训的。苏耀国5岁的时候就开始跟冯曼学棋了，6岁多一点冯曼就带他去了北京，参加神童杯的比赛，当时他是既当教练又当保姆。

从1973年开始，到1988年出任广州棋艺社社长，冯曼总共教了15年的围棋，培养了数不清的学生，也让他总结出一点心得："不是所有学围棋的人都能走专业棋手这条路，但学围棋可以锻炼思维能力，像廖桂永和梁伟棠他们当年学棋也不会荒废学业，廖桂永那时去参加比赛，回来不到一周数学又考第一，当时连广雅招生都到我们学校来挑围棋的尖子。"

执着于无偿教棋不图回报，冯曼一直是这样主张的。不管是当年在学校教棋，还是后来在棋社教棋，冯曼都没有额外的收益。"有一次，廖桂永的奶奶来我家接孙子的时候给我拿来了半条鱼，还血淋淋的，那或许是我教棋得到的不多的好处了。"冯曼开玩笑地说，"我那时教棋是不收钱的，像苏耀国甚至都在我家吃饭。现在这个功利社会，很多人做事都是先问能得到什么回报，我那时就一心想做好事情。其实，做人不该什么都冲着利益去，虽说时代不同了，但有些宝贵的东西应该传承下来。"

除围棋外，冯曼在桥牌上也有很高的成就。1984年，他所代表的广州队就在北京举行的长城杯国际桥牌赛中获得第三名，那也是中国参赛队伍中最好的成绩。

随着弟子们日益成熟，冯曼也退出了比赛的一线，开始担任省女子棋牌队的教练。在他的带领下，广东男、女队都在全国获得不俗的战绩，其中女队更是屡获冠军。除了围棋和桥牌之外，冯曼还致力于推广其他智力运动，他曾组织举办了竞技麻将、拖拉机、斗地主、锄大地等多项休闲智

奥达杯全国女子桥牌精英赛合影，冯曼老师居中

力竞技比赛。"只要感觉对社会有用，群众也会欢迎，同时又不犯法，那就放胆去做。"

1985年冯曼晋升为第二批国家级围棋裁判，1986年担任全运会副裁判长，1982年调入广州棋艺社，1988年至2003年担任广州棋艺社社长，后由余钢粮接任。

梁权威老师的弟子曾炳权8岁学棋，12岁进体校，16岁进集训队。1982年定为四段，1984年获全国围棋团体第三名，1985年全国"海峡杯"个人第四名，同年进入国家集训队，1986年晋升为围棋专业六段。1990年专业进入广州棋艺社（现广州棋院）从事围棋教练工作。先后培养出李华嵩、朱剑舜、高咏梅、张瑞等国家少年队和广东省专业队运动员。以陈一鸣、俞泽坤、杨钊等学员多次获得省运会和省锦标赛的冠军，具有丰富的教学经验。现任广州棋院围棋主教练、市围棋协会副秘书长、国

曾炳权老师指导围棋爱好者学习

家围棋健将运动员、围棋高级教练、国家级裁判员。

"1971年左右，我八九岁开始跟梁权威老师学棋，年纪已经是比较大的了，当时是先在学校学习，再到区少年宫，后来到体育馆（相当于现在的棋院）跟齐曾矩老师学习，过去是没有专业班的，最后就直接输送到专业队向陈志刚、容坚行等老师学习。"曾炳权老师回忆。

"1990年退役后，我就进入广州棋艺社做教练，后来也成为广州棋院围棋队的主教练，培养了陈一鸣、李华嵩、朱剑舜等专业运动员。其中，陈一鸣小学毕业时曾经面临过两难选择，当时她的钢琴已练到专业八级，而围棋也是她的最爱。2004年我带她到北京参加'清风道场'的选拔，女子

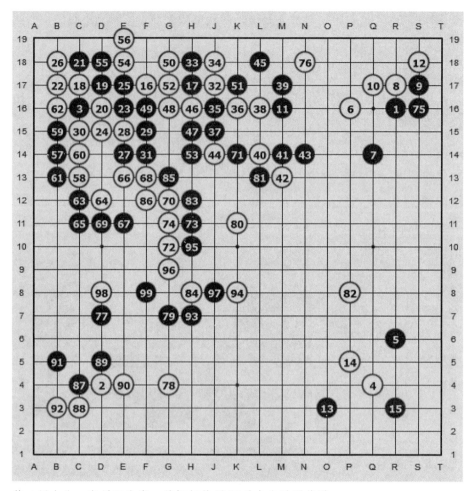

第二届台北—广州互访赛，曾炳权执黑99手中盘胜周俊勋

前两名可以减免一部分学费，一年下来就是好几十万，最后她也不负众望，冲段成功了。"

"就我的围棋人生来说，主要是两部分，一是进入专业队，然后就去打比赛了。做队员时，有快乐的一面，也有苦恼的一面，拿到成绩时是很快乐的，但1987年时全运会的失利也让我有些丧气，甚至想到退队去做教练。二是做了教练，从1990年到现在，已经有30年了，时间比较长。围棋使我有所作为，也成了我的生计，培养了一批学生，希望可以评到一个职称，围棋和我已经是离不开的了。"

"做教练的过程中也有忧的一面，1994年时，机制变化，允许买卖棋手，对我们来说是一个很大的冲击，作为一个职业棋手，培养的学生水平相对来说比其他人教得要高，培养棋手需要很多时间和精力，但可能别人买一个棋手就可以赢了，我们需要有好成绩，但又留不住好的棋手，压力还是很大的。"

"我们除了培养之外，挖掘苗子也很重要。20世纪90年代时，做教练是比较辛苦的，我们既要到学校去蹲点、挖掘苗子，院长也亲自去教导初级班、中级班。因为棋类不同于其他运动，学棋是一个周期一个周期的，有的甚至培养了也会因为别的因素中途不学了。"

"广州是一个大市，需要好成绩，同时还需要创收，没有资金吸纳不了棋手。现在围棋机构多了，本来我们20人选1个人，现在100个人选几个，能力当然更拔尖一些，对我们来说其实也是一个很大的支持。虽然机构是以盈利为目的，但也是代表广州的成绩，这样我们的压力就没那么大。"曾炳权老师这样说。

哥哥曾炳辉跟围棋的缘分，也是上天注定的。1971年，两人所在的小学，要从每个班级中选出三四名成绩优异者进入学校的围棋队。曾家的父母都不会下棋，但说来也就那么巧，当时相差3岁的两兄弟却因为聪慧过人，相差几个月被选入校队，跟随梁权威老师开始了学棋之路。

命运弄人，特殊的年代决定了两兄弟以后不同的人生轨迹——1976年，高中毕业的曾炳辉上山下乡；弟弟曾炳权则幸运地躲过，并在1977年以出色的棋艺进入广东省集训队，后来成为一名专业棋手。

如一棵老树上的两条枝丫，命运此后在两人身上各自曲折，但不变的是同根同祖的血脉亲情和对围棋的痴迷不改。

1980年，曾夺得1978年广东省围棋赛冠军的曾炳辉回城后选择赴港。当时的香港，棋艺凋零。"棋艺社里只有十几个人，还都是上了年纪的老人家。"虽然明知在香港普及围棋是条艰难之路，但20多年来对围棋的热爱，却让曾炳辉毅然选择开馆授徒。最初几年，他教学生赚的钱，甚至不够去交房租，以至于有时要靠学生们共同分摊房租来渡过那段艰苦岁月。

香港是个崇尚英雄的地方，武侠名家金庸就酷爱围棋，他的笔下也对棋士多有精辟描写，当年的"金庸热"无疑为围棋的普及提供了有利条件。1982年，曾炳辉等人成立了香港围棋协会，一些公开赛事陆续推出，香港的围棋发展开始步上正轨。

慢慢的，凭借着过人的棋艺和精湛的教学，曾炳辉的"弘德围棋"社的学生也多了起来，他本人更多次取得香港围棋公开赛的冠军。最让曾炳辉为人称道的，是他4次（1983年、1987年、1988年、2002年）代表香港队出战"世界业余围棋大赛"。在中日韩三国争霸天下的局面下，他在该项比赛中曾取得第四名的好成绩，为香江棋坛谱写了一段佳话。

如今，曾炳辉在港开设棋院教棋授徒，以拓荒牛的精神让围棋之魂在香港得以延续。"香港的围棋教学和国内有很大不同。香港提倡'快乐围棋'，如果你对学生太过严厉，下一堂课人家可能就不会来了。"多年的教学经验，加上温和的性格，曾炳辉以"弘扬围棋，教人以德"的教学理念，赢得了学生们的认可和口碑。从事围棋教育行业20余年，如今已是香港棋坛资格最老棋手的曾炳辉，以教棋为乐，他自己的棋社从不打广告，但却在竞争激烈的香港棋坛坚强地生存了下来，并先后培养了多位高段棋手。

早年学习围棋时，得到过诸多广州名师培养的苏耀国九段，应该说是十分幸运的。（备注：后续章节另有详细记述，此处暂不展开）

冯曼老师和曾炳权老师的弟子李华嵩和朱剑舜，可以说是广州棋界的中坚力量。回忆学棋，李华嵩说："我是从四五岁开始，受邻居启蒙，开始学习围棋的。母亲到广州棋艺社咨询，通过选拔考试，进入广州棋艺社开始系统性学习。"

李华嵩在进入广州棋艺社后，拜在冯曼老师门下学习，也有不少趣事。"因为那时我的水平在少儿里算比较高，很多同年龄甚至比我大的都不是我的对手，有人就开始数棋时耍赖，当时还小，觉得很委屈，有时还忍不住哭了出来，冯曼老师就觉得我天资聪颖，还邀请我去他家中学棋。"

"后来跟着陈志良老师学习，在进入省队之前，便开始跟容定行老师学习。可以说容定行老师是我的恩师，那时候到他家里学了几年，之后才进入省队。"李华嵩1991年进入省队，1993年全国围棋团体锦标赛冠军成员。

其实在刚刚进入省队的时候，李华嵩根本连段位都不知道是何物。但随着在省队的运动员模式下待久了，加上这次全国冠军的激励，他也开始明确了职业棋手这一发展方向，开始参加定段赛。虽然当时定段的名额没有现在这么多，但竞争也没现在这么激烈，1996年，第四次参加定段赛的

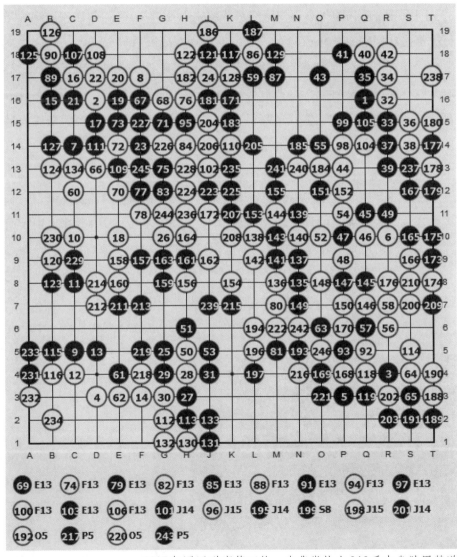

2007年围甲联赛第四轮，李华嵩执白246手中盘胜周鹤洋

李华嵩以第一名的成绩定段。

"可惜定段来得有些晚了，我当时已经15岁，距离国少队的年龄上限只剩下一年，最后没能选上，后面的发展就差很远，所以到现在都只能在省队打拼。个人最好的成绩是2004年全国锦标赛拿了第七名，当时原本最后一轮赢了可以进前三的，可惜因为压力太大，赛前一晚都睡不着，最后没发挥好就输了半目。"

围甲开始后，李华嵩也作为广东队的主力征战过几年。"比较遗憾的是每次都是在甲级打一年就降组，所以虽然我也战胜过周鹤洋、孔杰这些高手，但却无法持续地保持良好的状态。其实现在我还是很热衷于参加比赛的，像百灵杯、梦百合杯这些世界赛的预选我都会去参加，尽管打不进本赛连路费都要自己掏，但我还是很喜欢这种参赛的感觉。即便无法成为最顶尖的棋手，能做自己喜欢的事情也是一种幸福。能享受下棋的乐趣，我感到很快乐。"

在2008年左右，李华嵩仍属省队期间，"周一到周六都需要训练，只有在周日或是平时业余时间，会做指导学生、教棋的工作，一般都是别人通过一些途径找到我，或者是一些培训机构找我"。

近几年，李华嵩也一直接手教练的工作，角色的转换也令他的目光更坚定了。"尽管广州学棋的孩子不少，但很少人往上冲，也有一部分人才流失到外地，但对于我自己而言，我对围棋界的一点点贡献就是将一个个有天赋的孩子培养成才，这是我这么多年坚持教棋的信念。"

朱剑舜，1998年进入广东围棋队，1999年获得全国少儿围棋少儿组第四名，2000年入段，2005年升为三段，2007年代表广东队征战全国围甲联赛，

李华嵩

并战胜当时风头正盛的世界冠军
罗洗河九段和新锐柁嘉熹等棋
手。

2019年3月，广东棋手陈一
鸣在"阆中古城杯"首届中国女
子围棋名人战决赛中二比零战胜
王爽，拿到职业生涯的首个冠

朱剑舜对弈思考中

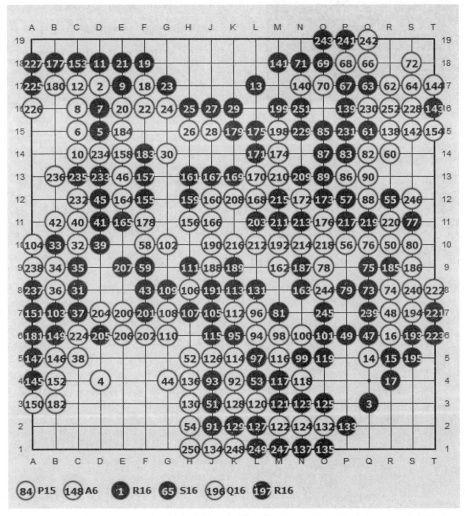

2007年围甲联赛，朱剑舜执黑252手一又四分之三子胜罗洗河

陈一鸣接受采访中

军。广东省围棋协会主席容坚行在赛后第一时间祝贺，高兴地说："这也是广州棋手第一次夺得围棋重大头衔战冠军!"

谈及陈一鸣小时候的故事，容坚行讲道："陈一鸣小时候爱好很多，因为她的父亲也是业余围棋爱好者，就让她到兴趣班学围棋，启蒙老师是我哥哥容定行，陈一鸣就经常到我哥家下棋。有段时间陈一鸣停下来了，我哥哥看她没有来，还专门跑到她家跟她父亲聊天，劝她再过来继续学，慢慢的她的兴趣就培养起来了。后来到了北京，陈一鸣就拜入刘菁老师门下，作为入室弟子继续学习。"

讲到自己的围棋之路，陈一鸣坦言小时候其实学过很多才艺，钢琴、花样滑冰、围棋，等等，甚至一直以学钢琴为主，围棋只占用一小部分时间，也没有想过要走职业道路。到小学快毕业时，妈妈告诉陈一鸣，上初中后就不能再学围棋了。陈一鸣内心割舍不下，晚上就哭着跟妈妈说一定要学围棋。妈妈看小一鸣如此热爱围棋，才决定让她去北京进修，走职业道路。

"学围棋是我自己要坚持的，父母让我自己选择，无论我做什么决定他们都很支持我。"陈一鸣的语气里透出对父母的感恩。

陈一鸣的父亲陈渭楠是一名大学教授，同时也是一名业余围棋高手，巅峰时期拥有业余五段的棋力，曾经代表广州出战"晚报杯"。出于锻炼孩子逻辑思维能力，让她全方位发展的想法，父母将陈一鸣领进了围棋这扇大门，没想到却挖掘了女儿真正的天赋。

"一开始我们是在家里办了个小班，招了几个比她（陈一鸣）大一两岁的孩子陪她一起学，没想到两三个月下来，发现她的进步比其他孩子大得多。于是我们马上不再办班，而是将她送到了陈渭楠的好朋友容定行老师那里。"陈一鸣的母亲王敏燕回忆到，女儿很小的时候就已经表现出很强的学习能力。

学了大半年围棋之后，小一鸣就在比赛中一鸣惊人，拿下市赛第五名。她的天赋也让很多授课老师都眼前一亮，曾炳权老师甚至主动提出上门单独授课，一节课只收50元学费的友情价。"当时曾炳权老师跟我说，陈一鸣可能一年就能拿到省冠军，我就很心动，因为省冠军可以上重点中学。结果一年后她真的就拿省冠军了，之后两年在广东省已经基本没对手，取得三连冠。"

女儿在围棋上的辉煌成绩让王敏燕很是骄傲，但她当时完全没有想过让女儿去走职业围棋的道路，相反，她打算让女儿在升上中学后就放弃围棋。"小学六年级的时候，她可以说是三线作战，早上7点起床开始上文化课，下午4点到5点练钢琴，吃过晚饭就开始下棋，夜里11点多才能睡觉，我觉得她太疲劳了。"

在王敏燕看来，文化课是不应该放弃的，而在钢琴和围棋之间，她倾向的是钢琴。"当时她的钢琴已经考到了八级证书，而围棋则是一条充满未知的道路。"

然而就在假期的一天晚上，小一鸣推开了妈妈的房门，未语泪先流，"妈妈，我不能放弃围棋，我觉得我下棋能有出息。"面对这样的恳求，王敏燕与当时身在上海的丈夫商量过后，决定还是尊重女儿的选择："这样强行要她放弃围棋让她很痛苦，如果将来她再后悔的话，我们负不起这个责任。"

冲段需要远赴北京，而当时的陈一鸣还只有12岁，这意味着父母至少要有一人放弃工作，随同前往。再三权衡后，母亲王敏燕做出牺牲，放下自己当时效益不错的生意，陪同女儿到了首都。

"冲段其实是很苦的，北京房价这么高，很多冲段的孩子都只能租住在条件很差的房子里，有的甚至是没有窗户的地下三层。我们一开始也是租房子，但房东半年就要涨价。后来我就跟她父亲商量，反正钱放在银行里也是贬值，干脆买个房子，走的时候再卖掉就是了。"

相比大多数来北京冲段的孩子来说，陈一鸣还是非常幸运的，因为她到北京没多久就获得了清风少年队的青睐。"只要能够通过他们的考核，成功留下来，后面的生活费、比赛费队里就全包了，条件是将来定段后与他们签约。当时那里聚集的也都是些精英，像时越、李赫他们那会都在那里。"

那个时候，父母对陈一鸣都没有抱很高的期望，甚至是有一点盼望孩子快点回来的心理。在进清风少年队之前，陈一鸣就参加过一次定段赛，当时很快就被淘汰了；但在进队之后，她很快在自己第二次定段赛之旅中表现出一定的竞争力，到第三次、第四次参赛时，距离定段已经只有一步之遥。"当时就差一盘棋，多少也有点心理原因。定段赛最多只允许输两盘棋，多输一盘都不行。"

经历了4次定段赛的失败后，陈一鸣也深刻地体会到比赛的残酷，2009年，她又一次来到定段赛的赛场。"当时她前面打得不错，倒数第二轮只要赢了就能提前定上（段）。比赛前一天晚上我就叮嘱她要好好休息，不要多想，我自己一晚上没敢睡，就一直盯着她到天亮"，王敏燕回忆道，"第二天她去比赛，到了十二点半回来了，一脸不高兴的表情，把那个参赛证甩给我：'我赢了！'原来是赢了以后很多人要签名，记者又要采访，所以才回来这么晚。我问她为什么不高兴，结果她说，因为她觉得这个胜利来得迟了。"

定段成功之后，陈一鸣如愿以偿走上职业棋手的道路。那年的国家队选拔赛，陈一鸣拿到第一名的好成绩。王敏燕说，她向来很尊重女儿的决定。陈一鸣曾经跟母亲说，如果上天再给她一次选择的机会，她还是会选择围棋。"在她看来，钢琴是自己跟自己比的，而围棋是跟别人比的。不过她说如果再来一次，她不会放弃钢琴，可能会放弃文化课，因为她觉得文化课是什么时候都能学的。"王敏燕笑着说，"她唯一的弱项估计就是做菜了！有一次我有事走开几分钟，让她帮忙翻一下菜，结果回来一看，锅里都没菜了，菜都被翻到灶台上去了。"

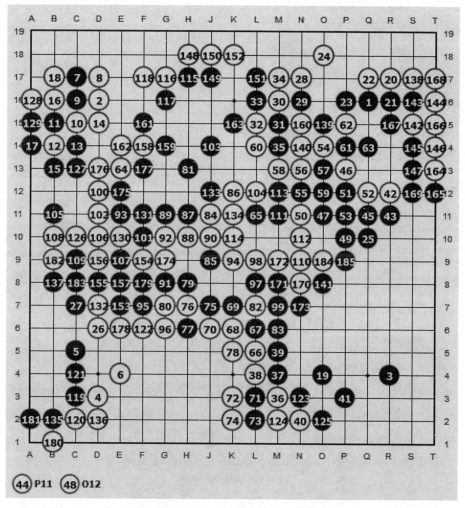

2019年第一届阆中古城杯女子名人战三番棋第二局，陈一鸣执黑185手中盘胜王爽

当年的广东省围棋队还有一位有实力的美女棋手，她就是陈倩薇。陈倩薇是广州人，从小与围棋结缘，8岁师从梁权威老师学棋，后成为职业二段棋手。

陈倩薇曾获1993年全国女子团体赛第五名；1995年全国女子个人赛第七名；1995年代表中国参加第一届中韩新锐对抗赛。1997年陈倩薇代表上海外国语大学取得全国应氏杯大学生女子围棋比赛个人冠军。

陈倩薇毕业于上海外国语大学，上海市宝山棋类协会成员，围棋一级

裁判员，中级教练员。陈倩薇一直致力于围棋普及教育，曾4年任教上海天元围棋学校围棋教师，主要负责中高级和段位班；7年任教上海西部围棋学校，主要负责高段组；3年任教上海市钱震祥围棋学校，主要负责低段组。

陈倩薇指导小棋童

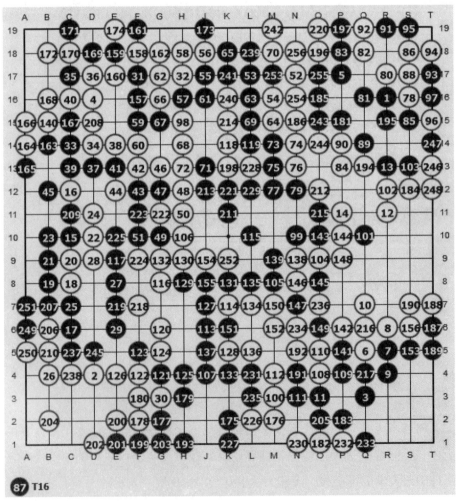

第三届中国围棋霸王战，陈倩薇执白256手中盘胜冯伟

第五节 守擂台铁帅叹失意

1987年在广东举行的全运会上，由传奇老将杨官璘压阵的广东男子象棋队经过一路艰苦拼搏，最终夺得象棋男子团体冠军。比赛进行的全过程堪称跌宕起伏，变幻莫测。事先立下军令状，誓为广东队夺取金牌的省棋队领队容坚行，因为长期紧张过度，患了严重的心脏早搏，已经出现健康危机。

1988年六七月间，在家人的强烈要求下，容坚行被安排进了广州中山医科大学附属医院住院调养。当时，正值第四届中日围棋擂台赛火热进行中，凑巧的是，容坚行的隔壁床位住的是广州《南风窗》杂志的赖启华先生，赖先生是杂志的部门负责人。聊天中，赖先生说《南风窗》老总很想在广州承办一场擂台赛，不知道可否如愿，要知道他说的老总，正是当年业内大名鼎鼎的"四大才子"之一曹淳亮先生。

策划协调过程进展顺利，1988年12月18日，第四届中日围棋擂台赛第九场比赛在广东迎宾馆隆重举行，对阵双方是中国"铁门将"聂卫平九段和日本的羽根泰正九段。

1988年3月26日晚，在北京昆仑饭店举行第四届中日围棋擂台赛开幕式，李梦华、金明、廖井丹、唐克等领导人出席。日方棋手代表淡路修三九段致辞时，第一次讲到要向中国棋手学习，这是若干年来中日围棋比赛罕见的。以往听到的基本都是他们激烈挑战、自信满满的言语，第一次听到他们如此谦虚之词还有点不太习惯。本次比赛双方阵容"缩水"，每方只有7位棋手出战。

平心而论，当时中日围棋的整体实力肯定还是日本占优，但中国凭借聂卫平的神奇发挥，前三届连胜，这个成绩多少有些偶然的因素。围棋也是圆的，这一次，终于轮到日本棋手发挥了。

　　双方一开战，又一连胜猛人闪亮登场，此人就是长期活跃在日本棋坛的"老虎"依田纪基。当时的依田纪基虽然没有大棋战的头衔在手，但他是日本的新人王，他同时创下的是中日围棋擂台赛先锋的最佳战绩——六连胜。几乎就靠他一个人的力量将中国队横扫，俞斌、陈临新、王群、刘小光、江铸久、马晓春这些，无论是老将还是新锐，全都成了他的手下败将，直接杀到了聂卫平面前。

　　1988年7月9日，第六局马晓春一目半负于依田纪基，当夜，邓小平的秘书给聂卫平打电话，转达邓小平的问候。意思是，我们已连胜三届比赛了，输赢没有什么关系。话虽简单，表达了关切和宽慰，让棋手都感到一种温暖。不过前四届的擂台赛也暴露出中国围棋的一个弱点，那就是高度虽有，但厚度远远不够，当时的年轻棋手在境界和技艺上与顶尖棋手相差太远，能和"日本六超"真正抗衡的可以说仅有"聂马"二人。

　　在双方的第七场比赛中，聂卫平使出浑身解数，总算擒下了当年那头不可一世的"小老虎"，本局从上午10时开始，日本国家广播公司NHK电视台首次向全世界卫星直播，直到比赛结束，历时8个多小时。

　　随后聂卫平又胜淡路修三，把个人在中日围棋擂台赛上的连胜纪录改写为十一连胜。面对羽根泰正九段等日本棋手他能再次创造奇迹么？

　　羽根泰正，日本职业围棋棋手，日本棋院中部本部九段。出生于三重县，师从岛村俊广九段，1958年入段，1981年升为九段。羽根棋风强硬，虽然之前没有获得过任何大赛头衔，但属于日本棋院中坚棋手，有"中部大钻石"的美称。此战之前聂卫平与他在1986年中日围棋对抗赛中有过两次交手，都是聂卫平获胜。

　　此次广州赛事接待规格很高，日本朋友从广州白云机场出来，就警车开道，一路护送到广东迎宾馆。羽根泰正九段说，在日本从来没有接受过如此高规格的待遇。

12月17日，在广东迎宾馆的红棉大厅举行盛大的欢迎宴会，日方团长、日本棋院常务理事长原芳明和参赛选手羽根泰正九段、白石裕九段等谈话的调子都很低，给人的印象似乎他们对此行不抱多大希望。中方气氛也是一片祥和，大家对聂卫平都充满信心，认为两位日本棋手（另一位白石裕九段，计划在羽根泰正九段后出场）来，只是例行公事而已。

比赛安排在广东迎宾馆白云楼八层总统套间，挂大盘讲解在大宴会厅，由王汝南讲解，陈志刚辅助，最好座位的票卖到30元一张，而且已经全部售罄，这在当时，是国内讲棋最高的票价。

12月18日上午10时，聂卫平九段与羽根泰正九段的比赛正式开始，聂卫平黑棋布局大成功，实空大且占有中腹要点，白棋呈现凝形，不够舒展，聂卫平一路领先。

日方代表团团长大枝雄介八段幽默地对王汝南说："今天聂先生不用吸氧了，吸吸烟就可以了。"随即又对身后的白石裕九段说："看来你要准备上场了。"现场听棋观众的乐观情绪也达到高潮。

聂卫平对阵羽根泰正

下午4时许，羽根泰正放出胜负手，在中腹靠出分断两块黑棋。此时，聂卫平只需老老实实地补厚，已可胜定。但实战中鬼使神差，聂卫平没有看到对手一着简单的在左下角吃掉黑方7颗棋子的手段，白棋吃了黑7子不说，还钻进黑空不少，黑方一举亏损有30目。外边的观战气氛顿时紧张起来，陈志刚甚至着急地喊："快点快点，聂卫平该吸氧了！"

后续聂卫平虽奋力追赶，但终因中盘损失过大，最后以一又四分之一子之差落败。聂卫平擂台赛不可战胜的神话破灭，当届擂台赛也以日方获胜告终。王汝南当场感慨：聂卫平也是人，不是神啊！

局后双方棋手出来与现场观众见面时，广州观众还是给予热烈的掌声。

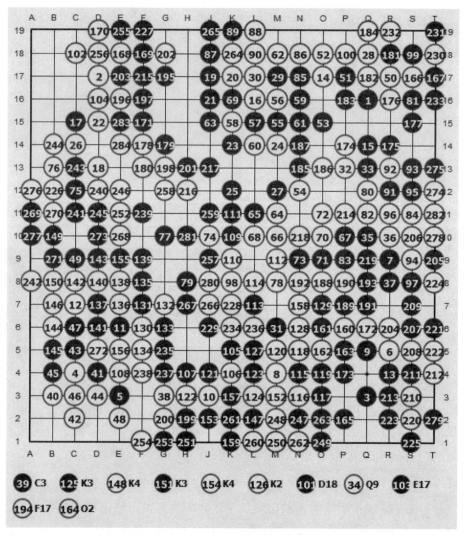

聂卫平九段执黑284手一又四分之一子负羽根泰正九段

羽根泰正九段说，这盘棋他开始下得不好，到下午已经感觉要输，想再下几步就认输了，没想到会赢，只能说是运气好。聂卫平则有些难过地表示，我知道在擂台赛上，我迟早总有输的那一天，但没想到今天会输，非常遗憾。

晚上在房间聂卫平与郝克强、王汝南、容坚行等聊天。聂卫平说上午的棋优势过大，下午走得较快，没有仔细算气。对杀差一气，业余棋手都能看出来，但我竟然算错了，真不可思议。冷静下来复盘后发现，主要还是输在没有补厚中腹，让羽根九段钻了空子。

局后双方与现场观众见面

多年后，聂卫平回忆说："连胜终有被终结的那一天，但只是没想到会在这一天以这样的方式终结。不能不说，我在中日围棋擂台赛取得十一连胜之时，除了我当时年龄还不算大、精力还比较集中之外，还有一个重要原因就是我的心劲一直都在。自从在中日围棋擂台赛输给羽根泰正后，感觉心弦怎么也不像以前那样绷得紧了。一如一盘棋，一步松、步步松，所以职业棋手不能轻易松劲，否则，再鼓起劲的话即如逆水行舟，事倍功半。"

相反，羽根泰正九段在赢得这盘棋后，陡增心劲，回国后还一鼓作气取得日本王座战挑战权，第一次在五番棋挑战赛中1：3不敌加藤正夫九段后；翌年卷土重来，再获挑战权，3：2将加藤正夫挑落马下，首次获得大头衔战冠军，这也是他职业生涯获得的唯一大头衔。

当然，祸兮福所倚，福兮祸所伏。聂卫平输给羽根泰正对他本人来说是悲剧，但对于日本代表团乃至中日擂台赛来说，却可能是件好事。日本《朝日新闻》记者谷口牧夫对郝克强说："昨夜发回报社的报道，写的字数是最多的一次。我等了4年了，才写了这么一篇。"《朝日新闻》在日本影响甚大，羽根泰正九段战胜聂卫平，日本队首次赢得中日擂台赛的大篇幅报道，肯定也将在日本形成巨大的影响，这也使得NEC公司更有信心继续赞助比赛了。

聂卫平还回忆到：离开广州的当天，我看到门缝里有棋迷塞进来的两封信。信是两位大学生写的，写得很短，鼓励我不要放弃，说棋手不可能

第四届NEC中日围棋擂台赛最后，主办方向中日两队赠送书法

没有输的时候。我记得很清楚，信中写道："你虽然输了这盘棋，但你仍然是我们心目中的英雄。"当时看了心里热乎乎的。

比赛最后，主办方向中日两队赠送书法，"一衣带水 源远流长"。中日两国棋手虽然在棋盘上拼得惨烈，但在私下却友情甚笃。

第四届中日围棋擂台赛双方阵容及对战记录：

中方阵容：俞斌、陈临新、王群、刘小光、江铸久、马晓春、聂卫平

日方阵容：依田纪基、淡路修三、羽根泰正、白石裕、大平修三、山城宏、武宫正树

第一局：依田纪基执白中盘胜俞斌

第二局：依田纪基执黑三又四分之三子胜陈临新

第三局：依田纪基执白中盘胜王群

第四局：依田纪基执黑半目胜刘小光

第五局：依田纪基执白中盘胜江铸久

第六局：依田纪基执黑四分之三子胜马晓春

第七局：聂卫平执黑六目半胜依田纪基

第八局：聂卫平执白六目半胜淡路修三

第九局：羽根泰正执白一又四分之一胜聂卫平

该届擂台赛日本队以7∶2获得胜利。

1994年4月29日，由广州迪卡广告有限公司（总经理是围棋迷邓扬威）承办，在广东外商活动中心举办的第九届中日围棋擂台赛广州赛区比赛（当届赛事的第三、第四场比赛），由中方"重锤"刘小光九段在第三场比赛中先拿下小松英树，之后，第四场比赛与日方"老虎"依田纪基九段的关键一战，也是广州再次见证了中日围棋擂台赛时期那激情燃烧的岁月。

这场比赛中，刘小光气势如虹，重锤出击，凭借"火箭都打不穿的厚势"（当场解说马晓春九段语），果断屠龙，干脆利落，一举拿下依田纪基，成功打虎！借此刘小光九段实现了他个人在中日围棋擂台赛上又一次三连胜，并为中国队最终赢得当届赛事打下坚实基础。

刘小光与依田纪基对战现场

聂卫平在研究室研究刘小光对依田纪基的棋局，聂右是邓扬威，聂后站着的是施绍宗

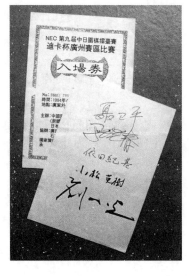

26年前第九届中日围棋擂台赛迪卡杯广州赛区比赛时聂卫平、马晓春、刘小光、依田纪基、小松英树等人签名入场券

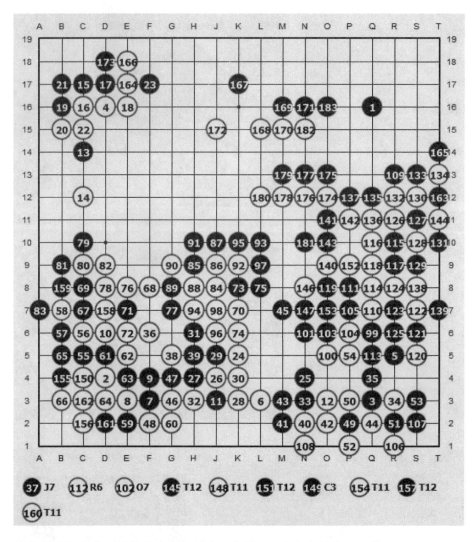

1994年第九届中日围棋擂台赛，刘小光执黑183手中盘胜依田纪基

附：第九届中日围棋擂台赛双方出场阵容及对局结果

中方阵容：常昊、刘小光、陈临新、曹大元、马晓春、聂卫平

日方阵容：山田规三生、小松英树、依田纪基、山城宏、片冈聪、
加藤正夫

第一局：山田规三生执黑中盘胜常昊

第二局：刘小光执黑十目半胜山田规三生

第三局：刘小光执白中盘胜小松英树

第四局：刘小光执黑中盘胜依田纪基

第五局：山城宏执黑三目半胜刘小光

第六局：山城宏执白四目半胜陈临新

第七局：曹大元执白二目半胜山城宏

第八局：曹大元执黑中盘胜片冈聪

第九局：曹大元执白二目半胜加藤正夫

该届擂台赛中国队以 6：3 获得胜利。

第四章

名人众家

第一节　迷电脑陈教授入神

2017年5月，在中国乌镇围棋峰会上，一场备受瞩目的大战在世界围棋实力最强的两个选手之间展开，最终结果柯洁九段0∶3负于"阿尔法狗"，人工智能大获全胜。

人类智力的又一块高地很快就要被攻下，人工智能之所以具有这样势不可挡的棋力，绝非一蹴而就，而是经过了一代又一代的发展与进步。

在这场世纪之战中，围棋的发源地中国似乎扮演着一个被科学技术打败的保守派，面对突如其来的人工智能冲击似乎显得有些束手无策。

其实不然。早在20年前，中国就已经开始在研究围棋人工智能。并且，中国的第一代围棋人工智能多次获得各项世界大赛冠军，世界第一当之无愧。四次应氏杯国际计算机围棋大赛冠军，连续三年日本FOST杯世界电脑锦标赛冠军，2000年心智奥林匹克电脑围棋赛冠军。

这款软件的作者陈志行，30岁才开始下围棋，46岁才编出第一个程

柯洁对阵人工智能

序，他是一位退休的化学教授。陈志行出版了世界第一本关于围棋电脑程序的专著，阿尔法狗能有今天的成就离不开他的贡献。

陈志行，1931年5月出生，广州人。他不像其他什么传奇人物，从小就是个围棋痴。他小时候接触最多的是中国象棋，小时候总看大人们下象棋，虽然不太懂但也看得津津有味。

后来父亲给他买了一副象棋回来，他就痴迷地每天嚷嚷着让父亲陪他下棋。结果父亲不胜其烦，一生气就把棋子扔进厕所里冲走了，陈志行的象棋之缘就此暂告一段落。

再次与棋子相遇已经是陈志行高三的时候了，陈志行偶然见到老师下围棋。但和很多人一样，他连围棋规则都不懂，看得再认真也不可能看懂。不过，那次围棋观战倒是给陈志行留下很深的印象。

1948年，陈志行刚上大学，去书店买书的时候碰巧看到一本《围棋与棋话》，便买了下来。看过之后，他才懂了一些围棋，可是身边没有多少人会下围棋，想迷都迷不起来。

毕业之后，陈志行留在母校广州中山大学化学系任职，主要研究物理化学和量子化学。业余时间几乎都献给了象棋，他的棋艺也不断进步，后来还参加了两届广州市教工象棋赛，都杀进前五。也正是这两次教工大赛，让陈志行与广东围棋界擦出了火花。

比起象棋，围棋似乎拥有无限的可能，疯狂吸引着陈志行。打那时候开始，陈志行一天一天越发深陷围棋不能自拔。

即便是在特殊时期，他也不曾放下这个爱好。当年，陈志行被下放到偏远贫穷的粤北山区，每天只有白米饭，几个月都没吃上一口肉，还得了急性肝炎。他住了一个月的医院，便回到广州养病。养病期间有时间，他几乎全花在了围棋上，除了时常跟棋友切磋，还收集了不少围棋资料。

虽然这些资料无法让陈志行的棋力增长多少，却让他更了解围棋这项运动。他开始越来越觉得围棋高深莫测，感慨人类智力无法算得更长远。

特殊时期的余波还没有散去，很多公开的围棋活动也还没有恢复，陈志行心里憋得直痒痒。他给自己的棋友齐曾矩老师写信，说是不想当这个化学系的讲师了，没劲。希望齐曾矩老师帮忙跟广州市体委说说，把自己调到体委去工作，哪怕是做一名杂工，只要能得到围棋上的指点就满足了。

齐曾矩老师看到此信，吓了一跳，还以为陈志行发了神经。后来省体委需要组建围棋队，齐曾矩老师也还没忘记陈志行的痴狂，给推荐上去了，结果却没了下文。1972年广东棋队恢复正常训练后，地点就在珠江边上的航海俱乐部，离中山大学近在咫尺。陈志行三天两头就往棋队跑，除了下棋，还想等机会。他甚至提出在队里当个资料员也愿意，由于队里根本就没有这些编制，只好作罢。

廖桂永九段这样回忆到："陈志行教授（廖九段本人一直以'陈老师'称呼）文质彬彬，一副近视眼镜，典型的学者形象。'文化大革命'后期成为围棋发烧友，据说20世纪70年代初曾经有放弃教师职业，成为专业棋手的念头，由于年龄原因未能如愿，他就将热情放在培养年轻职业棋手上，我可能是第一个受益者，之后80年代进入省棋队的陈倩薇、雷秀瑜也接受过陈老师的指导。1974至1975年间，我有幸认识了陈老师，并经常在周日到他家受教（广州市陵园西路）。印象最深的一次是陈老师在非周日的晚上到我家来下棋。当天下午下班后，陈老师冒着大雨骑自行车从中山大学出发到中山七路（都有中山两字，但距离有8公里），再穿街过巷，按照地址好不容易找到了我家（当时没有手机，更没有导航），碰巧那晚还停电（当时是经常停电），只好点上蜡烛摆开棋局。由于赶路未吃饭，只是在到我家后煮了个面条，为节省时间，陈老师一边吃面一边下棋，下完棋复完盘后，又骑车回中山大学，来回就是16公里多啊。而在那个年代完全没有收费教学，全部都是无偿付出。"

陈志行的这般痴狂也引起系领导的注意，笑称他是以围棋为专业。没想到陈志行也不避讳，说道："现在我还不可能以围棋为专业，但60岁后就会是。"陈志行对围棋的热爱已然爆发，但那时候他对计算机却是一窍不通。

1977年，陈志行出差至上海，同行的3人一路上大谈各种程序话题，他听得一头雾水。碰巧在宾馆楼下的一个书亭发现了计算机的相关书籍，他一冲动就买了两本，决定开始学计算机。

回到广州，啃完了两本书籍，陈志行便开始往中山大学的计算中心跑。那个年代的计算机还很原始，编好的程序要转化成打孔的纸带，发现错误要用剪刀和胶水才能修改。

不仅编程麻烦，使用计算机也还要登记排队，一台计算机要供整个学校使用。但就是这样的条件，陈志行还是搞出了点成果，编了一个量子化学程序，这年他已经46岁了。

之后的十几年，陈志行在计算机教学领域硕果累累，编写了《BASIC联系与计算实践程序系统》等好几本教材，还获得1989年国家教育委员会的优秀教学成果国家级优秀奖。

热爱围棋又懂计算机，这两条不平行的直线必将交汇于一点，那正是围棋程序。但陈志行还有自己的工作，若花费大量精力在这些个人爱好上不免有些不厚道。

终于，机会来了，1991年陈志行光荣退休，离开岗位前还不忘申明自己不接受返聘。60岁了，陈志行没有像他当初所期望的，成为专业的围棋手，他的水平也仅停留在业余五段。

从前并非没有围棋程序出现，但这些程序因为计算力的关系一般都棋力稀烂，大多是作为娱乐软件。日本早年曾成立了围棋程序的研究课题，要求5年内达到5级水平。（笔者注：棋手等级包括段位和级位。段位和级位是围棋手水平高低的标志，从低到高分别为：业余级位，业余段位，职业段位。业余级位分25级，等级数越小水平越高，5级为业余级位较高水平）

1989年陈志行教授下决心做电脑围棋，那年春节他写下了这副春联：

黑白分明　何堪玩物徒伤志

鸿蒙高迥　不断求知更创新

1990年初，陈教授斥巨资买了一台IBM XT电脑，又找来一本人工智能的书。花了差不多一个月时间就编出了一套围棋程序，虽然水平比较低，但也勉强可用。随后他又花了一个多月时间优化算法，还给这个程序取名为"手谈"。

1990年国际电脑围棋赛在北京举行时我国仅有两个程序参加，当时陈志行教授编制的"手谈"因信息不灵而失去参赛机会。当年的电脑围棋赛冠军为荷兰人所得，知道这个消息，陈教授便暗暗定下夺取电脑围棋世界冠军的目标。他还专门写信给当时在北京中日友好围棋会馆工作的容坚行，了解世界电脑围棋赛的相关信息和资料。

1991年国际电脑围棋赛在新加坡举行，陈教授因经费问题无法前往，幸好还可以委托朋友拿他的程序"手谈"参赛。初出茅庐，虽实力不足以与当时的一流高手匹敌，名列第六，却仍战胜了日本和台湾的强手，初露峥嵘。"手谈"第一次参加国际电脑围棋赛的时候，已经初步解决了分块、自由度、言行判断、串歼逃等问题。

首次参赛就获得第六名的成绩，实力不俗。参赛回来，陈志行信心大增，开口就向朋友借了1200元，买了一台286CPU电脑，不停不歇地改进程序。他在编写"手谈"的时候使用了效率更高的汇编语言，还自创一个Alpha-Beta引擎，速度奇快，很快就领先其他同行几个数量级，能够算清13步棋，而别的程序一般只能算七八步。

第二年"手谈"就拿下全国电脑围棋赛的冠军、东京国际电脑围棋赛

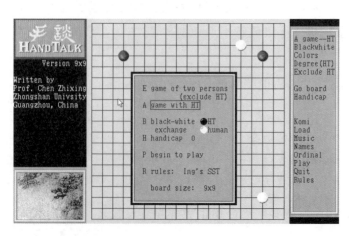

"手谈"界面

的亚军。1993年，成都国际电脑围棋赛上，"手谈"战胜"波兰之星"、韩国的"棋慧"，还有"多面""棋石"等强劲对手。以六战全胜的战绩拿下第一个世界冠军，可谓表现完美。

"手谈"一战成名，引起软件发行商的注意。几个月后，陈志行与日本一家公司签约，在日本发行"手谈"软件。接下来，"手谈"进入最辉煌的时期，1995年首届东京FOST锦标赛冠军，被日本棋院认定水平达到5级。以中国人的身份实现了日本给自己定下的目标，绝对是中国骄傲。

随后的两年里，"手谈"又拿下4个世界冠军，更是蝉联FOST杯三届冠军，可以说"手谈"统治了一个电脑围棋的时代。那时候，只要提起围棋软件，必说"手谈"，因为"手谈"是世界销量第一的围棋软件。甚至有不少围棋爱好者不懂电脑也要专门买一台装上"手谈"每天练习。

"手谈"也掀起国内一波研究围棋人工智能的热潮，国内的研究人员数量远超其他国家。在第一代人工智能时期，中国的围棋人工智能水平是绝对的世界领先水平。

2000年陈志行教授获心智奥林匹克电脑围棋赛冠军，2001年3月在韩国获SG杯国际电脑围棋赛冠军，2002年10月在贵阳获国际电脑围棋赛冠军。陈志行的这些业绩使我国在电脑围棋这个领域领先于世界，为中国人争了光。1998年12月，中国老科学技术工作者协会授予陈教授"全国十佳科技耆英"称号。

陈志行教授的一位中山大学校友曾这样写道："陈教授编写围棋程序，已经不是作为谋生的一种手段，而是成了本身生活的第一需要。电脑围棋，已经化为自己生命的组成部分。他淡泊名

FOST比赛中的陈志行教授

利、甘于寂寞，一心一意追求更高的精神境界。走进松林掩映的世界冠军寓所，没有见到流行的装修，没有见到跟得上当今潮流的家具和电器，据说那台彩电还是他妹妹出国时送给他的。陈教授生活十分简朴，烟酒不沾，喜欢看书、读报和思考。他与电脑朝夕相处，与棋谱形影不离，每天用电脑6个小时以上，心无旁骛，一心投入方圆天地之中。"

"棋道精深，天道酬勤。饱含陈志行心智的力作《电脑围棋小洞天》，1997年在《围棋报》连载。2000年集成专著，这是世界上第一本电脑围棋专著。围棋程序"北斗棋星"作者张连蓬说，陈教授出版的《电脑围棋小洞天》是一本非常难得的好书。书中不仅介绍了电脑围棋的发展，探讨了许多技术问题，可以指导和启发我们研究电脑围棋，也介绍了他自己的一些做人原则和工作精神，从而揭示了为什么他能在退休之后的短短几年内，为电脑围棋做出如此重要的贡献，这是难得的精神财富。"

"前中国棋院院长陈祖德在为《解放日报》著名围棋记者、作家胡廷楣先生《境界——关于围棋文化的思考》一书所写的序言中说：'在围棋迷中高层次的专家学者不在少数。在古代，有班固、杜甫这样的大文学家，有王安石、寇准这样的政治家，有沈括这样的科学家；今天就我所知，就有文学家严文井、科学院院士吴文俊等，在研究计算机围棋上做出很大贡献的陈志行，原是一个研究自然科学的教授。我希望能有更多的各方面的专家来投入围棋的文化研究，在围棋研究上下出更多的妙手。'一个人对我国围棋的贡献能和文学家班固、杜甫，科学家沈括、吴文俊相提并论，这对陈志行教授是莫大的荣耀，也是我们中山大学的骄傲。"

陈志行教授深信围棋如果要实现电脑与人对弈，就应考虑建立数量关系。他认为：围棋程序中每一着的选点，原则上应该是能取得最大地域和最有效地防止对方取得地域的一手。为了选取这样的着点，无疑会遇到许多定性问题，如攻击与防守、做眼与破眼、连接与切断、好形与坏形等。这都是必须认真对待的。但是归根结底，每着棋的目的主要还是取得最大的利益而防止对方取得利益，而最后目的又是取得相对于对方的足够地域——仍然是个"量"字。陈教授不倦地对围棋理论进行探索。

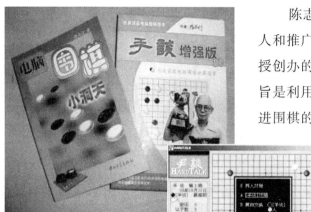

陈志行教授还致力于培养新人和推广电脑围棋的活动。陈教授创办的志行电脑围棋公司，宗旨是利用电脑这一现代工具来促进围棋的普及和发展。他把主要精力用于编写"弈侣"，还用部分时间指导公司的一个小组编写另一程序"乌鹭"。在

《电脑围棋小洞天》与"手谈"

陈教授的指导下，陈国宝、雷秀瑜、范俊超三个青年编出围棋程序"乌鹭"，曾两次登上国际电脑围棋赛冠军的宝座。

陈志行还延续了教师的无私精神，将自己的心血写成一本《电脑围棋小洞天》。这是世界上第一本电脑围棋专著，为围棋人工智能的发展立下汗马功劳。

陈志行教授在《电脑围棋小洞天》中写下了自己对人工智能的预测。

"人工智能科学现在还处于幼年，它能够解决国际象棋那样的智能问题。而对于围棋那样的复杂问题，就得靠好几代人的不懈努力，认真研究，找寻规律，上升为理论，逐步提高。我估计围棋程序将在2020年入段，2100年战胜人类最高水平。"

当年没有人能想到人工智能的爆发来得那么快、那么猛，从入段到战胜人类最强不过几年而已。令人唏嘘的是，多年前中国的围棋程序称王称霸，人类棋坛却被日韩统治。等到柯洁年少成名稳坐世界第一，却被新一代围棋程序打败。

陈志行教授的弟子、广州著名业余棋手陆锦强，大学开始学习电子技术专业后，虽说围棋下得少了，仍旧拿到过广州市大学生围棋赛的冠军，全国大学生比赛也拿到过第七名的好成绩。

毕业之后，陆锦强到德国留学，在那里从事计算机行业的工作，一待就是5年。德国"镀金"让陆锦强成了一名真正的IT高手。回国之后，他跟随陈志行教授学习围棋人工智能的研究，研究出的围棋程序"围棋之星"在国际比赛上多次获奖，产品被成功商业化到很多国家和地区。

陆锦强回忆说："记得有一次，我与陈志行老师一起到外地参加围棋比赛，就连比赛的组织者都好奇为什么这么大的年纪还要跑出来跟孙子辈的棋手同场竞逐？"陈教授很坦然："我的目的就是想通过参加这样高水平的比赛，来提高自己的围棋水平，从而有助于我开发和改进电脑围棋对弈程序。"后来组织者还特意为他增加了一个"棋翁奖"。

陈志行教授生前常说："现在外国人的电脑围棋水平不断提高，而我们作为围棋的发源国，研究电脑围棋的人却屈指可数，怎么配得上我们围棋大国的称号？我们一定要努力，把围棋程序的水平提升上去，为国争光。"陈志行教授虽然离开我们了，但他的精神时刻在鞭策着后辈们不懈地努力，去迎接围棋人工智能的新纪元。陆锦强这样深情地回忆到。

2005年下半年，已74岁高龄的陈志行教授与廖桂永九段联系，说他近几年正在研究中国围棋经典名著《官子谱》，准备将研究心得记录下来，成书留给后人。但受困于自己围棋技术水平和身体状况，需要廖桂永帮忙。此时，为人低调、刻苦钻研的陈志行教授已被发现癌症晚期了，为完成这最后的心愿他正与时间赛跑。

廖桂永与陈教授在那段时间经常以电子邮件的方式联系，进行深入的探讨，为保证成书的质量和正确率，他们俩一个图例一个图例地研究和把关，一个章节一个章节地去完成。遇到不满意的图例，坚决放弃，再重新设计新图。

廖桂永九段回忆说："偶然有段时间没收到陈老师的回信（可能入院治疗了），就会担心意外发生了。但那时我坚信，以陈老师的意志与毅力，出书之前是能挺住的。直到2006年底，10章，共500多页的图书基本完成，陈老师与我探讨后，决定将书名定为'官子谱研究与扩展'，陈志行著，廖桂永校。"

接着马上联系出版，廖桂永联系了蜀蓉棋艺出版社（现改为成都时代出版社）的责任编辑杜维新，详细说明了陈志行教授的身体状况，杜编辑积极响应，并给到了出书的几条途径。陈教授从中选择了最快捷的方法，2007年2月，《官子谱研究与扩展》第1版出版，陈教授和廖桂永这才如释重负。

该书出版并寄到广州后，陈志行教授特意拿给了廖桂永数十本，其中多本书中，亲笔签上自己的名字，请廖桂永代他转赠给广州的棋友们。

该书第一版出版后，陈志行教授和廖桂永发现，由于时间仓促，编辑过程有些地方出错，如某棋图中缺少某个子，某棋子放错一格，某白棋印成黑棋，等等。陈教授决定勘误后再出第2版，并准备在新版中将吴清源大师所著《鬼手、妙手、魔手》一书中，涉及"官子谱"的一些内容补充进去（凡提及

《官子谱研究与扩展》修订版封面

吴清源处皆有注明），陈教授一丝不苟的治学风格由此可见。2010年2月《官子谱研究与扩展》第2版面世，新版中注：经过作者再次研究与探索，修订215处，其中有很多是最新研究成果。

2008年10月12日，一代电脑围棋宗师——陈志行教授离开了我们，享年77岁。

附注：陈志行，1931年5月出生，广州人。1952年中山大学化学系毕业后一直留校任教，1978年任硕士生导师，1983年被评为正教授。曾任中国化学会计算化学专业委员会委员，理科化学教材编审委员会委员。主要研究方向为量子化学，其成果收集在1991年出版的专著《有机分子轨道理论》中。电脑辅助教学亦为其成功的研究，其一系列教学软件于1989年获优秀教学成果国家级优秀奖。1986年获全国教育系统劳动模范称号并被授予人

民教师奖章。

陈志行教授多次参加全国教授围棋赛，并于1994年获该赛冠军，2000年获炎黄杯世界名人围棋邀请赛冠军。2001年8月以70高龄首次参加全国业余围棋大赛"斯壮杯"，被棋界传为美谈。在高手云集的大赛中与青壮年较劲，结果五胜六负。不过战胜胡子真业余六段的一盘棋还是下得满意的，棋谱曾登在《围棋报》上，由沈果孙七段作了棋评，其中一着被誉为"神来之笔"。

第二节　咏红棉花开满穗城

木棉花，又称红棉花，是广州的市花。木棉树，又称"英雄树"，挺拔刚劲，高耸入云，给人一种英姿勃发、刚正不阿的豪迈之感。

木棉花为什么叫"英雄花"？因为它开得红艳但又不媚俗，它壮硕的躯干，顶天立地的姿态，英雄般的壮观，花瓣的颜色红得犹如壮士的风骨，色彩就像英雄的鲜血染红了树梢。盛开时，满树枝干缀满鲜艳而硕大的花朵，如火如荼，耀眼醒目，极为壮丽，素有"英雄树"之美名。

每年3月，广州迎来连绵烟雨。空气虽潮，但斜风密雨倒让路旁草木增添几分春色。旧叶飘落，嫩芽初生，不少树木在这湿润时节青黄交替。黄叶方悟沧桑，绿芽尚待成长，在这黄绿之间，早有一抹红在怒放，它就是红棉花。

风雨淅沥，木棉却无所畏惧地傲立枝头，如一团赤焰，以它的英勇无畏，为广州人驱走阴雨的寒凉；如一缕彩霞，用它的火热鲜红，为广州人增添春日的色彩。诚如岭南诗人屈大均的诗作所赞："十丈珊瑚是木棉，花开红比朝霞鲜。"

南国广州有这样一支"红棉围棋队"，他们并未

红棉花开枝头

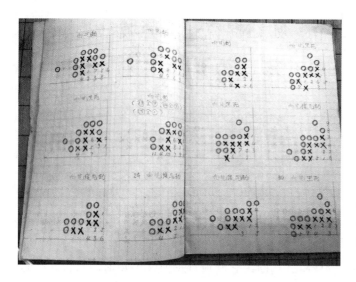

斋叔在中山图书馆
手抄"角上死活"
的题目和解法

将自己视为英雄，但他们在宣传围棋方面不求回报、不遗余力的付出，以及他们对围棋的那份热爱，恰如红棉般充满如火的生命力。

如果将退休老人和围棋联系到一起，很多人都会想到坐在树荫里，摇着大葵扇对弈的悠然自得，对于广州红棉围棋队的发起人冯国华来说，围棋确实曾经是这样简单的。

1946年出生，今年已经75岁的冯国华，在广州棋界他的网名"苦斋"比起他的真名更为有名，棋友们都尊称他为"斋叔"。广州民间草根围棋近年的蓬勃发展，斋叔功不可没。

斋叔学习围棋的时间比较晚，26岁左右才接触围棋，当时他在广州袜厂工作，工友黄海涛教他"四只围一只，无气则死，围空多则胜"。他只看过一本薄薄的围棋普及书，只能与工友乱下一通。当时学棋不易，斋叔干脆到中山图书馆看抄围棋资料。

后来到明兴里小学听了黄逢春老师的围棋课，才对围棋知识有大概的了解。他利用晚上的时间跟黄老师学了几个月，当时工具有限，黄老师每晚的讲义都是用复写纸写出来，特意留给斋叔这位"大龄学生"一份，并且不收任何费用。

斋叔说："棋艺越高，理解越深，兴趣越浓。我慢慢爱上围棋，把它作为第一业余爱好没有改变，并且去到哪都宣传推广围棋。"黄老师告诉他，教一个女学生学围棋比教三个男生还有用！为什么呢?因为母亲在一个家庭中通常扮演教育角色，能向子孙进行推广传承，在社会上也能带来一定影响力，斋叔刚开始由于缺乏经验，心急想到向自己的妹妹宣传围棋，没想到却"种死棋"——因为斋叔下棋毫不留情，妹妹总是输，自然渐渐失去了兴趣。

黄老师还介绍斋叔找黄贤楷下棋，可惜当时找个棋友很难，缺乏通信工具，斋叔选了一个周日从荔湾区跑到越秀区，结果黄贤楷要加班，无缘切磋。

除此之外，梁权威老师在斋叔的围棋学习上起了很大的作用。梁权威在学校专门有个教研组讨论围棋，斋叔也会在一旁听他们讲解。梁权威老师能专职当围棋教师也离不开孙乐宜大力推广围棋，提到孙乐宜，斋叔表示认识他的，十个有九个都称赞他平易近人、朴素、热心，孙乐宜表示学生是小鸡，老师是母鸡，要以"母鸡带小鸡"的精神做好群众围棋普及。

斋叔在袜厂组织围棋协会，由于围棋比赛开展相对其他项目所需花费较少，广州纺织系统每年也会组织各厂棋手脱产3天进行围棋赛，组织市内单位开展围棋团体友谊赛，其中包括化工厂、氮肥厂、制伞厂，等等，每年比赛有20多人，围棋氛围愈加浓厚。

当时市围棋协会秘书长凌沛淇还交代斋叔任务，联系成都棋艺社订围棋杂志，邮递分发给各厂。在孙乐宜的支持下，后来以文昌路小学为围棋活动点，每周一晚可以在那免费下棋，有陈志刚、容坚行等专业棋手指导。

当时袜厂的销量并不佳，斋叔就向厂长建议将宣传的广告费用来举办金雀杯，还能提高一定知名度。得到批准后，他写信寄给二沙岛的容坚行，得到回应支持。当时第一届金雀杯的冠军就是目前职业棋手苏耀国，这次比赛也对他的围棋道路产生较大影响。

后来，斋叔还跟冯曼老师学习过，这段学习历程与他女儿有关系。原本斋叔是送自己女儿去上课，在接送等候过程中，他在教室外也听到了冯曼老师的授课，从中吸收了一点知识。

1995年，斋叔开始在前进路嘉汇华庭教棋，最多的时候有十几个学生，整个小区的围棋氛围都比较浓厚，各街坊邻里还组成队伍去挑战其他楼盘。

"2006年我退休，一边启蒙教学一边还想长棋。于是与欲则苦大师同拜广州业余围棋高手夏睿为师，有一天到欲则苦家为了赶公车，跑了几步，不慎踩到一个五六公分深的浅坑里，隐约听到啪的一声，我的妈啊！竟弄断了脚掌一条骨。夏睿老师直率地告诉我：'你想长棋好难，能保持就不错了。'我十分认同这一观点。"斋叔这样说道，夏睿老师后来成为红棉围棋队的第一个顾问。

其实，如果只是单纯的自娱自乐、寻觅棋友的话，寻觅三五知己，不时小聚足矣，既不用太过考虑场地的问题，也不必面对烦琐的组织工作，当然可以说是轻松自在。

不过10年前的一次鼎湖山之旅令斋叔的生活平起波澜。"2011年8月2日和3日，高汉、钟家辉、赖建民、吴志恒、蔡坚军、梁金华、林鉴祥和我共8人，共赴鼎湖山，山清水秀，志同道合，游山玩水，快乐手谈。在汽车上，赖建民老师提出我们这班人何不组织一个中老年围棋队呢？此言刚出，各人齐声应和，都说久有这个想法。计划回广州到广州棋院商议此事。"

大概是八九月份，某个星期一，这群棋友首次到广州棋院雅集，上述8人外增加蔡荣根、崔伟全、刘汝谏，还有莫伟明和罗教授共13人到棋院。手谈间说起：为何我们不自己组建一支队伍？多一些人团聚起来，想要下棋的时候也更容易找对手。正是这样突发奇想，红棉围棋队开始有了雏形，而且大家达成共识：自娱自乐，弘扬国粹。

特别值得提到的是莫伟明，他就是围棋吧常发帖的莫大先生，黄逢春门人，是斋叔的师兄。曾送斋叔黄逢春老师讲课的录音，令斋叔感动得热泪盈眶。他因工作忙，一是爱摄影，二是编制电脑程序，第三、第四才是围棋，虽然没有当红棉正式队员，但每年围棋节，经常都有他的精彩摄影作品，常给红棉队提出宝贵的意见。还有赖建民老师，他是后来红棉会计、队长，《红棉队员守则》的执笔人。

上文提到的莫伟明，20世纪60年代初读小学时被黄逢春老师带入围棋的殿堂，以后忙于他事，很少下围棋。但他保留了热爱围棋之心，乐于用笔杆和照相机宣传和支持围棋事业。曾活跃了十多年的"广州围棋吧"网站，在其论坛里可见莫伟明以网名"莫大先生"写的不少有关围棋的历史知识和人物故事的帖子。红棉队每年围棋节及其他活动，常有他的摄影报道作品出现在广州围棋吧网站论坛。曾送黄逢春老师讲课录音给斋叔，令对黄老师感情深厚的斋叔感动得热泪盈眶。

斋叔坦言，最初确实也有过思想斗争："自娱自乐确实很简单，但对围棋起不了推动作用，即便有一点作用，那也很小。但如果有一支比较有影响力的队伍，即便只是集体拉出去到白云山下棋，那也会有一定的影响。"

于是，在经过数月的筹备之后，广州红棉围棋队于2011年10月底正式成立。棋队的宗旨是8个字：自娱自乐，宣传围棋。棋队的队训也是8个字：快乐围棋，智慧人生。这一队训是队员麦田光提出的，当即得到全队的赞赏，全票通过。

一年多下来，红棉围棋队的队员已经从最初的十几个人增加到148个，这还是只算了缴纳会费的正式队员。队员的年龄从5岁到67岁都有，职业更是五花八门，有围棋界的老师和裁判，有在职的工人和干部，还有自由职业者、私营企业主、医生、记者、学生……但他们都有一个共同点，那就是热爱围棋。

正所谓知易行难，虽然成立红棉围棋队的棋友们都有着满腔的热情，但当棋队正式成立之后，他们还是会面临很多实际的问题，首当其冲的就是收不收会费。

"有人说既然是为了推广围棋而成立的公益性民间组织，那就不要收队费了，但讨论再三，我们还是决定要收一点。首先，组队就必然会产生经费，比如宣传时印制单张，乃至天热时为活动场所添置一两把电扇，这些都是需要钱的；其次，交队费会让队员有一种责任感。而且我们的队费标准定得也很低，每人每月10元，女队员5折，经济困难者可申请减免。"

即便有了队费，棋队的活动经费还是非常紧张。因为148个队员即便全部交满额的会费，一个月下来也就1480元，在物价飞涨的时代实在不算什么。

活动场地方面，红棉围棋队得到东湖棋院和岭南棋院的支持，前者在没课的时候提供两间连通的教室和棋具供红棉队活动，后者则将在荔湾体育馆租用的仓库清理出来，供红棉队活动之用。

尽管不需缴纳场租，但电费之类的琐碎费用还是需要他们自己解决，购置一些塑料板凳，添置一两把电风扇，这些都需要经费。正如前面所提到的，队费一共就那么多，需要搞活动的时候更会紧巴巴的，根本就不会是"有利可图"的组织。因为对于包括斋叔在内的队委们来说，靠的就是一股奉献精神。

"每个人都是不求回报的，如果每个人都计较，红棉队根本做不起来。"比如岭南棋院在场地等方面为红棉队提供了帮助，作为回报，红棉队也经常要"支援"前者，比如在他们举办比赛时派出一支裁判队伍，又或者义务承担下棋院老师嫌辛苦不想做的山区支教工作。

有的队员其实工作很忙，又或者远在佛山，平时很难参加队里的活动，但仍积极加入红棉队。我们开玩笑说："你享受不到队里的福利，不怕吃亏吗？"他们回答说："我参加不了活动，就算把我交的队费印成宣传围棋的传单，往街上派，这也是我对围棋作了贡献！"斋叔的一席话，道出了红棉队队员们的心声。

既然是围棋队，活动自然都与围棋有关。红棉队的队员们每周都会在活动点相互切磋棋艺，每季会举办一次郊游活动，到山庄等地方举办下棋活动，每年还有一次远足围棋活动。

此外，每月最后一个周六棋队还会在队内举办比赛。虽说队内赛成绩优秀者会获得一定的奖金，不过经费来源都是会员缴纳的会费和比赛的报名费，所以也只是象征性的奖励，这也契合了八字宗旨中的"自娱自乐"。

当然，八字宗旨还有"宣传围棋"这一部分，这也是让红棉队有别于很多其他围棋团队的重要部分。"一般的围棋团队，如果不是教育机构、不是赢利为目的的棋室，就是纯自娱自乐的棋友会。但我们队明文标示'宣传围棋'，如果你不宣传围棋，完全可以不入队。"

斋叔的话也可以从红棉队成立以来的活动中找到印证：他们曾到昌岗中路小学、西关实验小学、华南农业大学等地方与那里的棋队进行友谊赛，也曾集体到人民公园、晓港公园等地方下棋。

除了这些日常的推广活动，还有不少公益性质的活动，比如到怀集县琴模村义务教棋。"一去就是三四天，一分钱补贴都没有的。"

斋叔和红棉围棋队到怀集山区义务教小学生们下围棋，一共去了3次。谈起这段经历斋叔说：下乡义务教棋，源自岭南棋院与香港一间公益慈善机构的一次文化合作。岭南棋院是从小就到日本学棋并成为日本棋院棋手的广州仔苏耀国的父母开办的少儿围棋培训机构。苏耀国的父母分别在广州与香港从事少儿围棋培训，由于苏耀国的母亲与香港中华文化会的负责人布太很熟，而布太又很崇尚中国文化，她认为围棋就是代表智慧和文化，因此，布太在广东开展公益围棋活动，就是与岭南棋院联手发起的，选的点是怀集县的琴模村。岭南棋院的老师后来觉得太辛苦而不愿去，于是院长请斋叔出马。"香港慈善机构出伙食，岭南棋院出了一半的车费，我是义务教。岭南棋院还赠送棋具、棋书、奖学金等到琴模村，受到村长书记的接待。"斋叔说。

此外，红棉队曾经六七次与广州残疾人围棋队进行比赛，还到残疾人棋友家中进行指导，广州残疾人围棋队队长罗宇洮就是他们的指导对象之一。

红棉为什么能组队？为何顺利发展？有人讲是全靠斋叔退休有时间，请人饮茶肯掏腰包。呵呵！斋叔听后决不认同，他说关键是红棉骨干把心掏出来。要做成一件像样的事，必须要有奉献精神。斋叔说曾到中山图书馆，看到

斋叔（右）与陈志刚老师（左）

一副对联：有公德常在，无私心自宽。

红棉围棋队的秘密是全靠肝胆相照的骨干。奉献红棉也好，情义红棉也好，首先体现在骨干身上。罗文唱"红棉独有傲骨干"，这是对红棉全体骨干的鞭策，所以才选它为队歌吧。

说到红棉骨干情况，斋叔这样说：高汉副队长是红棉骨干的一个代表。他原来是市领导干部，因有高血压提早退下，让位于中青年。说是退休，其实他非常忙，他是真正的国学爱好者，经常研读诸子百家的典籍，但也常常在家里发起棋聚活动，经常出资茶聚召开骨干会议，为队员服务，从不计较，乐于吃亏。他任副队长，管组织、财务、事务一系列工作。

高汉兼出纳员，收队费，琐碎麻烦。还负责安排周四、周六棋队活动点值班，很多时候干脆自己值，不但工作量大，而且全是义务劳动。大的方面，他重视健全组织制度，培养骨干，使红棉骨干像雨后春笋般涌现。小的方面，了解市场，比较样板，冒雨订制，都亲力亲为。平时为队办事，能走路就不乘车，能乘公车就不打的，有时甚至打了的也不报销。十分注意为队里节约，以奉献为乐。想想他以前在单位习惯有专车接送出入的反差，大家很容易明白，如果奉献精神少一点能行吗？一般人不是为利，就可能是图名了，高汉同志不是这种人，他十分谦厚低调，不爱抛头露面，为了培养锻炼更多的骨干，他请辞副队长，不当队委了。以小人之心度君子之腹的人会说：当然了，当队委没有工资，又辛苦，一定是练精学懒，利用队委轮换制溜走了。这回他们又猜错了，高老师一如既往，继续为队积极工作。队员们一致推举他当名誉队长兼对外联络部部长。他虽然推辞，但每件都干得主动出色。何谓人品高尚？我想这就是了。

钟家辉班长雷厉风行，他工作抓得紧，够爽是事实，但多数人不如他的是无私奉献精神。他与高老师到怀集山区教围棋，没有报酬，纯义工。他在广州教学生开始也是免费，这就捅了马蜂窝，受到声讨，说他是搞坏广州市场，他很委屈，但他为了顾全大局，才投降收费。帮助残疾队，没有算得清一年有多少次了，今年大年初六与市残疾队联欢是他组织的，搞得有声有色，有录像光碟为证。红棉队到窖口指导残疾队，数他去得最多。

下棋他最看淡输赢，真正是快乐围棋。宣传围棋他最自觉。但思想超前也会有不讨好的时候，提议增加队费100%。说到底他是全心为队着想。钟班长是红棉9号队员，手下钟家军有几名得力悍将，我说的不是棋力，而是为队做事，一往无前，义无反顾，来之能战，战之能胜的劲旅！钟家军为什么能拼搏？班长精神感召的力量应该是原因之一吧！讲了半天，班长为队做了这么多的工作，很多人都不知道他仍是全职的在职职工，这就回答了人们所说，红棉就是靠某人退休有时间搞出来的问题。钟家辉的事迹有力地说明。人多点金钱不一定可贵，人生得俊也未必可贵，我觉得人最可贵的是精神和品格。

红棉围棋队就是自带干粮修水库的角色，为心爱的围棋出钱出力——"我愿意！"如2012年，红棉28号施绍宗5D，队员爱称他为施大侠。他力主办广州棋迷嘉年华（广州第五届围棋节），当时时间紧逼，赞助还未落实，很有可能会落空。组织这件工作风险很大。亏2万元搞不搞？红棉骨干10双眼睛都盯着大侠的光头圆脸。大侠无比坚毅地说："搞！我准备从家托2万元出来，也要搞好这次嘉年华！"大家齐声反对，有些主张从队费支付一部分，有些主张队委带头捐献，不能让大侠一人独扛，场景何等悲壮？大侠不容置疑地说："绝不要动用队费，现在分工一下，经费问题大家不用担心，我解决，大家主要考虑义工，如何把嘉年华搞成广州棋友的节日，最紧要是好玩！"连广州围棋协会秘书长也认同说，广州棋迷嘉年华是施记者搞的。其实也不是他一人所搞，红棉队员和广州棋友在大侠的感召下，几十人群策群力共同奉献也很重要。最后太极围棋、藏式围棋、亲子连棋什么都出来了，媒体连续报道，影响非常之好，非常之大！总之不是退休工人请饮茶这么简单。

斋叔说："只说了3名骨干，已觉累了，红棉围棋队169人，要讲到什么时候？看来只能挂一漏万，随便挑拣几位说说算了。"

不过话虽这样说，斋叔还是不吝要介绍3位"新队委"：乐观派新队委严国权77号，围棋教学有一套，我听他的讲课，条理逻辑俱佳，懂得少儿心理，用语准确，讲得十分吸引人。听一节课，连我教了几年围棋的人也认为有收获，可想而知，听说最近退出教育圈，我认为这大概是领导的损失吧？他策划的体育比赛，果然十分火热，例如在弘茗居的活动，我只得写个服字。但与他同房的人，要不怕鼻鼾才好。他是红棉得力干将。

另一新队委刘伟成49号，是新3人组成员，青年时曾任某公司的团委书记，常在家或公园组织棋聚，广招棋友。由于较有商业头脑，被红棉推举兼拓展部部长，力主组织元老赛。十分看重情义，善于体谅别人，团结队友，是红棉的重要台柱。在红棉十多个活跃的3D队友中，曾力挫群雄，勇夺3D冠军，无人不服。

112号董志坤，他住广州黄石祥景花园，他家也是红棉的一个活动点。是红棉新任的宣传部长，围棋吧版主。本职搞远程围棋教育，理论上可到美国收奥巴马为学生，业余也会教一两个学生。他的文笔一流，工作效率挺高，很负责任，要不大家也不会选他当宣传部长。

看来红棉围棋队的确是群英荟萃，人才济济啊。

斋叔的"围棋公益"中还有一个比红棉队还年长的"广州围棋节"，那是一个典型的民间草根围棋嘉年华，从2007年至今已经成功举办了很多届，并终于得到官方的承认，这也是对广州棋友活动的一种肯定。

在一般人看来，广州下围棋的人并不是很多。公园里多数人是在打扑克，就算有人下棋也多半是象棋。对此，红棉队队委之一、主要负责裁判工作的冯业明并不同意："其实广州下围棋的人并不少，虽然可能围棋在这

2018年社区红棉围棋赛

里的发展没有北方那么好。很多人都只是在自己的小圈子里下棋，不参加固定的组织，也不出来比赛，但他们其实棋瘾很大。"

冯业明告诉记者，他曾经到学校去做调查，发现很多幼儿园、小学对围棋都不是很重视。"我们说我们可以提供免费的入门教学，让学生达到一定水平，等他们想要更进一步的时候才到外面花钱学。但学校都回答说，如果有教育局的指示就会好办一些。归根结底，我觉得领导对围棋的重视还是不够，只要领导重视，给予一定的支持，其实广州围棋潜在人群是很庞大的"。

红棉队希望，通过他们的努力，能让广州围棋更热闹。"广州围棋氛围好了，家长就会重视，就会培养他们的儿女走上围棋道路，最终会出现职业棋手。广州在职业棋手这方面一直比较缺乏，希望在我们的努力推广下，这一点在将来能有所改变。"斋叔说。

关于广州红棉围棋队，邓扬威老师曾撰文这样写道：广州除了有较为"高大上"的省市围棋协会，还有不少的草根围棋团体。当然，暂时看它们还属于"自组织"。这些草根自组织多有经常活动的地点，譬如流花公园、德政路等。草根自组织中最为著名，人气最旺盛的则是"广州红棉围棋队"。据悉，红棉围棋队正在努力申报，希望成为正式的广州市社团组织，其名称或为"广州红棉棋文化促进会"。从构成人员分析，红棉围棋队的"领导"及"队员"基本上为广州市民，而他们当中的绝大部分人，都是或说都曾经是为生活拼尽了力气的工薪阶层。因此换言之，他们绝大部分都是如假包换的草根。

从大名鼎鼎的"斋叔"冯国华先生，首任的"队长"，到第二任"队长"钟家辉，再到第三任"队长"原市侨办副主任李东先生，根据凡事有例外原则，李东例外，不算草根，虽然草根们仍然把他当草根。再到红棉围棋的现任"队长"赖建民先生。实际上，在广州红棉围棋队里，不管是哪一任的"队长"，包括属于骨干人员的各个"队委"，都是没有什么收益的。相反的是，这些"领导"出了大力气没有收益外，贴钱出来做各种围棋文化推广活动的，倒是常态。

李东先生在红棉围棋一次年度聚会上这样分享了自己的心路历程。他说：第一，红棉精神的感召。红棉人的奉献精神，想做一些对社会有意义的事。这符合我的个性，参加并组织活动是快乐源泉。第二，热爱朋友。自从加入红棉这个大家庭，我交了很多新朋友，这是一个温暖快乐的大家庭，也能为这个大家庭出点力，义不容辞。第三，朋友的鼓励。我还要感谢包括斋叔、高汉、余向鸿等许多朋友的信任、支持和鼓励。

在这次聚会上，广州众多的围棋培训机构及爱好者到场支持。广州棋院前院长容坚行先生和广州市围棋协会前主席梁锦豪先生分别在会上致辞，他们勉励红棉围棋协会继续发扬公益围棋精神，汇聚围棋人的力量，让围棋这个古老的艺术绽放新的光芒。

斋叔冯国华和李东先生也先后发言表示，红棉围棋将继续秉承公益围棋的理念，整合社会资源，让围棋之花像红棉一样盛开在羊城的大街小巷。

第三节　助强力两笔妙生花

中国棋界元老王品璋，被称为"牧马人"和"国际象棋的拓荒者"，他曾撰文这样写道："那是1958年，全国棋类比赛在广州举行，我以国际象棋赛员的身份躬逢盛会。那时作为主赛场的文化公园，天天人山人海，一到四五点钟，园内的竹躺椅上已座无虚席了。更使我惊讶的是，每到晚上，电台上广播的都是棋赛实况，大街小巷，三五成群，都在边听广播边摆弄棋局，那种盛况，连当时全国棋艺开展最好的上海也望尘莫及。我曾经问过广州的象棋名手陈松顺先生，广州的棋类活动为什么开展得这么好？他告诉我，一方面当然是群众的喜爱，一方面要归功于省市很多领导的重视和提倡，他当时说了很多领导人的名字，我记得的有朱光、孙乐宜、陈远高等，其中我也知道最主要的一位，就是当时省委宣传部副部长吴南生同志。"

吴南生同志是个象棋迷，在繁忙的工作之余，下象棋是他最好的休息，而且水平颇高，他不但自己喜欢下，而且竭力倡导，开创了很多有历史意义的棋类活动。

吴南生对棋艺活动向来抱有很大热情。早在1954年，杨官璘和陈松顺作十局对抗赛时，吴南生就把杨、陈二人请到家中，与他们商量举办广州香港象棋名手友谊赛的事情。在吴南生看来，广州是华南棋艺活动的中心，对海内外均有较大影响。但在中华人民共和国成立初的几年间，港、澳和内地存在一定的隔阂。如果发起一场棋赛，将对三地的沟通与联络产生很大的影响。

香港棋坛历来是藏龙卧虎之地。尽管20世纪40年代曾因日军侵略而处于动乱状态，但其特殊的地理位置，仍吸引着国内名手不断前往。如40年代初的"七省棋王"周德裕，40年代后期的董文渊、陈松顺，50年代初的杨官璘、何顺安，当时几乎所有的国内棋王都曾献技于此。中华人民共和国成立后，香港社会也渐趋稳定，棋坛也由此揭开新的一页。南华体育会、香港中国象棋研究会等群众组织常举办一些棋赛，故香港的棋风甚隆。当时杨官璘、何顺安回粤后，李志海、曾益谦、黎子健则留在香港，他们相继一跃成为棋王。不过，黎子健不时回内地较技，李志海则称雄于海外，唯黎子健多在香港活动。当时，穗、港两地棋艺水平可谓旗鼓相当，相去不远。故这次棋手对抗，一时成为热门新闻，得到杨官璘、陈松顺的鼎力支持后，吴南生通过香港有关人士，动员曾益谦和黎子健前来广州比赛。曾益谦曾夺得广州市象棋冠军，他和黎子健是师兄弟，均是曾展鸿的嫡系传人，在当时的香港棋坛都是数一数二的人物。而广州方面的陈松顺、杨官璘，这两人自50年代初，常常并肩作战，多次与港澳及京沪、汉沪等联队进行对抗，战绩斐然，被誉为"羊城双璧""双打无敌"。而杨官璘与曾益谦也曾联袂多次，陈松顺、黎子健更是40年代的老友，沧海桑田，此时相见，各有一番滋味在心头。

比赛在新建成的文化公园中心广场举行，一切费用均由文化公园承担。曾益谦和黎子健被安排到当时市内较高档次的新亚酒店居住。按赛程，比赛共12场，每场都给了二人适当的出场费。而杨官璘、陈松顺则分别收200元。按1955年的物价指数来算，这可不是一个小数目。文化公园的棋赛收入则只能靠卖门票了，入场票每张一毛钱。

比赛于12月3日擂响战鼓。当时广州棋迷对杨、陈的风采早已稔熟，对来自香港的曾、黎二位名将则很是陌生，故产生了几分神秘感，由此观兴倍浓，公园不得不紧急挂出12面棋盘在外面同步摆棋，给棋迷"解馋"。文化公园棋坛原先安排在棋赛头尾两场进行实况广播，开赛当晚，广播员陆秀珍，是文化公园工作人员，象棋裁判，负责比赛现场唱棋，进行大棋盘转挂；而在广播电台负责直播和讲解的是覃剑秋先生（后一直在省体委

《象棋》月刊社工作），竟出现异常轰动的效果，以致出现了"万人空巷看棋赛"的热闹场面，穗、港、澳三地广大棋友均沉浸在广播声中。香港的高升茶楼在收播实况的同时，还悬挂出大棋盘，两局棋并列，使棋客就像到现场观弈一样。莲香茶楼也如法炮制，两家茶楼的茶客均为之爆满。

不但如此，就连来往香港、澳门之间的客轮，也收播棋战实况。不少带有象棋的旅客，竟按播报的棋着亦步亦趋，"亲临实战"，大过棋瘾。香港的《大公报》《文汇报》也闻风而动，长篇累牍地报道比赛实况。这些情况反映到广州后，吴南生遂指示文化公园每晚都做实况转播，以满足穗、港、澳广大听众的需要。

主队经历千辛万苦最终以28：20挫败客队香港队。这次棋赛，检阅了穗、港两地的棋艺水平。据统计，棋赛期间，每晚收听实况转播的听众达20多万人，广州棋事在海内外产生广泛影响。

吴南生一直很关心杨官璘的生活。有一天，他把杨官璘找去，勉励他为发展我国的象棋事业努力工作，将中华民族这一瑰宝发扬光大，并表示，象棋运动将被作为一项正当的文化事业来抓，将纳入体育竞赛项目，象棋的发展前景无可限量。

在吴南生的安排下，杨官璘和陈松顺被聘为文化公园的象棋顾问。手捧一纸红红的聘书，杨官璘不由得百感交集。自己从小就颠沛流离、浪迹江湖，在旧社会，不知吃过多少苦，受过多少罪，虽有一身棋艺，却仍处于社会最底层，遭尽白眼和欺凌。想不到今天竟"堂而皇之"地当起了顾问，拿起了由国家发放的工资，这是以前的棋人做梦也想不到的事。从今以后，自己就可以安安心心地从事所热爱的棋艺事业了。

杨官璘和陈松顺除了被聘任为文化公园的棋艺顾问外，还兼任《象棋》月刊正、副主编。用杨官璘的话说："我比一个县委书记的工资还要多!"穗、港棋赛结束后，澳门棋手也闻风而动。1956年4月，澳门棋手梁兆光、张钳应邀到广州，举行"穗、澳象棋名手友谊赛"。梁兆光和张钳回澳门后，大力宣扬广州棋坛盛况，为穗、澳棋艺交流起到很好的推介作用。

吴南生也一直非常关心围棋等其他棋类项目。容坚行回忆说：80年代，国家外汇紧张，而广东省棋队长期购买日本《棋道》《围棋俱乐部》和国外的国际象棋等参考学习杂志需要外汇支出，每次报批时，时任广东省委书记的吴南生吴老都毫不犹豫批复许可，这给了省棋队获取最新训练资料极大的支持。

另外，曾任广东省委书记的王首道也非常支持广东棋类运动发展，每次外购围棋、国际象棋的海外杂志和参考资料所需外汇审批，王首道均给予批复，这份支持令广东棋界人士倍感珍惜。

20世纪80年代中期，容坚行曾致信时任广东省委书记的吴南生，提出希望能成立广东棋院，并建议上、中、下策三个预案。吴老在信中进行了详实的批复，并委托时任广东省政协科教文卫委员会主任黄施民同志和广东省体委副主任曾昭胜同志在二沙头省训练基地一号楼，与容坚行见面并听取汇报，后因种种原因，预案未能具体落地，但吴老关心围棋和热诚支持棋类事业的行动，却为广东棋界人士所铭记。

吴南生还非常关心棋手们的生活，并且想方设法提高棋手们的政治地位。1998年，吴南生先生已经是广东省政协主席了，当他知道广州知名老棋手陈洪钧没有正式职业，生活困难，又安排他到广州市文化宫工作，更使棋界人士感动不已，所以大家一致将吴南生先生视为广东省棋界的福音。

多年以来，有"棋城"美誉的广州，不仅棋类赛事和相关活动丰富多彩，而且各类媒体报道和相应宣传推广特色鲜明，可以说广州棋类活动的媒体互动工作一直走在全国的前列，这其中施绍宗和葛万里两位媒体人无疑是功不可没。

关于步入棋途，来自《广州日报》专栏记者施绍宗这样回忆到：我是从大学三年级开始接触的。当时很少有人下围棋，所

吴南生先生

以之前也从来没有接触过。第一次接触是在宿舍里，有同一宿舍和隔壁宿舍的同学一起在玩，然后大家就一起靠过去问："这是什么棋啊？"一问才知道是围棋。

那副棋是问一个住在上铺的同学借的，大家也都不太了解规则。当时我自己就想问能不能试一下，但当时同学都说不懂规则，所以就没有让我亲身下棋。

当时也没有人教，大家也都不太了解。但每逢星期日休息，回家坐14路车经过北京路的时候，我就会去书店找一找有没有关于围棋的书籍。一开始找遍书店也一无所获，后来无意中在一间古籍书店里找到一本《1975—1976年全国围棋个人赛对局选》。当时仅此一本，所以我就如获至宝，马上买了回去研究。那本书的棋谱都是一局放三四个棋谱，密密麻麻的，当时水平低，也很难揣测落子，因此每个棋谱就看前50步，看完一本就看下一本，渐渐发现棋谱上的战术非常有趣。当时我们都是棋子挨着棋子下，你一步我一步，揣摩完棋谱就有了心得，稍微悟得了一些棋理，就开始发现下棋的同学慢慢已经下不过我了。

后来我就加入中山大学围棋协会，参加了协会里面的比赛，跟更多人一起交流。当时在中大围棋协会，还参加过一次围棋定级赛，当时是容定行老师给我定级，大概是业余六级。

进入市委经济部工作后，身边同事也很少有人下棋。后来通过同学介绍，广州市社会科学研究所社会问题研究室主任李江涛也是围棋爱好者，当时是在市委大院里工作，而他在市委统战部工作，但是统战部离大院很近，就在隔壁的一条巷子里。

那时我们吃午饭的饭堂就在统战部，所以每逢中午打完饭之后就去他的办公室里一边下棋一边吃，直到下午开始上班。

当时下棋也影响工作，有一段时间我是负责部门会议记录，一般我们会午休，但因为痴迷下棋导致下午精神不足，常常会打瞌睡。

后来李江涛也组织了一些棋友到海珠区洪德路的一间酒家，并且找了一个老师给我们下指导棋，当时那位就是陈志刚老师。在经济部解散后，我进入出版社，再后来进入《广州日报》。1992年开始，因为上一任负责围棋工作的同事觉得围棋项目太过于冷门，而我自己又十分感兴趣，所以让我来接任这项工作，一直做到现在，而在我接任之后，围棋冷门的局势也渐渐改变。

1999年《广州日报》社庆上，施绍宗组织、策划了"许银川、聂卫平象棋围棋互让九子赛"活动。施绍宗说：当时是中大化学系的教授陈志行提出，因为他在西华路经营一间手谈茶吧，主要是提供一个场所，供人们下棋娱乐、喝茶吃饭，但生意一直不太景气，就委托我组织一个比赛，他作为赞助以此提高人气，刚好时间恰逢社庆，因此作为社庆的一项活动进行。互让九子赛原来安排在活动合办单位的手谈茶吧举行，消息传播开后，迅速在象棋、围棋两界引起轰动，最后决定将互让九子赛的场地转移到规模宏大的印务中心举行，满足广大读者和棋迷们积极参与的要求。

关于广州围棋发展，施绍宗说：广州严格上来说，并不属于一座围棋的传统城市，更像是一座象棋城。象棋的基础非常雄厚，例如街上随处可见的都是人们聚集下象棋的场景，而围棋甚少。比较主要的可能是每晚在人民公园附近，人们会聚集在一起下围棋。近10年，随着人民生活水平的提高、对围棋从业人员的培训，广州的围棋文化是在不断发展的。

施绍宗（右）与邓扬威（左）合影

关于围棋产业的前景，施绍宗这样说道：现在围棋的比赛过于同质化，比赛数量虽多，但很多是定级定段赛，缺乏创意。目前需要的是将现有的资源整合，与城市的价值观融合，组织一次大赛，这个大赛需要吸引高端的赞助商，从而吸引各个年龄段的人参与，扩大整个城市围棋产业的影响力。

来自《羊城晚报》的主任记者葛万里，1983年毕业于浙江大学化工自动化专业，同年被分配到机械工业部西安仪表工业学校当老师。正是在那里，他学会了下围棋。

葛万里参加工作的第二年（1984年），恰逢中日围棋擂台赛举办，中方主将聂卫平在比赛中连胜日方小林光一、加藤正夫、藤泽秀行、武宫正树、大竹英雄等"超一流"棋手，创下十一连胜奇迹，在全国掀起高涨的围棋热潮。在聂卫平的影响下，国内涌现了一批围棋"发烧友"，葛万里便是其中之一。

据他回忆，当时身边有不少年轻同事都以下围棋为乐趣，大家经常在一起观看中央电视台办的围棋系列讲座。"由于没有老师，我们主要都是靠看电视讲座和围棋书刊来自学围棋。那时候大家下棋的瘾头都很大，常常一下就是数小时甚至十几个小时。由于当时只能买到那种比较低档且会反光的玻璃围棋子，结果下棋盯（棋子）得时间长了，还把自己弄成了近视眼。"

1986年，葛万里被调回广州石油化工总厂，平时他想过过棋瘾，就到由太太同事介绍的棋友潘竞跃家中下棋，在那里，机缘巧合认识了时任《现代人报》副总编辑刘之以。当时《现代人报》正缺记者，于是在刘之以的鼓动下，葛万里毅然改行成为一名专职报道棋牌的体育记者，而他接触棋界的第一位采访对象，正是广州第一位"棋王"容定行，他当记者写下的第一篇采访文章就是《置之死地而后生——评广州"棋王"容定行》。

葛万里回忆说："当时我刚到报社，正好广州首届围棋棋王赛落幕，容定行夺得冠军。刘总说，容老师是广州棋界一位知名人士，值得去写一写，于是容老师便成为我进入棋界接触认识的第一位'大咖'。记得当时广东游泳队还有一位18岁姑娘钟惟月，打破了女子50米仰泳的世界纪录，领导也让我去采访她。或许是因为年轻，她有些腼腆，话语不多，我更多的还是和她的教练吴玲玲交谈。由于我刚做记者，这次采访也给我留下特别深刻的印象，后来我才知道，钟惟月竟然是钟南山的女儿。"

说到自己和围棋的缘分，葛万里还提起一段有趣的经历：还在浙大读书时，他参加学校学生会开设的桥牌学习讲座，讲课老师里有一位是土木系的教授，名叫竺源芷。这位老先生其实是有名的围棋国手，但当时因为围棋的知名度并不高，他本人好像也不参加什么围棋活动，反而十分热衷打桥牌，对参加桥牌讲座的学生也很热情，有问必答，毫无教授的架子。等到多年以后，葛万里才知道竺教授原来是围棋界的"牛人"——据说当年陈祖德锋芒毕露、在国内打遍天下无敌手的时候，唯独就败给了老将竺源芷。

"这是我学习围棋留下的最大遗憾！当年我要是知道竺老的身份，就不是向他学习桥牌而是直接拜入门下学习围棋了。现在尽管我也下了30多年的围棋了，但因为基本功不扎实，水平嘛还比较业余，自我评价大概属于'强三（段）弱四（段）'吧，也就是'不三不四'。"葛万里笑着自嘲说。

1994年年底，《羊城晚报》顺应体育热潮推出《羊城体育报》，时任《羊城体育报》主编范柏祥慧眼识珠，将葛万里招至麾下，负责"弈道"版的编辑和采访工作。1996年，葛万里正式调入羊城晚报社体育部，从那以后一直奋战在象棋、围棋和国际象棋采访第一线，在《羊城晚报》发表了大量象棋、围棋和国际象棋的赛事报道和评论文章。

2011年3月29日，葛万里在《羊城晚报》撰文《围棋男帮女的传统不能丢》，文章的主要观点是：在20世纪八九十年代，中国女子围棋涌现出孔祥明、芮乃伟、杨晖、华学明、张璇、丰芸等优秀棋手，开创了在世界女子棋坛独孤求败的鼎盛时代。为什么当年中国女棋手能取得如此高的竞技水平？一个很重要的原因，就是那个时代的女棋手平时在国家队与男棋手朝夕相处、共同拆棋，一起训练和比赛。正如现在担任国家围棋队领队的华学明所说，女棋手经常和男棋手一起训练比赛，除了能提高棋艺外，更重要的是，还培养了不畏强手、敢于挑战的心理素质，"当时我们哪怕棋力不如男棋手，但起码在心理上并不惧怕"。

令人遗憾的是，随着时代的发展以及职业棋手队伍的壮大，现在的中国围棋队，男棋手和女棋手无论是比赛还是训练基本上都是分开进行的，以往男女同台对弈和研究的情景，已经很难看到了。中国围棋男帮女传统的丢失，葛万里认为带来的不良后果是显而易见的，至少我们已经有很多年，再没见到像当年华学明在世界大赛上战胜日本"超一流"棋手大竹英雄这样的奇迹了。

毋庸置疑，中国女子围棋要想重振雄风，除了年轻棋手自身需要加倍努力外，还不能丢掉传统，尤其是男帮女这一已被证明是行之有效的训练方法。

2014年11月18日，葛万里还在当天的《羊城晚报》发表文章《中国围棋呼唤领军人物》，文中这样写道："我们不妨回顾中国围棋的发展历史，每到关键阶段，聂卫平、马晓春、常昊、古力这些领军棋手都发挥了不可替代的巨大作用。由此可见，尽快培养出一两位绝对实力强劲的领军人物，是中国围棋保持长久盛世的一个重要任务，而这一任务已经迫在眉睫！"

多年的采访经历，让葛万里对棋类运动有着独到的认识和理解。他表示，在工作中经常会遇到学棋儿童的家长问，小孩子是学围棋好还是学象棋、国际象棋好？对于这个问题，葛万里认为，围棋、象棋和国际象棋都属于智力运动，它们的差异只是游戏规则的不同。以围棋和象棋为例，围棋是以围地多少来分胜负，象棋则以擒王定输赢，两者的对弈目标是不一样的。但即便思路不一致，对弈的基石却是相同的，就是两者都需要强大的计算力。因此，不管是学围棋还是学象棋，对提升孩子的智力，培养其计算能力都是很有帮助的。

"相比较而言，围棋因为是静态地计算目数，对小孩子来说会比较直观、容易理解些，而象棋是动态地运动攻王，需要进行逻辑推理，年龄太小可能不太好理解，因此作为智力启蒙，学习围棋的小孩子可以年龄更小些。"葛万里这样说。

武宫正树（左）与葛万里（右）合影

第四节　歌人生劲龙笑纹枰

弈林八闲歌（三）

宝剑一挥震九州，

森森威势慑诸侯。

锦绣河山呈秀丽，

宏图霸气谱春秋。

镒钰王朝国强盛，

祺祥天地民乐悠。

建业立功雄心壮，

龙翔万里云海游。

这首《弈林八闲歌》（三），是被棋友们笑称为"棋痴"的张劲龙先生于2011年所作。第三届"弈林八闲香江论道"于当年11月29日至12月1日在香港结束，此项世界华人雅集已经举办了多届，当届来自温哥华、台北、香港、澳门、上海、绍兴、深圳的8位棋友进行了7轮激烈的单循环比赛，上海的沈宝毅获得冠军，深圳的何森获得亚军，台北的陈锦堆获得季军，第四至第八名依次为温哥华的曹宏元、绍兴余镒、香港陈品祺、澳门姚建平、香港张劲龙。

张劲龙先生祖籍广东省梅县大浪口，在印尼万隆市出生，4岁回国，居广州海珠区前进路，1972年16岁时赴香港，家族经营服装行业。1982年，他在香港偶然接触围棋，一下子就迷上了。

"第一次比赛在我的组就以14盘棋全胜夺冠，不上瘾才怪呢。"张劲龙回忆说："当时在棋社学棋，我是每晚都去。我的前妻是我中学同学，我们是结婚早，23岁就结婚，她对我下棋很不满意，家里人也对我意见很大，责怪我不理公司。而我们一班棋友，只要一挂八号风球就十分开心，因为不用回家，可以通宵在棋社下棋了。"1988年至1989年，张劲龙在香港还办过《围棋报》。

"虽然下棋影响了生意，但我当时对赚多赚少不太在意。那个年代（20世纪的八九十年代）压力没有现在那么大，钱来得容易，也就不怎么看在眼里。"而现在做欧洲时装进口批发生意就困难多了，香港的铺租年年上涨，非常贵，使得利润不及当年的十分之一。张劲龙最辉煌的年代是20世纪90年代的初、中期，他把生意做到东南西北四大城市北京、上海、广州和成都，且在时装之外的行业如房地产、夜总会等多元化发展。

1993年在上海，张劲龙投入重金投资上海马可勃罗俱乐部，正是这一次投资失败让张劲龙血本无归，亏了数千万元。"上海马可勃罗俱乐部是当时上海最高级的夜总会之一，但我做生意不太行，不会理财，也过于相信朋友，没有派财务监督，结果老是受骗，再加上当时遇上宏观调控，结果会员钻石卡卖得很不好，我又没向银行借钱，彻底陷入黑洞，把我在北京和成都以及广东的资金全部退股，调去上海也填不满这个黑洞，甚至连姐姐与妹妹的钱都亏了不少进去，江湖上都知道我这次生意非常失败。"张劲龙谈起自己的商业滑铁卢却是轻描淡写。

商业上的忙碌没有影响张劲龙下棋。1994年他在与日本棋手的擂台赛上取得七连胜，将日方主帅请了出来："当时比赛逢每个星期日进行，我当时正在内地忙于生意，多次由北京、成都、上海飞返香港，赛后翌日重回原地，就是为了一场比赛。"

由于在上海的损失太大，张劲龙说他有些年已没有怎么打理生意，主要是办"快乐围棋"。他曾担任香港快乐围棋会的理事长，一年参加6~8个比赛。"快乐围棋"在江湖上的体现是"弈林八闲"，人称"古有竹林七贤，

"弈林八闲"（张劲龙先生身体不适，由陈永卿代）

今有弈林八闲"。

2009年，张劲龙与各地棋友策划组成"弈林八闲"，来自温哥华、台北、香港、澳门、上海、绍兴、深圳的8位棋友相约每年聚会、对弈、旅游、吟诗把酒，已先后在上海、深圳、香港、台湾举办了多届"八闲赛"。"弈林八闲"的另外7位是台湾棋院院长陈锦堆、绍兴围棋文化研究会会长余镒、香港快乐围棋会会长陈品祺、澳门围棋协会副会长姚建平、上海全国城市围棋联谊会理事沈宝毅、温哥华围棋协会理事曹宏元、上海全国城市围棋联谊会副理事长何森。

比赛印纪念册，身着唐装，唐装为两面可穿，一面为深蓝色，一面为银白色，执黑棋时穿深蓝色，执白棋时反过来穿银白色。每届单循环7轮比赛，决出名次。按名次称呼大爷、二爷至八爷。由于每届的名次都不相同，因此每年的称呼都不同。每届比赛均由张劲龙作诗一首，名为"弈林八闲歌"，八句诗按名次分别嵌入姓名于每一句，在江湖上传为美谈。

与其说张劲龙是一位商人，还不如说他是一位诗人和棋迷更合适一些。这位笔名"季飞"，以围棋感悟和业余围棋生涯为吟唱内容的诗人，给每位棋友的见面礼就是一把纸折扇，一面印有自己的诗或词，另一面也是自己创作的诗词，都是亲笔书写。

张劲龙先生虽然围棋和诗词都不算专业水平，但他的确是一名真诚而不懈的求道者。他特别赞赏的是广东在棋文化上走在全国前面，几次棋文化的盛会，《广州日报》都是主办单位之一，这让全国的棋界和新闻界同行羡慕不已。曾在暨南大学读新闻系的张劲龙表示，将棋放在文化的视野下，更能促进棋的全方位发展。为此，张劲龙将"广东棋文化促进会"8个字作为七律的头一个字写了一首藏头诗：广邀名士聚高台，东晓朝阳紫气来。棋海邀游多快意，文山攀越尽抒怀。化云为雨积甘泽，促石成金育栋材。进展复兴新世纪，会当彩卉岭南开。

2012年12月1日，广州棋院，《广州日报》60周年大庆之日，举行的方圆岭南棋文化节开幕式暨广州棋迷嘉年华，张劲龙先生现场即兴吟诗一首：弈坛南天门，岭南第一家。昂首新世纪，复兴棋文化。云山松涛急，粤海烟波阔。智运启新程，壬辰传佳话。大赛集楹联，艺文涌才情。棋诗展书法，南国迎春花。瞩目国学杯，群雄争逐鹿。少儿三棋赛，羊城开奇葩。论道高峰会，黑白问乾坤。万众齐参与，棋迷嘉年华。

张劲龙的诗词生涯比围棋生涯要早得多，1978年入读暨大新闻系仅月余，即发起组成暨大明湖诗社并任社长。次年7月张劲龙休学离校回香港帮忙打理家族的服装生意。在商界，张劲龙的名气远不如在棋界响，甚至也不如在诗界。

说起对棋界的赞助，张劲龙真诚地说："超级棋迷有很多，我绝对算其中一个。如果不是20世纪90年代末期在上海的生意全盘失败，以我自小就向往《水浒传》里的世界，喜欢急公好义的性格，我会捐得更多，因为钱财毕竟是身外之物，而捐赠带来的是更多也更真切的快乐。我的父亲也是乐善好施，甚至自己去借钱来借给别人。钱财少了，快乐多了，财富到了一定程度，更多是体现在精神层面。"让张劲龙骄傲的是人人都说他是一个儒商，没有铜臭味。

张劲龙最自豪的名衔是"世界象棋联合会永远名誉主席"，但他本人是一名发烧级围棋迷。"世界象棋联合会永远名誉主席"这一名衔是张劲龙在20世纪90年代初期世象联成立时捐出5万美元的"回报"，之前，张劲龙已为中国棋院大楼捐出了同样的数额。20世纪90年代的这两次5万美元捐赠，成为张劲龙众多捐赠和赞助中最大的两笔。当时中国棋院院长陈祖德介绍张劲龙时说，张先生捐助中国围棋协会的钱，论数额虽然不是最多的，但如果按财产的百分比来计算，绝对是第一位。张劲龙对此半开玩笑说："这说明我的财产还不够多啊。"其实，10万美元当时相当于港币80多万元，而北京当时的楼价，一个套间也就20多万元。

让张劲龙自豪的还有他在业余棋界创造的多个第一：第一个以个人名义冠名业余围棋公开赛；第一个与北京师范大学合作，在全国高校设立围棋教室；举办第一个采用电脑传谱，当场挂盘讲棋的业余比赛。

第一个以个人名义冠名业余围棋公开赛，指的就是"劲龙杯"深圳围棋公开赛。当时是1992年，国内还没有以个人名字冠名的比赛，通过他的不懈努力，并挂深圳团市委主办，比赛才得以成功举办。回忆首届比赛，张劲龙有点兴奋："场地条件很差，但参赛者有200多人，当时是在夏天，没有空调，但棋迷们热情高涨，让我深受感动。"两年后的第二届比赛，条件就好多了。

2014年4月"劲龙杯"第三届深圳围棋公开赛暨深圳围棋开拓者联谊赛开幕。张劲龙对这个两届之间相隔20年的比赛十分看重，如此他又怎么不费心血？谈到这个"劲龙杯"，他透露了艰辛的过程，也不忘感谢他的棋友，起码有10个人为这个比赛做出了在金钱和物品上的赞助，如果不是深圳棋院的梁伟棠九段从中大力相助，比赛也很难顺利举行。比赛的闭幕式上，他的发言引起了大家的共鸣，有好几个棋友甚至流下了热泪。

比赛颁奖仪式上张劲龙与广州棋院院长容坚行的激动拥抱，两人几十年的友情全部融入了这紧紧的拥抱。"20世纪80年代中期，我们在广东搞比赛，张劲龙就从香港汇几千块钱回来，说，你帮我支持一下广东的学生。20世纪90年代初建立中国棋院，他从香港过来，汇了5万美元支持我们，之后是世界象棋联合会成立时，我也请劲龙给予资助。"容坚行在"劲龙杯"开幕式谈到这段往事时这样说道。

"我从大家热烈的掌声、深情的拥抱和闪烁的泪光中深切地感受到了，那么有朝气、有感染力的一个精神贵族，赢我当然是合情合理。"广州一位资深棋友这样写棋盘上的对手张劲龙。

张劲龙说："回顾这30多年的历程，其他人无法想象，围棋给我的快乐是无比的，不可以用什么东西来衡量，因此，我坚持了30多年，直到现在还继续坚持。我现在是一个与时间赛跑的人，在我向火星述职之前，我一定要多做点事，为我们中国的棋类事业，进行一些比较有意义的活动。我愿意把我的故事讲给任何一个棋友和棋迷听，甚至是不会下棋的人。我要感谢帮助我爱护我的人，我亦要感谢一些曾经和我有不同意见，阻碍我发展的人，因为有大家各种各样的激励形式，我才可以成为今天的张劲龙，张大师（张劲龙的书法家棋友）为我写了4个字'棋痴季飞'，我很喜欢这4个字，我就是痴，这个痴不是贬义词，而是表示我对围棋事业的热爱，所以我强调一句，我是以生命来热爱围棋，我的生命与围棋已不可分割，已经融入我的血液之中，所以，深圳棋友说我现在是'劲龙精神'，他们在劲龙杯闭幕之后的晚宴上，提出集资几十万元来延续这个活动，听到后，我马上增添了很多能量。"

"2013年8月31日，医生通知我的家属，说我只有3个月的寿命，要预备好后事了。如果想延长生命，就要吃一种带有毒性的西药。但我就不信这个邪，依然照旧下我的快乐围棋。这不，我刚刚在杭州参加完国际城市围棋赛活动，就马不停蹄来到这里参加'炎黄杯'赛了。"张劲龙在接受记者采访时，以平和的心态微笑着说。

"1998年我在上海亏了数千万元，我是一笑置之，当时我妈妈写信给我，还叮嘱我不要寻短见。这次得了肝癌我也是微笑面对，很乐观，从来不会担忧。棋友们慰问时，答曰：还好还好，自紧一气而已，尚宽数十气。又说：做好两眼，此劫一定打得赢。"

张劲龙认为，人生就像一幅作品，只要能够引起共鸣、引起回味就足矣。为此，十分喜爱吟诗作赋的张劲龙，写了一首《南乡子》词，抒发自己快乐围棋、快乐人生的情怀——

南乡子·天水棋赛纪事

斜夕小阁楼，黄酒楸枰弈春秋。满目江川乌鹭舞，悠悠，等闲胜负解千愁。放眼山河收，远望中原念燕幽。今古兴亡多少事，休休，无边眷恋上心头。

用张劲龙自己的话来说，他已是一个"与生命赛跑的人"，他想做的事情实在太多，他要在有生之年继续把热情与生命之火倾注在自己热爱的围棋上，他表示要不断捐助棋类事业。和以前不同的是，他从低调变得特别高调，这完全是因为他的病情。

在第三届劲龙杯后，张劲龙特别叮嘱有关人士一定要想方设法将广州业余围棋联赛办起来，他出资冠名。他认为业余围棋联赛的两大原则：一是要好玩，人人都想组队参与；二是要在比赛的各个方面尽量体现围棋的文化性，他希望广东棋文化促进会能尽快召集棋界热心人士一齐商讨广州业余围棋发展大计。

2013全国女子围棋团体赛结束时，广东东湖劲龙队获得第六名，抢到一个宝贵的首届女子围棋甲级联赛资格。

廖桂永九段介绍说：广东东湖劲龙队那次参加女团赛，一台郑岩二段和替补蔡碧涵二段是省队棋手，而二台陈一鸣二段则来自广东东湖棋院。"劲龙"二字则来自一位热心的围棋人士、香港商人张劲龙。张先生是"世界象棋联合会永远名誉主席"和香港快乐围棋会理事长，长年资助国内棋类发展，而今他正在广州与肝癌作斗争。

女子围棋甲级联赛是围棋推向市场的举措，需要主场运作、队员训练补贴、对局费、媒体配合宣传，等等，费用比参加团体赛大得多（之前广东女队也有过赞助，如80和90年代的迈特兴华，2000年后的住隆·春天俱乐部，通达电力等都给予过热情支持，但这与甲级联赛费用相比，还是杯水车薪）。张劲龙先生与广东东湖棋院在2014年仍坚持赞助广东女队参加联赛（冠名为广东东湖劲龙队），实属难能可贵，而在当时他的身体状况非常虚弱，已是癌症晚期。

张劲龙面对病魔从容淡定，豁达乐观："在香港的医院被确诊为肝癌后，我发短信给家人，一是不会传染，二是拼搏了30年，这回终于可以休息一下了，三是确诊是肝癌。家人知道我平时爱开玩笑，但没想到我这种情况下还能讲笑话，弄得他们啼笑皆非。"

清华大学围棋元老余昌民先生在自己的博文中曾这样写道："57岁的香港商人张劲龙与我结交棋缘已近30年了，不久前他张罗穗深围棋棋友迎春联谊赛，我一定要去，其理由不在气派的广州棋院，不在棋客老友的云集，亦不在与他经年的阔别，而在于他被诊断出沉疴染身，正在广州治病。"

张劲龙先生以文会友

"他是个会赚钱的生意人，又是个随意散财的豁达人，他对中国围棋的'个人财富贡献率'无人可比。我会另文记录他的传奇故事，同时又为帮不到他而心情焦虑。他约我初八在深圳再次见面，我愿意承受一份沉重，换取他能够不沉重。"

题登白云山

自在逍遥山水间，
手执石笔写诗篇。
白云远望九龙壁，
粤海松涛万里天。

季飞 壬辰年十二月十四作于羊城

2014年6月13日，张劲龙先生因病辞世，享年58岁。正是：诗弈人生，笑看纹枰；天国有路，劲龙走好！

第五节　奇人说棋涛声依旧

还是昨天的水 还是当年的天
朝云暮雨美丽着你的容颜

还是照你的月 还是寻觅的我
飘飘缈缈不知今夕是何年

点亮床头的灯 收起风里的帆
今夜就让我枕着潮声入眠

思念它不会老 风景它总会变
似水柔情如何解说这沧海桑田

你是巫峡牵不住的云烟
把我守候成十二座痴心的山

你是长江钓不完的碧雪
只让我在蓑衣里编织着从前

　　这首描述三峡风情的歌词《朝云暮雨》，来自广东流行乐坛，有"音乐奇人"之称的陈小奇。

有三峡人曾这样叙述："陈小奇的歌词拿现在来看，也许过于四平八稳，似乎不是那样有灵气，但不可否认的是词里扑面的美感。《涛声依旧》《白云深处》《巴山夜雨》《烟花三月》系列可能更为有名一些，但因为我是三峡人，对这首歌词有更深的感情。陈小奇擅长把景物与意境结合，读来让人如沐春风。"

陈小奇，著名词曲作家，著名音乐制作人，文学创作一级作家，高级音乐副编审，广州陈小奇音乐有限公司总监。出生于广东普宁，11岁移居梅州，毕业于梅县东山中学。梅县东山中学是一所享誉海内外的学校，创建于1913年，是叶剑英元帅的母校。

陈小奇1982年本科毕业于中山大学中文系，同年进入中国唱片总公司广州分公司，历任戏曲编辑、音乐编辑、艺术团团长、企划部主任等职，1993年调任太平洋影音公司总编辑、副总经理，1997年调任广州电视台音乐总监，同年底创办广州陈小奇音乐有限公司。

1983年陈小奇开始流行歌曲创作，有2000余首词曲作品问世，200多首作品分获"中国音乐金钟奖""中国十大金曲奖""最佳作词奖""岭南新歌榜最佳作曲奖"等各类奖项；其作品以典雅、空灵，具有深厚文化底蕴的南派艺术风格独步大陆乐坛。

他的代表作品有：《涛声依旧》（词曲）、《大哥你好吗》（词曲）、《九九女儿红》（词曲）、《我不想说》（作词）、《高原红》（词曲）、《烟花三月》（词曲）、《梦江南》（作词）、《白云深处》（词曲）、《巴山夜雨》（词曲）、等。

其中《涛声依旧》自问世以来迅速风靡海内外，并久唱不衰，成为大陆流行歌曲的经典作品，并入选"中国原创歌坛20年50首金曲奖"及"中国原创歌坛30年30首金曲奖"；《跨越巅峰》《又见彩虹》及《矫健大中华》分别被评选为首届世界女子足球锦标赛会歌和第九届全国运动会会歌以及第八届全国少数民族运动会会歌；《高原红》（词曲）、《又见彩虹》（作词）获中国音乐界最高奖项"金钟奖"；作为制作人制作的容中尔甲原创专辑《阿咪啰啰》获中国金唱片奖"最佳制作奖"；与梁军合作的大型民系风情歌舞《客家意象》音乐唱片获第八届中国金唱片奖唯一的"评委会创作特别奖"。

陈小奇曾为电影《邓小平》《商界》，音乐片《天皇巨星》，电视连续剧《毛泽东》《外来妹》《情满珠江》《和平年代》《姐妹》《薛仁贵》《家庭》等数十部影视作品创作主题歌及插曲。

陈小奇曾获"中国十大词曲作家奖""中国最杰出音乐人奖""中国金唱片奖最佳音乐人奖""全国人民喜爱的影视歌曲作家""广东流行音乐三十周年最杰出音乐人奖""广东流行音乐三十五周年最具影响力音乐人奖"以及"当代岭南文化名人""广东省音乐界领军人物"等荣誉称号。以上种种奖项和荣誉，足以说明流行乐坛"奇人"陈小奇非凡的专业实力。

不过外界极少人知道，写出《涛声依旧》等一大批脍炙人口的流行歌曲的著名音乐人，现任中国音乐家协会流行音乐学会副会长、广东流行音乐协会会长的陈小奇是一个超级棋迷，他象棋下得不错，最喜欢的是围棋，虽然工作繁忙，但一下起围棋就沉醉其中，深深体会"忘忧清乐"的境界。对于陈小奇来说，"棋声依旧"可谓他的生活写照。

陈小奇的"棋缘"，最早是从象棋开始的。由于父亲酷爱象棋，陈小奇原本是跟着父亲一起下象棋。直到20世纪80年代，因为受到中日擂台赛的影响，陈小奇开始接触围棋。

"开始下围棋之后，就觉得象棋不好玩了。这可能跟平等意识也有关系：象棋等级森严，而且规则严格，像马只能走'日'，象只能走'田'之类，围棋的每个棋子都是一样的。刚开始的时候是跟单位的一些人下，后来搬了家，跟老邓（广东棋文化促进会常务副会长兼秘书长邓扬威）这一帮棋友做了邻居，就经常约到一起下棋。"陈小奇说，当时棋下得多，棋也长得快，最好的时候应该有业余四段的水平。

随着棋力的增长，陈小奇也参加了不少业余比赛。20世纪90年代的那次名城名人运动会，他拿到第三名，在最后一轮比赛中还战胜了时任广州市市委宣传部长的朱小丹。"当时那盘棋赢了就第三，输了就第五。其实平常我是很难赢朱小丹的，下10盘棋，能赢一两盘就很不错了，结果那一盘棋他发挥失常，我中盘就赢了。回来后我老婆还骂我：朱小丹你也敢赢！我说下棋的时候，就算是我亲爹来了都不认！"陈小奇回忆道。那盘棋输了以后朱小丹还很不服气，"后来多次拉我去下棋'报仇'，把我杀得片甲不留。"

除了这次名人运动会，陈小奇另一引以为傲的战绩就是中外名人邀请赛的亚军。"说是中外，其实基本都是广州这边的，不过还是有一些外国人，其中有两个韩国人我记得很清楚。当时都觉得不可能赢他们的，没想到一通乱砍乱杀，还被我拿了个第二，而且对日本、韩国的选手保持不败。"

此外，陈小奇还有过对职业棋手的辉煌战绩：象棋赢过胡荣华，围棋赢过王立诚。"赢胡荣华那次是一个庆典，我们都作为嘉宾到场助兴。具体他是让了我两个车还是一车一马，我记不太清楚了，最后是我绝杀。他还夸了我绝杀那一步，说就凭这一手，你赢也正常。围棋还跟王立诚下了一次，他让我5个子，后来赢了。跟聂卫平也下过，让4个子都输了。职业棋手要赢他们一把太难了，真的要是给你们下的话，让你7个子也很难下赢。后来我跟梁伟棠下，从4个子让到8个子，都没赢下一盘。"

在陈小奇看来，围棋可以说跟什么都有关系。"日本把它当成一种文化，韩国看重竞技，中国则把它归入体育竞技这一块。我是把下围棋当成一种娱乐，如果纯粹当比赛的话，经常输那就没意思了。我把胜负看得很轻，赢了当然好，输了也没有什么大不了的，主要还是可以与朋友们相聚一堂，他们说我这叫'卫生棋'。"

作为消遣，陈小奇参与过很多运动，足球、篮球、乒乓球、羽毛球，甚至保龄球，他都打过。"现在年纪大了，那些体力消耗大的肯定很早就放弃了，还是围棋比较适合。"虽然工作很忙，但陈小奇只要有时间就会参加围棋比赛，订阅《围棋天地》的习惯也一直没有改变。"虽然很多东西网上都能看到，但睡觉前翻一翻这本杂志，感觉还是挺好的。"

如今，很多家长都将围棋作为一种智力开发的工具来教育幼儿，对围棋拓展逻辑思维等好处也是赞不绝口，但陈小奇认为，凡事都有两面性，棋也不例外，小孩学围棋，更需要正确的引导。"因为棋将人性中的善和恶都结合到了一块，你看职业棋手，他们的表现就最突出：表面上彬彬有礼，但到了棋盘上就斤斤计较、寸土必争，一点亏也不愿意吃。小孩学围棋，他能在围棋里学到最好的招数，而且锻炼出很厉害的计算能力。如果教育不好，他们用这种招数去做坏事，就会对社会、对人类造成很大的损伤，你还抓不到他。所以说，一定要好好引导。"

一直到现在，进入网络时代，陈小奇还是更喜欢面对面地下棋。有一段时间他也曾经在网上下棋，但半年后就放弃了。"遇到一些无赖，明明要输了，就是不认输，非要你和棋，很没意思。"

搬家以后，陈小奇跟一些老棋友住得远了，下棋的次数也减少了很多。"圈子里下围棋的人不是很多，歌手都比较年轻，肯定没什么人喜欢围棋的。音乐界还是有几个不错的。北京有个作词的陈涛，以前我只听说他很喜欢下棋，有一次去百色采风就跟他下了一次，结果一个晚上连输7盘，那应该算是我在音乐界下棋最大的败绩了。"

可能很多棋迷要产生疑问：既然对围棋如此热爱，本身又是著名的音乐人，为什么陈小奇没有为围棋创作一首歌曲呢？毕竟长期以来，不少棋迷都为围棋没有一首自己的"主题歌"而感到遗憾。其实，陈小奇早在近十年前就为围棋创作过一首作品，只是由于种种原因，导致这首作品成为了"沧海遗珠"。

"大概是2003年的时候，贵阳的花溪区那边请我们过去采风，希望我为他们创作两首歌曲。当时也没什么命题，就是四处走走，然后在花溪公园看到了一个'棋亭'，听说1959年陈毅元帅曾在此处题诗，诗云：'花溪棋亭位山腰，多人聚此费推敲。劝君让他先一着，后发制人棋最高。'我的灵感就此被触发，创作了这首'闲敲棋子入花溪'。"

"借用了宋代赵师秀《约客》一诗中'闲敲棋子入花溪'的句式，旋律和歌词却透露着英雄的豪迈，听之叫人热血沸腾：'胸中百万兵，坐拥天和地；人生多少风和雨，都付一盘棋。得失寻常事，进退总相宜；纹枰纵有千百劫，谈笑觅真趣。步步争先的沙场路，后发制人的英雄气。龙吟虎啸红尘里，闲敲棋子入花溪。'"

遗憾的是，由于第一版录音的歌手将"纹枰"误唱成"纹秤"，陈小奇没有在第一时间将此作发表。直到三年后才找了另一名歌手重录，并收入自己的音乐专辑，这也在很大程度上影响了

陈小奇接受访谈中

此歌的宣传推广，导致这首歌的传唱度不高。不过，佳作不会因为时间而蒙尘，相信懂棋之人，特别是业余棋手，对于歌词应该都是深有感触的。

陈小奇说："琴、棋、书、画是中国文化的主要组成部分，在我看来，它们虽然是不同的艺术门类，但有共通的地方，下棋实际上也可以作为一种艺术。现在把棋类归结为体育运动的范畴，但中国的文人是把棋当成是一种文化活动来看待的，都属于艺术的范畴。就我个人来说，我也是更多地把棋看成是艺术，是一种文化形式。专业棋手下棋很重视胜负，毕竟这是竞技体育，他们会把胜负作为追求的终极目标。而我们这些业余爱好者只是把下棋作为休闲娱乐和游戏。我们下棋不会像专业棋手那样去冥思苦想，我们追求的是开心，是心灵调节的一种活动。胜固欣然，败亦可喜，这是由业余棋手的心态所决定的。"

"从艺术的角度来说，琴、棋、书、画之间是有联系的，任何艺术门类，只是表现技巧和手法不同，从本质上来说肯定是一样的，所以我们常会看到搞艺术的人，掌握了一门技艺再去学习别的艺术，会比其他人上手得快，因为他掌握了当中共通的地方，只是改变了艺术的表现手法而已。"

"假如我们不把下棋看成是纯粹的体育运动，它和其他艺术是有很多联系的。比如琴，如果我们把它视作音乐的概念来理解，可以从形式上找到音乐和下棋的很多联系。比如音乐是一个流动过程，它是从一个音符转到另一个音符，一步步地按照你构想的旋律往前铺开的。而下棋同样也是一个子接一个子地下，其间也许会有很多干扰，但始终是按你自身设想的目标进行的。"

"此外，音乐创作有一个动机发展的问题，下棋也一样，你也会有一个选择定式的问题，这个定式很可能就成为你整盘棋的动机了。比如是选择下模样棋还是下实地棋，这就决定了你这盘棋的走向。"

"上面谈的是它们外在的联系，内在的联系就是一个境界的问题。艺术境界决定了你是一个大家还是一个工匠。境界高的人可以取得大的成就，一般人只能完成一般的目标了。我认为，不管你从事何种艺术，最终所能达到的高度，还是要看你的境界如何。琴棋书画相互之间会有启发作用，但不会产生直接作用，不会因为你会下棋，你的作品就会比别人写得更好。不过虽然它们之间没有必然的联系，但我们可以在下棋的过程中，通过调节自己的心理状态，从中得到一些感悟，逐步提高自己的艺术境界。这一点和搞别的艺术是一样的。"

"下围棋很讲究大局观，下棋前你首先要考虑怎样去布局，包括中盘如何进行，这和我们流行曲的创作形式上有很多类似的地方。比如我们创作一首流行曲，首先要考虑歌曲的题材，会有什么样的立意，接下来还有结构上的处理，等等，这些东西从一开始就要考虑好，类似于围棋的布局，一定要有一个明晰的思路。这些都属于技巧上的问题，关键还在于境界。"

"说到境界，我个人倾向于不要把一些东西想得太复杂，不要苛求某种东西本身就是一种境界。就我个人来说，我会用一种很自然的方式去创作，去下一盘棋。我的围棋水平大概只有业余三段到四段之间，水平并不是太高。但我发现，我比赛的成绩往往比平时要好。原因是我对胜负没有那么执着，不会把输赢看得那么重，因此在比赛时可以随心所欲地下，想进攻就进攻，该退守就退守，这样把胜负的包袱卸下来了，赢棋的概率相对来说反而更高。这里就牵涉一个境界的问题，我想你如果把什么东西都看得很平常，你的境界也会慢慢地往上提高。"

关于棋文化如何和流行音乐结合发展，陈小奇说："总体上来说，棋文化和流行音乐两者肯定可以发生某种联系，很可能会诞生出很新的思路。流行音乐的特点就是大众性，它的推介模式和手法是值得借鉴的。我想，棋文化今后的发展和推广，可以和流行音乐紧密合作，多创作一些有关棋类的歌曲。把棋里的理念，对胜负的感悟，通过歌曲这一载体，向社会进行推广宣传，让社会受众对棋产生兴趣，从而提高社会的关注度，这就是棋文化促进会的工作重点。我认为棋文化促进会要做的不是要培养多少高水平的棋手，而是要让更多的人来关注棋类运动和喜欢棋类运动，这一点流行音乐是可以和棋文化的工作很好地融合到一起的。"

"棋文化的推广，完全可以借鉴流行音乐的包装手法。比如进行造星工程，造出一个歌星偶像，目的就是吸引大家的注意力，让公众在一个焦点上聚焦，从而产生最大的影响力。下棋也如此，优秀的棋手本身同样具有歌星的号召力，甚至更大。我们当年为什么下围棋，就是因为中日围棋擂台赛，造就了聂卫平这样的传奇，使我们都成为他的追星族。造就了这么一个明星后，不仅影响了很多人，甚至还影响到全国。"

"棋类运动这个行业，主要是靠几个顶尖人物带起来的。在目前的现役棋手里面，谁的影响力越大，那么棋类运动的影响也越大，我们进行推广就是要重点从这方面入手。对围棋来说，它的国际成绩决定了这个运动的整个普及和推广程度，如果成绩不好的话，就要大打折扣。像中国女排，当年成绩好，拿了五连冠的时候，很多人都在追女排、看排球比赛，但后来成绩下滑后，喜欢排球的人就少了很多。"

"源远流长博大精深的中国棋文化如何能够得到更有力的推动？除了棋界人士的不断努力外，还有一点是至关重要的：那就是应该有更多的企业认识棋文化，认同棋文化，最终把棋文化融入企业文化的塑造之中。非常明显，拥有人力物力资源话语权的企业，可以成为推动中国棋文化发展的重要力量。"

"能够论证这一观点的例子很多：如泰州春兰集团公司，他们的春兰杯就成为唯一一项由中国内地出资主办的世界职业围棋大赛，与日本、韩国、中国台北多个企业主办的富士通杯、丰田杯、LG杯、三星杯、农心杯、应氏杯并称为世界职业围棋七大杯赛，对推动棋文化的发展普及有很大影响。"

陈小奇因为爱棋迷棋，他还担任了广东棋文化促进会副会长，与会中人一道"自带干粮修水库"，乐此不疲。

2013年5月19日，岭南地区的一项文体盛事——由广东棋文化促进会主办，广东东湖棋院和广州棋院协办的"中国棋文化精粹馆揭匾仪式暨'微歌杯'广东围棋象棋名人邀请赛"在广州棋院隆重举行。

揭匾仪式邀请了广东省和广州市的有关领导出席，中国围棋协会主席、广东棋文化促进会名誉会长王汝南，中国流行音乐学会常务副主席、广东棋文化促进会名誉副会长陈小奇等琴棋书画方家出席活动，共同见证了岭南棋文化发展史的这一历史时刻。

2015年7月4日，一场别开生面的广东文艺界科技界围棋赛在广州棋院的特别对局室里悄然上演。用广东棋文化促进会会长容坚行的话说，这是一次"左脑与右脑的碰撞"："文艺界善用右脑，思考的方式多是形象思维；科技界则善用左脑，思考的方式多是逻辑思维。两个不同行业的代表在这次棋赛中相聚，是真正的以棋会友，对推动和谐社会非常有意义。这次棋赛是一次成功的试水，今后我们会扩大范围，让更多不同界别的棋类爱好者有更多相互交流的机会。"

参加本次比赛的科技界队伍主要由中国工程院院士陈勇带队，在他看来，围棋搭建了一个很好的平台。"就像容院长说的，我们科学家是喜欢用逻辑思维，而艺术家喜欢用形象思维，平时可以说是风马牛不相及的两拨人。其实不光是科技界和文艺界，很多不同领域的人都存在很大的差别，如果没有平台、没有纽带，根本就聊不到一块去。"陈院士说，"但有了围棋，这个问题很轻易地就解决了。围棋也被称为'手谈'，不需要言语，大家的思维方式都能在棋盘上看出来。"

由于赛前经过一些磨合，科技队在本次比赛中表现出明显的优势，最终也获得胜利。不过陈院士觉得，比赛胜负并不是最重要的："更重要的是通过围棋这个平台，让两个不同领域的人有了交流，加强彼此间的合作。其实围棋是很应该得到推广的，首先它是一种高雅的艺术，通过它可以提高我们民族的素养，其次它的很多招数在工作和生活中都可以得到体现，比如战略布局、得失论这些都可以应用到我们的工作当中。"

陈小奇也作为文艺界的代表参加这次比赛，虽然自嘲为"送分老童子"，但可以看出，他乐在其中。"科技界对文艺界这个噱头挺好，但对我们来说其实就是换个方式玩一下。围棋说白了就是一种娱乐方式，下棋就是为了开心嘛！所以大家心情都很放松，也没把它看成是比赛。我这种年纪，想要长棋是不可能了，所以输赢也无所谓，不

陈小奇演讲中

是为了追求胜利才来下棋，这样就更轻松了。赢了固然开心，输了也无所谓，反正也没损失。"

前广州市围棋协会主席、著名书法家梁锦豪同样是文艺界的代表，在他看来，虽然下棋的人领域不同、平常思考方式不一样，但棋理是通的："下围棋的人本来就各界都有，所以胜负终究还是要看棋力，看对棋的理解，而不是说哪种思维方式比较优胜。棋本身有它的规则，有棋理，胜负都是遵循它的规律。这次这种形式的比赛还是很好玩的，通过围棋让不同行业的人交流友谊、交流棋艺，很有意义。"

2017年6月24日，城围联举办"围棋与大健康论坛"，在南宁国际会展中心和平厅，陈小奇发表了《人文围棋与休闲围棋》的主题演讲，与诸多国内外围棋界知名专家、学者就围棋与大健康相关领域的结合进行主题讲座，探讨围棋产业与大健康产业的融合发展路径和模式，从而实现资源汇聚，协同发展。

画家周一国有漫画作品《围棋迷陈小奇》。点评说：围棋人的精神很难用其他艺术表现出来的。古典棋人画，多半是用道家的仙风道骨和不食人间烟火的仙气来衬托之，而漫画重点在人物表象上，所以，找到寄托点，很是关键，似乎，这一幅找到了……

第六节　扬传承老邓再奋威

沏上一壶自家出产的清茶，伴随着窗外雨点敲打树叶的声音，邓扬威老师打开了话匣子，娓娓道来。

"就我的这么多爱好相比，下围棋对我的吸引力最大。要么不下，要下就刹不住车。以前年轻的时候动辄通宵达旦，现在年纪大了不敢这么干了，但还是很着迷。"

邓扬威老师的爱好非常广泛，除了围棋、版画、音乐和阅读，他还喜欢园艺种植，就连家中待客用的茶叶，也是由他在后院亲自种植。

"我这几年搬到农村住了，是广州从化太平的红石村。住村里，跟住在城里有很大的差别，以前是有城乡三大差别之说的，不记得是什么内容了，我归纳出的三大差别是：一是空气差别，二是饮水差别，三是起居差别。在城里呼吸的空气不太好，在红石村呼吸的空气很新鲜，在城里饮的是含氯自来水，在红石村饮的是天然山泉水，在城里睡得晚在红石村睡得早，当然，起得也早。"

"当然，生活形态有三大差别的方面，也有全无差别的方面：譬如在下的工作和创作，就一如既往，该干啥干啥。又如体育和娱乐，该打的乒乓球还是照样打，该下围棋，还是继续下。下围棋要有对手，网上对手不消说了，因为虚拟，缺乏亲切感。棋迷们总是希望有旗鼓相当的对手'面切'，痴迷围棋多年的我也不例外，也总是希望经常有对手面对面地切磋一番。蒙上天眷顾，痴在深山有远亲，住在山林里的我居然有不少棋友来下棋呢，其中大部分都是红棉围棋的人啊！"

在文化领域，邓扬威老师不断探索进取，涉足广泛。其中，作为书画界最为人称道的版画家，更是精品层出不穷，为广大书画爱好者所喜爱和收藏。

爱好者们收藏邓扬威老师版画并合影

邓扬威老师说："我十六七岁的时候在英德茶场当知青，当时有一个邻居带来一本《牛虻》，我用一斤上好的红茶，换《牛虻》看一个晚上，第二天把书归还给他。这本书中的版画插图给我留下深刻印象，我很喜欢这样的画法，觉得黑白对比非常有力量。我喜欢有力量的艺术。回到广州后，我在广州市设计院当钻探工人，当时广州市工人文化宫开设有美术培训班，我就去报名学习，很多老师来上课。从此，我就走上了创作版画的道路。"

"我画版画很多年，一直在版画中探索摸索，做过木刻、蜡刻、胶版、丝网、数码等各种版画。我的玩心比较重，对喜欢的事情从一而终。蜡刻是写意的版画，在柔软的蜡上挥动刻刀，很好玩。但是由此导致家里到处都滑滑的，儿子都摔了几次，后来就没有再做蜡刻了。从2005年开始，我尝试数码版画，数码版画用电脑软件制作，灵活性更大。我喜欢新的东西，不断去尝试，我以前也画过国画，跟林墉等老师学过，但我更喜欢有力量的版画。"

邓扬威老师接着说："围棋对版画非常有帮助。围棋有一点和版画是一样的，非常讲究美感，棋形不好看的，基本上就输掉了。围棋中也体现了美学。我一直喜欢围棋并推广棋文化，这对于我的版画有很大的帮助和提高，是一个相得益彰的事情。比如说，创作的时候非常讲究大局观，美术创作能力不强的人，往往容易陷进技法细节中，不知道局部如何服务于大局。同样，围棋中大局观也是非常重要的，大局观是一个棋手水平高低的一个指标，大局观好一般棋艺也比较好，反之亦然。"

"围棋和版画两者也都讲究虚实关系。把棋的某个局部走好，或把画的某个细节画好不太难，只是基本功问题，最难处理的是捉摸不定的虚处。绘画有'不画之处最难画'之说，譬如版画《森林诗篇·信风》的天空及部分道路处理，下棋同样，经常面临在棋盘空白处到底围多大的地方才合适的问题。"

"再有两者都讲究创新，譬如围棋，千年来一直在发展，阿尔法狗出现更使它迈入新阶段：时下棋坛纷纷出现新观点和新技法。版画也一样，老是套路，虽技法娴熟观者却未免腻烦，只有不断创新，突破自我，作品才真正具有意义。"

"四艺"之某一艺从业者不妨考虑在埋头专业之余，划拨些许时间粗通其余三艺，或可从中觅得大大的启发，或得到小小的顿悟，从而促使自己的专业更上层楼呢！邓扬威老师这样说。

"围棋充满了智慧，如果选中国优秀文化代表，我觉得围棋可以胜任。围棋源于中国，日本、韩国也在推广过程中做了很大的贡献，它代表的其

版画《腾挪》，邓扬威作，现收藏于广东省围棋协会

实是一种'东方智慧'，这是可以让世界人民一起分享的。所以我时常考虑如何'分享东方智慧'，并不是下一盘棋这么简单，而是把文化传播出去。"

2005年5月7日，邓扬威老师等广州各界围棋和象棋爱好者，在广州发起成立广东棋文化促进会。

"现代人对棋的关注、描述和古人不一样，现在棋已经被列入竞技体育的范畴，但古人认为竞技只是棋的一部分，棋更重要的功能是修身养性、提升人的素质。"邓扬威老师解释道，"我们的促进会宗旨就是促进棋文化的发展、复兴中国棋文化、树立社会新风尚。"

在邓扬威老师看来，围棋能让人在这个浮躁的社会中静下来，学会怎么去"守规矩"。"棋讲究规则、讲究棋品。金庸先生有个说法：'每一局棋都是一次严格的道德训练。'不守规矩，就会受到惩罚。"

正因为强调棋的文化属性，即便是举办广东少儿三棋百杰万人大赛这样的竞技类比赛，邓扬威老师他们也对规则有非常严格的规定："比如不可以干扰对手、不可以吵架、结束时要相互致意，等等。如果单纯是竞技，那就是胜者为王；强调文化，那就还要注重内涵。"

邓扬威老师说，他希望能通过促进棋文化，改变如今社会一些不好的风气。"虽然讲文化看上去似乎很虚，但大家都是朝着这个方向在努力。现在是一个快节奏生活的时代，快餐文化虽然也有它的长处，但毕竟没有深度，很快就过去了。而棋文化经过数千年的沉淀流传至今，具有非常深厚的根基，在日常生活里有润物细无声的作用，可以慢慢使人的品格、性情都得到提升。有句话说棋品如人品，现在很多喜欢下围棋的人素质都很高。"

邓扬威老师说，如今推广中国文化的一个重要手段就是孔子学院，它主要是推广汉语。如果有类似孔子学院这样的世界性推广平台，将围棋这一优秀的中国文化推向世界，必定能提升中国的国家形象。

怀着这样的目标，不管眼前的工作有多繁重，邓扬威老师说："其实累与不累，主要就是看你的心态。如果你觉得它是一种负担，那必然会觉得辛苦，觉得不值，但我就是觉得好玩、有趣，所以就不感觉累了。"

邓扬威老师与棋友对战，华学明点评，常昊和古力等观战

　　具有丰富想象力的邓扬威老师主要是负责策划方面的工作，曾经围棋界的热门话题"古力李世石十番棋大战"，邓扬威早在2009年就提出过策划，甚至还与李世石的经纪人进行过商谈。

　　由于赞助费用等多方面原因，那次策划最终未能付诸实施，但说起当年在"被让8子的前提下两胜古力"，邓扬威老师依旧津津乐道。

　　除了"流产"的"古力李世石十番棋大战"，邓扬威老师还做过很多策划，比如已经成功举办了多届的广东少儿三棋百杰万人大赛、中国棋文化峰会、广州棋文化促进研讨会，等等。"光是少儿三棋百杰万人大赛，就直接影响了数万个家庭。因为每次都会有1万名以上的小棋手参赛，最低限度也会影响到小棋手的父母、爷爷、奶奶等，一个人起码影响六七个人。"在比赛的同时，他们还会举办一些棋文化展览，让棋文化得到进一步推广。

　　除了围棋和版画，邓扬威老师还非常喜欢阅读。"读书是一种很好的启蒙，它既是对人生的启蒙，还可能是对你今后所热爱的一种艺术的启蒙。"邓扬威老师这样说。

　　"我小时候读到最多的书籍，是《吕梁英雄传》《青春之歌》等红色经典。20世纪70年代开始，十多岁去英德茶场当知青，因为当知青的有不少文化人，因而他也有机会接触到一些外国文学。我非常难忘的是阅读《牛虻》这本书的经历。我拿到这本书，劲头十足，看了个通宵，把书看完了。虽然不怎么懂，却激发起我阅读外国作品的兴趣。"

后来邓扬威老师有机会接触到更多的外国书籍，他阅读了不少外国作品，如《红与黑》《俊友》《钢铁是怎样炼成的》，等等。而又因为当时知青群里还有不少画家，这为他学习画画提供了很好的学习空间。而他一开始学习的是版画，这也与阅读书籍给他的启蒙有关。因为当时的很多外国作品都有不少插图，而这些插图基本上都是以版画为主的，他边看书，边被版画熏陶，觉得版画很美好，这引起了他对版画的浓厚兴趣。邓扬威老师说："人生有时候喜欢上一种东西，真的是有些偶然。版画启蒙了我最初的艺术感觉，为我打开了一扇明亮的艺术之窗。我后来专注做版画艺术，完全是因为与我最初阅读外国作品时，总是不停地接触到版画的启蒙息息相关。"

2019年4月，为筹建广州围棋驿站，现场举办了邓扬威版画义卖活动，这次活动邓扬威版画售出98幅，创下了中国版画的拍卖纪录。

"我看书一直很杂。"邓扬威老师说，"对我来说，没有书是休闲的，阅读时全凭兴趣，只是兴之所至而已。一本书，如果没兴趣，便没必要再读下去，就算硬读，不仅没有效率，也没有共鸣。其实，读书很关键的一点，就是跟书中的作者、圣贤、智者乃至专业方面的高端人士对话，心中能得

中国美协副主席、广东美协主席许钦松（右一）参观邓扬威版画展

到精神方面的收获。"所以,他认为,书中自有黄金屋,书中自有颜如玉,这样的读书也许是太功利了点。读书应该就是一种放松的兴之所至的阅读,"如果要作个类比,我觉得读书对我而言,就像吃饭喝水一样,吃饭喝水,是人每天必需的养分。兴之所至的阅读,就普遍得像每天必需的吃饭喝水。"

邓扬威老师说,无论下棋、绘画,甚至写作、策划方案,他都会一心二用地开着音响,放着不同的音乐或歌儿。他听音乐很杂,时而觉得听这有趣,时而觉得听那有趣。收集的唱片不分国内国外、古典流行、美声通俗、京剧粤剧、黄梅戏、采茶戏,总之无所不听。

延伸在版画领域中,他也不拘泥于一种版画艺术,而是尝试了木刻、金属、丝网等多个种类,以充分体验个中乐趣。另外,他还独创了一种与传统版画费时费力特点完全不同的、以蜡为版的"蜡刻"版画,可在大块蜡版上毫不费力地"挥毫"——刀轻轻划过,舒展流畅的点、线、面立马呈现;以不同的力度、角度运刀,还可呈现出类似书法运笔中锋、侧锋之特殊效果,别具一种木、石、金属等传统版材没有的"蜡味"。近年来他还弄起新潮的数码版画,并举办了国内第一个数码版画个展。邓扬威老师认为,数码版画与传统版画相比,具有一股强烈的"孙悟空味",有无穷的变化及可能性。而人一生中的阅读,其实也是一样的——书籍构筑起人的美妙的精神世界,给人生提供了无限的营养与快乐。

邓扬威老师说:"艺术,广义上的艺术都有趣。在我眼中,不单琴棋书画是艺术,写作、文化活动策划、房地产项目定位策划之类都是艺术。至于排位,我没什么概念,也没什么规划,事与事间奉行的大概是'踩瓜皮原则',滑哪算哪。职场专家常说有规划的人生才容易成功,我知道个中道理,但做不来,或说不愿做。我以为太有规划的人生必不能随性,不能随性的人生又何来有趣呢?"

"下棋有趣,绘画也有趣,两趣相叠,正合琴棋书画不分家之理。其实这事不只对个人有趣,在广州版画艺术交流史上也是新鲜有趣之事,希望广州有更多的艺术家及其作品走出国门,如是在扩大游戏范围之余,对提升广州城市形象也有裨益。"
邓扬威老师这样说道。

2005 年广东棋文化促进
会成立后，举办了多次"中
国棋文化峰会"，此举开中国
棋文化高峰论坛之先河，并
为棋文化的实际应用建言献
策。包括为第十六届亚运会
的顺利举办、为中国三棋进
校园以及为中国的"一带一

邓扬威老师居家创作中

路"国家战略的实施提供政策及实施步骤的研究。

广东棋文化促进会已经举办了多届"中国棋文化楹联大赛"，吸引了包
括美国、加拿大，以及我国港澳台地区在内的楹联专家及爱好者参赛，组
委会收到的参赛作品过万联，为历史留下珍贵而独特的精神财富。

举办了六届"广东少儿三棋百杰万人大赛"，该活动是广东有史以来参
与城市最多、规模最大、参与少儿棋手最多的一项棋类比赛及棋文化推广
活动。与中国棋院联合主办了"纪念国家围棋队成立50周年活动暨中国围

邓扬威（左二）在首届中国棋文化峰会学术研讨会上发言，左一是
抱病参加会议的陈祖德先生

在"方圆岭南棋文化节"活动中，邓扬威老师主持"中国围棋文化高峰论坛"

棋国手赛"，该活动规格高，吸引了很多社会名流参与，对刚落成的亚运棋类活动比赛场馆广州棋院进行了一次重要的实践演练。举办了声势浩大的"方圆岭南棋文化节"，该活动内容丰富，既有高水平的棋文化活动"中国围棋文化高峰论坛"及棋文化专题的文艺晚会，也有高水平的业余高手赛事，还有五子棋、象棋暗棋、太极围棋表演赛等一系列活动。

王汝南（前左）主席与邓扬威（前右）老师在广东棋文化基地对弈

广东棋文化促进会还分别承办和主办了"珠钢杯""金龙城杯""炎黄杯""梦百合杯""倡棋杯""陈毅杯""三星杯"等顶级赛事和多个不同主题的棋文化研讨会，取得很大成功，很好地促进了中国棋文化事业的发展，为复兴中国棋文化，树立社会新风气不断增砖添瓦!

邓扬威老师说:"棋文化于个人而言,其影响通常是一生一世的——人一旦学会并喜欢上一种棋,有如在心中点亮了一束温暖的光,能够照亮人冗长沉闷,乃至黑暗的日子;能够使人坦然面对,乃至忘却人世间的所有痛苦忧愁,陪伴人走过冬夏春秋!"

第五章

棋路斑斓

第一节　创新业东湖渐春晓

20世纪90年代后，广东佛山和广州等地区陆续有了很多少儿棋类培训，基本是民间培训机构。当时，刚开始办培训的时候，很多家长并不懂，一听要学围棋，觉得很不错，就纷纷送孩子来学习。当时的培训市场也是良莠不齐，导致许多学生学了两年，还基本上什么都不会。

容坚行老师说："我觉得出现这样的问题很不应该，我也一直在考虑应该如何走棋类培训之路，而且我自己下了这么多年围棋，不理解为什么国外的体育产业那么发达，国内就始终做不起来。"

另外，结合国内的现实情况，对青少年的棋类培训不是作为全面的素

围棋职业五段许书祥

质教育开展的，整体比较混乱。早些年，北京普通中学的数学老师孙维刚，给他的学生们上的第一节数学课，就是告诉学生们，回到家里，首先和爸爸妈妈说一声："你们辛苦了！"孙老师创造了教学上的奇迹，他带的普通中学的孩子们，走出来无数清华北大等名校的尖子生。

试想，如果我们的孩子经过多年教育和培训，如果连基本的尊重家长和感恩老师都不会，说不出口的话，那我们的培训能够说是成功的吗？

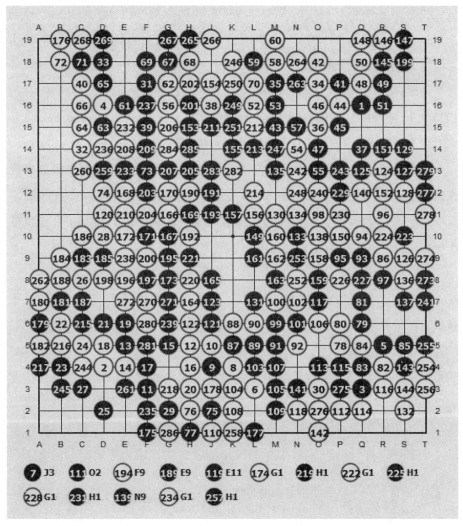

第十五届NEC中日对抗俊英赛第三局 高尾绅路VS许书祥

容坚行老师继续说："想明白了这些，我说我努力了半辈子的竞技体育，那现在我们可以做青少年的棋类教育，挖掘和发挥围棋、象棋的教育功能和文化内涵。让孩子们通过培训，不仅学习棋类技艺，更要懂得尊重和感恩，学会去发现美、欣赏美以及创造美的东西。"

"当时的现实因素来考虑，市场比较乱，但是我想我们来做这样一件事，要么不做，要做就一定要把它做好。"

2001年，容坚行尝试设立东湖棋院培训点，由许书祥任教，当时在羊城青少年棋手中小有名气的黄雨霁成了东湖棋院第一位学员。此后，他与李子祺、陈一鸣、俞泽坤等4人更成为东湖棋院响当当的"黄埔一期"，引潮流之先，更用成绩激励着更多的孩子投身方圆天地。

许书祥，围棋职业五段。1985年进入广东省围棋队集训，1988年入段，1996年升为五段，1993年获得全国围棋团体赛冠军，2000年获得第3届NEC新秀杯冠军及第15届中日NEC新秀对抗赛冠军。

许书祥回忆起那段日子时这样说："最开始的时候采取的是精英教育模式，学生们每天训练半天，但并没有完全放弃文化课，有点类似于现在的道场。后来容老师在东湖棋院的会所里给了我一块场地，我找了叶子良老师一起招生，叶老师就把他之前的一批学生带过来了。"

这个精英班只有十多个学生，许书祥也开始了上午回省队训练，下午、晚上和周末在精英班授课的忙碌生活，但这样的忙碌其实一个月的收入很有限，因为当时围棋少儿培训还不盛行。事实证明这次"试水"是成功的，在这十多个学生里有后来成为职业棋手的陈一鸣，还有如今广州业余棋界的第一高手李子祺。2009年李子祺夺得第一届全国智力运动会围棋男子业余组铜牌，2010年在全国体育大会上李子祺携手高咏梅夺得围棋业余混双冠军。在东湖棋院，李子祺、高咏梅成为教学教研的骨干，李子祺两次获得"全国晚报杯"季军，高咏梅2019年冲段成功，成为年龄较大的女子职业棋手。

"陈志刚老师有一句话，多年一直在激励、支撑着我，那就是行百里路，常半于九十。离终点最近的一段路才是最艰难的，一定要持之以恒。"

回首走过的围棋之路，高咏梅如此感叹。

高咏梅从小就沉浸在围棋世界里，父亲是围棋老师，家里进进出出的都是学棋的哥哥姐姐，上的是围棋传统学校，广州西关十二小学（原明兴里小学）。至今她还记得2010年在全国体育大会和李子祺携手夺得围棋业余混双冠军的情景，"那届的对手真的很强，参赛的80位选手中至今已有十五六人入了段。那次夺冠很意外，因为下得非常放松，不抱任何目标，反而收获最大，所以赛后非常高兴"。

然而在探索的过程中，许书祥又有了新的想法："在精英教育过程中，我逐渐感觉到竞技体育这条路实在是太窄，因为学棋的人越来越多，入段越来越难，也进一步坚定了少儿普及才是围棋发展方向的这种想法。"

2004年容坚行正式注册广东东湖棋院，主管部门是广东省体育局。

当时不能以城市为名来注册棋院，不过棋院选址旁边正好有个广州著名的东湖公园，这为棋院命名提供了思路。

广州的东山湖公园在海印大桥北引桥以东，南临珠江，是城区中心的综合性公园。它以湖为主，以堤岸组成游览干线，湖中有四个半岛和两个小岛，分别以各种造型小桥相连，每逢春暖花开，桃红柳绿，景色优美，湖面碧波荡漾，花木繁盛，1963年被评为羊城新八景之"东湖春晓"。

如此宜人美景相伴，东湖棋院应运而生。棋院注册之前，2003年下半年，容坚行和太太对广州市的政府机构、民办棋院、少年宫等相关组织，都作了大量详细的了解和调研，这其中正好结合了容坚行之前多年的企业工作经验。

2004年7月，容坚行和团队开始全力以赴运行东湖棋院了。当时的主要思路是：第一，要做一个现代化的青少年培训企业，尝试走体育产业和棋类产业的路子，做了长远的规划；第二，就是做一个品牌教棋育人；第三，就是要做团队，打造一个良好的团队。

从2004年7月开始培训，经过一个暑假，学生们慢慢就来了，生源也很快多起来。当时第一次招生是通过组织比赛，参加比赛要经过培训，在培训中就体现出棋院的服务和质量来。

原来的棋类培训收费很低，其他的琴棋书画上一节课200~300元，都是传统文化，为什么围棋的培训收费那么低？费用越低，越没有市场。调研之后，东湖棋院的方式就是提高硬件设施和服务质量，让学生家长看到棋院的培训场地是非常高雅的。实施的效果很明显，到2004年底，东湖棋院整体的运作就比较正常了。

从2005年到2006年底，棋院的学生已经发展到几千人，到2007年，学生已经超过7000人，院内生也超过2000人。而且棋院的培训项目是三棋，包括围棋、象棋和国际象棋。不过，从一开始东湖棋院就以围棋和象棋为主，国际象棋学生会少一些。

到2007年，东湖棋院在全国的影响力已经很大了，全国各地的棋类培训机构经常来交流互动，大家一起探讨。棋院当时编了一套幼儿园教材，就是中国围棋协会推荐的幼儿教材。棋院和国家教委、中国棋院一起，做围棋与幼儿非智力因素教育的相关课题研究。因为在幼儿园强调的是非智力因素的培养，他们就把它跟棋类教育结合起来。

做产品的是三流的企业，做市场的是二流的企业，希望能够做一流的企业，做一个制定标准的企业，东湖棋院一直努力朝着这个方向努力。

东湖棋院为此付出了很多艰辛的劳动，家长和学生们也逐步感受并认同。举个例子，举办户外活动的前一天，天气预报第二天可能有雨，老师们就马上行动，为所有家长和学生们准备好应急的雨具，这就是所谓的"未雨绸缪"吧，积累点滴汗水，终究会得到认同的。

东湖棋院经过20年的发展，已经逐步建立了师资、教学、管理规范等系统模式，逐步

广东东湖棋院

解决了棋院专业人员在管理经验上的不足，这样就能够推动企业稳步发展，至今，培训三棋学员已超过80万人次。

2019年五一节期间，东湖棋院承办了第31届广东省围棋定段定级赛，参赛人数超过1万，达到10280人。东湖棋院的职业俱乐部也是国内职业围棋联赛的强队，曾于2012年和2017年两度冲甲成功。

常言道："一花独放不是春"，作为一个行业或者一个

广州岭南棋院

产业，靠一家企业是不可能做成的。广州棋类培训机构历经多年，如雨后春笋般发展壮大，已经形成大小数量接近200家规模，其中影响较大的如：广州棋院、岭南棋院、丹朱棋院、聪韵棋院、粤杰棋院等，他们之间保持了良好的关系，对许多从事棋类培训的个人，也提供力所能及的帮助。东湖棋院、岭南棋院等还与省内外及香港、澳门的棋类培训机构保持密切联系和交流，积极吸取成功经验，探讨棋类产业发展规律，并共享各自的资源。

广州岭南棋院是由旅日的苏耀国九段创办的一家连锁棋类培训机构，院长是苏雅中，副院长由广州著名业余高手夏睿担任。

1993年大学毕业后，夏睿随父母分配来到广州，开始，他的工作与围棋无关，夏睿也只是平日里找棋友练手，每年参加几个大的围棋比赛而已。2005年广州市职工运动会，夏睿发挥不俗，以8轮全胜的战绩夺得围棋比赛冠军，由于成绩不错，他在广州业余高手圈里也逐渐有了名气。

从在广州创办和弈轩开始，夏睿的事业中心向围棋转移。2008年中，现岭南棋院院长苏雅中向他发出邀请的时候，他很快便答应了，夏睿从此

投身围棋教学事业。

夏睿的儿子在围棋方面颇有天赋，小学三年级的时候就已经成为业余五段，当时夏睿也有过一点想法，希望儿子能往职业的道路上发展。

"我当时跟两个人商量了这件事，一个是陈志刚教练，一个是我儿子就读的朝天小学校长李顺松。陈指导说，孩子年龄这么小，虽然现在他喜欢下棋，但等他稍微长大一点是有可能发生兴趣转移的，到时就有可能陷入困境。而李校长是有名的教育专家，他跟我说，尖端人才的判断标准无非是三个：学习成绩好、组织能力强、有专长。现在孩子已经有围棋的专长，假如他能利用这种专长发展好另外两个方面，可能会让他的人生更如鱼得水。"

夏睿老师说："围棋对于小朋友的影响可以分为三层。第一层是培养小朋友的专注力、观察力；第二层就是逻辑分析能力，很多人说围棋是数学，其实不是的，围棋运用的数学比较简单，但逻辑比较复杂，包括广度、深度等等；第三层就是培养他的判断力和大局观，这是最难的，下棋处于劣势时如何顶住压力，需要反复的、艰苦的训练。"

"围棋不仅仅是一种胜负游戏，而且可以锻炼人的思维能力。所以我希望广州的棋童能够沿着正确的方向前进，不仅知道为什么学围棋，还应该体验到围棋的内涵，在人生的道路上全面发展。"夏睿这样说。

2018年10月14日，"雷欧时杯"广州第四届围棋团体联赛在海印广场隆重揭幕。这是广州业余围棋界一年一度的盛事，16支参赛队伍、185名参赛棋手真正覆盖了广州各个阶层、各种水平的棋手。

在16支参赛队伍中，羊城耆英队无疑是最引人瞩目的一支。这支队伍的组成人员全部年过六旬，其中年纪最大的甚至已过古稀。队伍发起人兼领队沈良标曾经是广州两大围棋名校——清水濠小学和育才学校的围棋"开荒牛"，为这两所学校围棋运动的发展做出了不可磨灭的贡献。

作为棋手而言，沈良标的水平不算出色。后来到海南做了知青，水平更是难有提高，直到1980年回城当老师，沈良标才慢慢开始恢复与棋友之间的交流。"1987年调去建设六马路小学，碰巧有两个老师也喜欢围棋，大家一拍即合，才开始尝试着搞围棋兴趣小组，没想到不久就拿了当时东山区的冠军。"据沈良标回忆，当时的广州还是"围棋荒漠"，一个区赛，参赛选手可能也就几十名。

建六小试牛刀成功后，沈良标对于在学校推广围棋信心更足。2001年调到清水濠小学后，他也决心让围棋之花在这所原本跟围棋全无关系的学校盛放。从那时开始，清水濠小学从一年级普及围棋课，围棋强校由此逐步发展壮大。

2008年，沈良标调到育才学校。这所学校与围棋毫无关系，一切又要重新开始。"我从校内挖掘了几个苗子，自己调教了一下，没想到马上就打进了区赛的前六，2011年育才学校就从一无所有打到了市赛的冠军。"

从建六小到清水濠，再到后来转战育才，沈良标的一路凯歌似乎是因为他可以挖掘出好苗子，但他自己认为，重要的是有没有认真去做这个事情。

"团体联赛第二届的时候，我因为去了温哥华没有报名参赛，只是去观摩了最后一场比赛。看完之后我就感叹，这样的围棋盛事，真应该参加一下。所以我就跟陈志良老师商量，不如明年我也组一支队伍参赛，全部都找'老嘢'（老人家）参加，陈老师当即就给我建议了几个人选，我们分头联络，队伍就这样组建起来了。"沈良标说到。

羊城耆英队部分队员合影

起初，沈良标拟定的队名是"广州元老队"。"梁锦豪老师（原广州市象棋协会主席、陈志刚棋友会会长）听了之后说，不如叫'耆英'啦！'羊城耆英队'这个名字就是这样来的。"沈良标回忆，"我们进队最基本的条件就是要60岁以上，参赛的口号则是'以棋会友，乐在棋中'。因为我们参赛并不是追求胜负，只是为了开心好玩，同时表示我们对围棋的热爱和尊重，为广州业余围棋摇旗呐喊，希望更多的人能关注这个比赛，并且积极参与进来。"

沈良标说：这些年来，他们这些老围棋爱好者是亲眼看着广州由围棋沙漠变成了围棋热土，心里尤为感慨。"现在整个广东省围棋搞得都非常好，特别是小学培训这块，很多棋院都出了很多力，围棋人做了很多工作。以前我也是做小学培训的，现在年纪大了不做这些了，但还是希望能为围棋出一份力。广州围棋越来越热，这样我们就开心了。"

羊城耆英队目前有10名队员，其中包括两位广州市20世纪80年代的"四大天王"——伍永平和赵志强。第三届围棋团体联赛，刚刚组队的羊城耆英队可谓大爆冷门，一举拿到了季军，伍永平还拿到最高胜率奖。一炮而红后，不少老棋友纷纷向沈良标提出加入队伍，于是羊城耆英队又新增了两名队员。"一个是梁兴华，以前一直是做裁判的，一个是葛振辉，今年刚退休，此外，原来的班底基本保留了。我们队中还有一个很老资格的，黄贤楷。其实楷哥自己非常想参加，是他儿子不让，因为他年纪太大了，他儿子怕他身体承受不住（比赛）会出问题。我就说不管那么多，你挂个教练的头衔吧。"沈良标说，羊城耆英队的入队标准很简单：首先年龄要达标（60岁以上），其次要对围棋是真的热爱。"进队之后我们是没有其他限制的，临时有急事来不了也很正常，不过有空的话，我们还是会建议大家尽量来，毕竟我们的目标是以棋会友，就算不上场也能跟大家聚一聚。"

第二节　立广州传承棋文化

"围棋不仅有它的竞技属性,更有它的教育属性以及丰富的文化内涵,是我国传统文化的一个重要组成部分。"容坚行老师这样说。

2005年5月7日,邓扬威等广州各界围棋和象棋爱好者在广州发起成立广东棋文化促进会,可以说这是一步很具有大局观的好棋。

听到"棋文化促进会"这个名字,大多数人可能会瞬间起疑惑:这个组织到底是干什么的?邓扬威老师说:"现代人对棋的关注、描述和古人不一样,现在棋已经被列入竞技体育的范畴,但古人认为竞技只是棋的一部分,它更重要的功能是修身养性,提升人的素质。"邓扬威解释道,"我们的促进会宗旨就是促进棋文化的发展,复兴中国棋文化,树立社会新风尚。"用最简单的话语来概括,就是让围棋回归本源。

旨在弘扬棋文化、促进国内和国际棋类交流的广东棋文化促进会,当天成立大会上,时任中共广东省委宣传部部长的朱小丹以及省市有关部门领导、社会各界名流等100多人到场祝贺。

朱小丹对广东棋文化促进会成立给予很高评价,他认为棋文化的发展和建设,作为建设广东文化大省这个大棋盘上的一颗棋子,将会发挥出重要作用,并将成为一个突出的亮点。大会选举朱小丹、陈祖德、王汝南为促进会名誉会长,容坚行为会长,陈志刚、王经纶、陈小奇、邓扬威担任副会长兼秘书长。随后又聘请了蔡东士和查良镛(金庸)为促进会名誉会长。

2009年2月28日至3月1日,由中国棋院、广东棋文化促进会和广州日

刘思明在中国棋文化广州峰会上致辞

报社联合主办的中国棋文化峰会在广州举行。此次棋文化峰会，是国内首次以"中国棋文化"命名的棋类峰会。

当天开幕式在广州新长隆酒店举行，蔡东士、许瑞生、刘思明、李春洪、陈祖德、王汝南、容坚行等众多各界嘉宾齐集，场面隆重热烈，诚可谓高朋满座，胜友如云。

一代围棋宗师吴清源向中国棋文化广州峰会发来了贺信。他写道："……巍巍华夏，泱泱大国，棋文化源远流长博大精深，我相信，在棋坛及社会各界翘楚的共同努力下，中国棋文化能够得到一次前所未有的梳理，并借此发扬光大，为中华文明增添新的光辉！"吴老对中国棋文化发展的一片殷殷之情，跃然纸上。

中国棋文化广州峰会邀请的嘉宾除了作为棋文化有力推动者的党政部门领导人外，还有社会各界名流，如世界华人围棋联合会会长、泰国正大集团副董事长蔡绪峰，著名的前足球运动员容志行，中国音乐家协会流行音乐学会副会长、广东流行音乐协会会长陈小奇，中南大学外语学院教授、著名棋文化研究学者何云波等。这些社会名人虽然界别迥异，身份不同，但有一点是完全相同的：都是棋迷，棋文化发展的有力推动者。

与以往任何一次棋文化活动不同的是，本次中国棋文化广州峰会别出心裁地选取了一只小白虎作为活动吉祥物。据组委会介绍，以这只小白虎做吉祥物有两层意思：一是出于形象上的考虑，围棋、国际象棋等棋种都如小白虎般具有黑白两种颜色；二是要为中国的棋坛健儿呐喊助威，2010年广州亚运会时正值中国虎年，希望中国棋手们虎虎生威，为国争光。

开幕式上，容坚行先生作为广东棋文化促进会会长代表各主办方致欢迎词。致词中容坚行先生这样说："志同道合的好朋友们相聚在一起，共同梳理中华文化中的瑰宝，博大精深、源远流长的中国棋文化，共同筹划中国棋文化向前发展的诸般宏图大计，不但是一件十分有意义的事情，同时也是一件使人十分快乐的事情，毕竟，棋文化也是棋的一部分，我们都'乐在棋中'啊！"

"中国棋文化广州峰会的召开只是一个开端——因为它是第一届，没有太多的经验可以借鉴，因此，包括在中国棋文化的梳理、研究、推广普及等方面工作的开展，也包括峰会相关活动的策划和举办等，都只是一个开端而已，在组织上和在运作上肯定有许多不完善的、不如意的、考虑得不够周全的地方，还希望各位好朋友多多包涵，多提宝贵意见和建议。"

容坚行继续说到："棋局小世界，世界大棋局，从文化角度的确可以作如是观。我们召开中国棋文化广州峰会，就是希望有更多有识之士从更广阔的视野上审视中国棋坛，以充分揭示棋所固有的文化内涵，使其为中国的棋类事业发展所用，进而为构建和谐社会所用，最终为兴邦强国所用——我是十分认同这样一个观点的：'21世纪将是文化的世纪，只有文化上的强国，才能成为世界上屹立不倒的真正强国'。"

国家体育总局棋牌运动管理中心主任、中国棋文化广州峰会名誉主任刘思明对峰会召开表示热烈祝贺，他在致词中讲道：

"中国棋文化博大精深源远流长。各朝代流传下来的有关文献——譬如'棋经'、棋局赏析、吟咏棋的诗词歌赋、以棋为内容的散文小说等浩如烟海，成为中华文化中的瑰宝。我们召开中国棋文化广州峰会，能够有效梳理中国棋文化这一瑰宝，使之发扬光大；能够使中国的棋类事业不仅向世人展示其体育竞技的属性，而且能向社会揭示其固有的文化内涵。"

陈祖德在峰会上赠书法作品

"中国棋类事业从竞技上看，近年来取得长足发展，今非昔比——譬如围棋，陈祖德先生说1961年一个名叫伊藤的五段日本老太太，居然可以横扫千军之势杀得我们的全国冠军手指发抖，老太太却轻摇纸扇，闲庭信步，真是让中国围棋蒙羞啊！这一页当然是永远翻过去了，如今中国是围棋强国，在竞技上不说是领先于老牌围棋强国日本及后起之秀韩国，起码也可说是三足鼎立，大家平起平坐了。"

"不过，中国棋类事业从文化角度看仍然存在很大的发展空间——这一点我们无须与国外比较，就与中国的古代比较，我认为也还是有差距的。毋庸讳言，今人更多的是从体育竞技角度来认识或认同棋的，而古人更多的却是从身心修养的角度来认识或认同棋的。审视二者的文化意味，今人似乎不及古人。正因为如此，我们要奋起直追，以多种形式——包括棋文化峰会这种高规格会议——来大力推动中国棋文化的发展，使今人对棋的认知水平更高、更深刻、更全面。"

"技进乎艺，艺进乎道，以此来理解棋坛，可把'技艺'理解为竞技层面的东西，而把'道'理解为棋的文化内涵。今天大家云集于此，为的就是研究中国的棋文化，求的就是棋中之'道'，这当然是非常有意义的。我真诚希望以本次峰会为起点，会有更多高规格的棋文化推广活动或会议，以延续、发扬光大中国棋文化的千年辉煌。"

随后蔡东士先生宣布峰会开幕。论文《棋、文化与生命的意义》获得本次峰会网络征文大赛金奖的象棋世界冠军金海英、获得银奖的胡煜清等选手登台领奖。

此次中国棋文化峰会的成功举办，一是借助国内棋坛高层管理者、著名棋手、棋文化专家学者、棋类有关机构负责人等的真知灼见，对中国棋文化做一次内容广泛的、高屋建瓴的、深入的探讨，以期有效地梳理中国棋文化资源，大力促进中国棋文化的普及和发展；二是从"城市以文化论输赢"的角度出发，在广州2010年亚运前夕为广州亚运做贡献，进行一次高规格"文化热身"，无疑能使广州亚运会办得更文化、更新颖、更成功。

此次峰会不仅设立和开展了棋文化理论研究、棋文化与社会互动研究以及棋文化市场推广研究等课题的研讨，而且还举办了棋坛名人与棋迷代表联欢活动，如名人三棋大赛，高手车轮应众等活动。峰会结束后，组委会把有关论文、照片、文件等，汇总编辑成一本《中国棋文化峰会文集》，公开出版发行，并在后续历届峰会中坚持完成该项工作，作为峰会宝贵的资料集成留存。

《中国棋文化峰会文集》封面

2014年11月，第二届中国棋文化峰会在广东阳江海陵岛举行，这届峰会研讨的主题是"三棋进校园"。峰会组委会展开了"三棋进校园""我心中的海陵岛"为题的征文活动，得到各界棋友，特别是棋文化界及教育界专家学者的广泛响应，共收到征文100多篇，其中不乏结构缜密、理论新颖、论据充分的好文章，为三棋进校园建言献策，为中国棋文化发展助力呐喊。

阳江峰会高峰论坛以"三棋进校园"为专门议题，邀请了全国教育专家学者，棋类有关机构负责人，各地大、中、小学以及幼儿教育的老师、校长前来参加。各地院校在高峰论坛上介绍了当地三棋进校园的发展情况，取得丰硕成果，同时也提出三棋进校园过程中遇到的困难以及有关制约因素，并提出具有操作性的解决方法。本次高峰论坛是全国第一个高规格的、以"三棋进校园"为主题的论坛，与会嘉宾金玉良言，各院校间深入交流，可以说为今后三棋进校园的开展提供了清晰的指引方向，使其真正发挥出强有力的推动作

阳江峰会开幕现场

用，为全面提升学生素质，进而提升国民素质做出贡献。

除进行三棋进校园高峰论坛外，大会还特意组织收集各地开展围棋、国际象棋、象棋三项棋活动的资料，以图文展览的形式将各地的三棋进校园丰硕成果呈现给观众。该展览的内容非常丰富，得到广大领导、专家学者及与会嘉宾的一致好评。

峰会期间，还邀请了由全国围棋报推选出的全国各地的200名围棋爱好者前往海陵岛参加这一历史性的围棋盛会，更请来了棋坛名宿、超一流棋手武宫正树先生及几位职业棋手，与棋友进行多面打围棋应众活动。武宫正树棋艺高超，为人极谦和，一众棋迷拿着棋盘及扇子请他签名，他来者不拒，恭恭敬敬地落笔；请他合影，他高高兴兴与大家合影；请他以多面打的方式辅导学棋的少年儿童，他也不辞劳苦，一丝不苟地对待。

"每次和小孩子接触交流，我都会很开心。看到他们天真烂漫的笑容，我是打心眼里感到高兴。"武宫正树下完车轮战后，一边擦着头上的汗珠，一边笑着从上衣口袋里拿出一块糖果，表情夸张地向记者展示："你们看，刚才有一位小家伙，看我累了还送给我糖果呢！"

2015年12月，第三届中国（阳江）棋文化峰会暨海上丝绸之路围棋文化节在21世纪海上丝绸之路重要节点——阳江市海陵岛隆重开幕。棋界各路精英荟萃，海上丝绸之路沿线，包括中国、俄罗斯、新加坡、泰国、马来西亚等十多个国家和地区在内的棋坛领袖、著名棋手，以及学界、商界、政界热心棋文化人士共赴盛会。王汝南、林建超、华以刚、柳大华、吕钦、许银川、李世石等纷纷到会，令冬日的海陵岛再次刮起"棋旋风"。

阳江峰会三棋进校园专题展览

峰会期间，举行了"海上丝绸之路棋文化论坛"、海上丝绸之路历史文化展、围棋世界行——围棋文化图片展览、首届"海陵岛杯"海上丝绸之路国际城市围棋邀请赛、第二届"海陵岛杯"全国名家围棋邀请赛等系列活动。还有"汉唐驼铃，宋明涛声"——海上丝绸之路名家历代围

武宫正树先生与棋迷互动中

棋诗词书法笔会，"享受阳光和海滩"围棋嘉年华大会活动，"海上丝绸之路与棋文化"论文获奖作品颁奖活动，中国围棋甲级联赛（广西—杭州），世纪棋战（中国象棋特级国际大师吕钦—许银川），中国象棋特级国际大师柳大华一对八的盲棋表演，围棋、中国象棋名家指导棋等系列活动。海上丝绸之路棋文化论坛、海上丝绸之路历代名家围棋诗词书法笔会、古今棋具展以及享受阳光和海滩围棋嘉年华等活动，于棋枰厮杀之外为峰会增添了几分优雅。

这次棋文化峰会和围棋文化节，是海陵岛大角湾海上丝路旅游区成功创建国家5A景区之后，迎来的首届高端体育赛事。业界人士认为，在我国实施"一带一路"发展战略的大背景下，阳江市委市政府突出自身特点，以海陵岛作为龙头，以棋为媒，以棋峰会造势，棋盘当"沙盘"进行精心部署，在打造海上丝路亮点上下出了"一招妙棋"。继成功打造风筝、书画、山歌等文化品牌之后，棋文化可望成为阳江文化发展的又一个亮点。

广东棋文化促进会会长容坚行说，世界级的棋文化活动为海陵岛注入了深厚的文化内涵。有旅游界权威人士认为，阳江在改造完善旅游发展硬环境的同时，正致力于提升软环境并且取得明显成效，这次棋文化高端赛事的举办，将为海陵岛聚集人气、克服冬季传统淡季影响带来新的景象。

通过棋文化峰会的举办，借助中国棋界的高层管理者、著名围棋大师、棋文化专家学者、爱好围棋的政界人士、知名经济专家、文化名人等"重

量级"人士的真知灼见和影响力，为"一带一路"建设和海陵岛旅游发展出谋献策、摇旗呐喊，加快海陵岛旅游经济发展。

2017年12月，第四届中国棋文化峰会在重庆两江国际影视城开幕。全国人大财经委员会副主任朱小丹，重庆市人大常委会原主任余远牧，国家体育总局棋牌运动管理中心主任罗超毅，中国围棋协会主席王汝南，棋圣聂卫平，日本棋手武宫正树、林海峰以及韩国围棋世界冠军徐奉洙等棋界名人纷纷到场助兴。

除举办"国运兴，棋运兴"主题棋文化论坛外，还举行世界华人和海上丝绸之路国家围棋邀请赛、全国名家围棋邀请赛、全国32强业余围棋赛、象棋大师蒙目指导棋和围棋大师多面打指导棋等系列比赛活动，并邀请俄罗斯、德国、意大利、塞尔维亚、乌克兰等海上丝绸之路沿线城市为主的国家和地区参赛。2017年中国围棋甲级联赛第25、26轮及闭幕式也与峰会同期举行。

中国棋文化峰会是弘扬中国传统文化、传播推广棋类运动、宣传区域价值的全国性盛会。围棋作为我国的传统国粹代表，也受到世界各国人民的热爱，本次峰会的举办地——重庆两江国际影视城，自然环境优美，影视城内古色古香的精美建筑、浓郁的传统文化氛围与水墨画般的自然景观融为一体，别具韵味。

重庆市政府把文化行业看成是未来发展的"必争之地"。两江新区已经

2017年第四届中国棋文化峰会开幕式现场

围绕"文化旅游服务业"布局：龙兴古镇留住了重庆600年来的明清风格，重庆两江国际影视城复原了抗战时期的老重庆，欢乐谷、玛雅水世界、际华园带来当前最流行、最刺激的娱乐休闲方式。这几大旅游休闲景区，再加上文化创意产业，如金山意库、重庆创意公园、国家

中国围棋协会主席王汝南在第四届中国棋文化峰会上致辞

（两江）广告产业园等文化创意产业园，共同构成两江新区在文化旅游产业的战略性布局。

中国棋文化（重庆·两江）峰会成为重庆市棋文化发展史之先河的一个规模大、规格高、内容丰富的棋文化盛会，达到以棋会友，以棋为媒，为重庆市打造高文化品位的形象，为最终将其建设为国际旅游城市增砖添瓦。

中国围棋协会主席王汝南表示，作为一个常来重庆的老围棋人，自己对重庆日新月异的发展感到由衷的欣喜。他说，两江新区一直重视文化体育事业的发展，峰会在两江国际影视城举办，将为两江新区营造浓厚的文化氛围，同时也必将对该区的文化旅游产业起到良好的促进作用。

棋圣聂卫平专程赴会并说道："在国家大力弘扬中华传统文化的背景下，棋文化峰会的成功举办是助推我国中华传统文化发展的有力举措。正如陈毅元帅曾经期盼的那样，'国运兴，棋运兴'，如今中国围棋不仅已经在竞技层面重新领跑世界，而且在全民健身和建设健康中国的道路上扮演着日益活跃和重要的角色。"

广东棋文化促进会策划、发起和组织如此丰富多彩的棋文化峰会活动，其宗旨就是要弘扬中国传统文化、传播推广棋类运动。不过精彩活动的背

后，也饱含着无数热心人士的默默付出和无私奉献。广东棋文化促进会秘书长邓扬威老师感慨地说："如果没有各位领导的大力倡导，如果没有各界热心人士的积极支持和参与，没有策划和执行十分得力的团队，承担和完成如此千头万绪的峰会组织工作是不可能的。"

而且，必须指出的是广东棋文化促进会在历次峰会活动中，没有动用国家一分钱，全部是通过自筹来解决资金问题，也就是人们常说的"自带干粮修水库"。单单是重庆两江峰会，包括会前的新闻发布活动，容坚行老师已经是先后4次赴重庆两江新区，调研、协调、商讨和参与落实峰会各项相关事宜。"亲力亲为、事无巨细的工作方式也许正是孙乐宜市长言传身教的传承吧。"容坚行先生这样说。

除了主办多次中国棋文化峰会之外，广东棋文化促进会多年来还发起并组织了许多棋类赛事、论坛和相关文化活动。赛事方面如参与承办2013年"珠钢杯"和2015年"金龙城杯"世界围棋团体锦标赛、六届广东少儿三棋百杰万人大赛、省干部企业家围棋联谊赛、广州市业余围棋团体联赛、广州新春围棋象棋邀请赛、华南业余围棋争霸赛等。

2012年方圆岭南棋文化节上，邓扬威老师主持了中国围棋文化高峰论坛，广东省社科院文研所副所长柯可，中南大学教授、著名棋文化专家何云波，中国围棋协会主席王汝南，著名国学研究专家尹小林，北京师范大学文学博士邱运华，广东棋文化促进会会长容坚行等棋界人士和嘉宾出席并现场发表演讲。

2012年，广东棋文化促进会第二届会员大会上，选举出的促进会领导机构中，容坚行任会长，陈志刚、邓扬威等任副会长，大会还选举了广东美术家协会主席、广东画院院长许钦松、广东书法家协会常务副主席兼秘书长纪光明、广东流行音乐协会会长陈小奇等广东省美术、书法、音乐方面的领军人物为名誉副会长，这样，广东棋文化促进会就更丰富了"琴棋书画共冶一炉"的意义，力量因此更强，更能够动员各界为棋文化献计献策，为建设文化广东做出贡献。

2016年3月5日，广东棋文化促进会第三届会员大会暨2016年"八雅会杯"广东新春围棋象棋邀请赛在广州棋院举行，来自广东各地的近百名会员参加本次大会和比赛。大会选出广东棋文化促进会新一届领导机构，容坚行担任会长，陈志刚、许银川、邓扬威、王珺、孙洪、梁锦豪、柯可、彭平、梁国德、陈潮广、晏明春、张明亮、张辉任副会长，邓扬威兼任秘书长。

到2019年，广东棋文化促进会已经连续发起和主办了5届中国棋文化楹联大赛，"美育立德树人，传承中国棋文化"就是其中第五届赛事鲜明主题，包含棋类在内的中国传统四艺，是中国传统文化中的智慧结晶，蕴涵着无限哲思及无穷美妙的变化。经过5届中国棋文化楹联大赛，已经征集到相关楹联作品超过1万件。

以下选录历届中国棋文化楹联大赛获奖作品，与读者分享：

第一届中国棋文化楹联大赛：
一等奖：（两名）
（一）咸丰收，男，山东
楸枰持一角，便可横刀立马荡风云。且看他兵来将挡、虎斗龙争；且看他东巡西讨、南战北征；出神入化衍玄机，胜负无非兼半壁。

方寸列三军，无非悦性怡情开智慧。但任尔武略文韬、雄才霸气；但任尔剑胆琴心、高怀逸趣；博古通今涵雅量，须史便可冠千人。

（二）魏艳鸣，女，南京
楸枰一局，自有仙家布阵，国士谋篇，美当年樵斧山前，君臣湖上；韵致千秋，依然智者独钟，达人共爱，看今日亚洲对弈，世界聚焦。

第二届中国棋文化楹联大赛：
优秀下联（一名）：马志成，男，山西
上联：布局自堂堂，守角筹边，破空活地，一着机先堪载谱；

优秀下联：对枰长落落，藏锋示拙，敛气静心，三思谋老可修身。

自撰联
一等奖（两名）：

（一）张德新，男，黑龙江
日月出心中，两篓山河装黑白；
方圆归掌上，一枰经纬结风云。

（二）林美珍，女，福建
地以之方，天以之圆，一盘世事方圆里；
气之以动，道之以静，万象人生动静中。

第三届中国棋文化楹联大赛：
一等奖：（两名）

（一）作者：朱志华，男
下棋明世事，有大眼光，不因小局妨全局。
运笔似人生，是真手段，善处藏锋与露锋。

（二）作者：郭德萍，女
一子为全盘，死生莫为无名恼。
个人从整体，进退须从大局观。

第四届中国棋文化楹联大赛：
优秀下联奖：（一名）
郭彦波，男
千帆竞发，丝路围栏，届远无限通四海；

九域复兴，邦邻友好，棋新一局惠多边。

自撰联
一等奖：（两名）

（一）田伟，男
由丝路开枰，谋篇布局，一盘下满环球，问谁先落子？
携梦怀启碇，破浪乘风，四海结成益友，看我正扬帆！

（二）温聪平，女
五通中与外，丝路相联，互利共赢圆好梦；
一弈古而今，眼光独到，深谋远虑活全盘。

第五届中国棋文化楹联大赛：
一等奖：（两名），由山西的范青山、山东的刘润泽获得，两人作品分
别是：

时代呈新局，世界一盘棋，落子在先，开枰不负真才智；
思维改旧观，人生千个梦，修身乃上，育美更期大作为。

放迹弦琴翰墨间，达意而歌，小道原来存大道；
陶情画本棋枰处，收心以砺，愚怀每况见虚怀。

就如陈毅元帅所说，"中国绝艺，源远根深"，广东棋文化促进会起步
扎实，力求行稳致远，就让那浪花涛涛的珠江水，来见证广东棋文化促进
会前进的步伐吧。

第三节　办亚运花城棋运盛

2010年11月12日，第十六届亚洲运动会在广州隆重开幕，在这次盛会上，围棋、象棋和国际象棋被列入比赛的正式项目，这也是三棋项目第一次进入国际综合性运动会的正式项目。

这届广州亚运会三棋项目共设9枚金牌，围棋：男子团体、女子团体、混合双人；国际象棋：男子个人、女子个人、男子团体、女子团体；中国象棋：男子个人、女子个人，可以说是三棋运动历史上的又一次综合、全面的盛会。

这次亚运会三棋比赛场馆与别的竞技项目体育场馆不同，安排在新落成的广州棋院。广州棋院建在广州市白云山下麓湖旁，大隐于林，可以称得上是世界一流棋院，它极大地提升了广州文化软实力，也必将成为广州一张响当当的文化体育新名片。

白云山坐落在广州市北部，距离市区约6公里，山区面积28平方公里，它的最高峰摩星岭海拔382米，是广州市的最高峰。每当雨过天晴，山上白云缭绕于青山绿水之间，景色秀丽，由此得名白云山，白云胜景之"白云松涛"于20世纪60年代被评为新羊城八景之一。

白云山自然资源丰富，山上绿化覆盖率达95%以上，被誉为广州的"市肺"。白云山还有十分浓厚的文化积淀，最早可追溯到山北黄婆洞的新石器时代史前文化遗址。唐宋以后，陆续有苏轼、韩愈等著名文人登山，吟诗作赋，他们的诗文寓情于物，成为岭南宝贵的精神财富。

随着广州城市规模的日益扩大，白云山已渐渐被市区包围，成为人们闲时休憩、度假游玩的好去处。

而麓湖则是白云山南端的一处清静之地，依山傍水，景色优美，花香阵阵，鸟声啾啾，一派自然风光，为纪念人民音乐家冼星海而建造的星海园，也坐落在附近。

为迎接亚运会而新建的广州棋院，坐落于美丽的白云山脚下，静静的麓湖之旁，不能不说是广州棋界乃至亚洲棋界之福。

棋院的大部分都保留了自然生态绿地，采用传统岭南建筑中常用的轻巧通透的艺术手法，而且结合了丰富的园林空间设计，这里有遮阳外廊，有落地玻璃，搭配植物，给人以传统与现代相结合的美感，被称为"最具文化气息的亚运场馆"。

广州棋院的设计者华南理工大学建筑学院教授郭谦介绍，精巧细致是岭南文化与棋牌文化的共同特色，这一特色就蕴藏在棋院的许多设计细节当中。赛事大厅的天花板采用网格设计，看起来像是围棋的棋盘，回廊、棋室挂着古色古香的宫灯，拉门的把手都带有岭南印刻。整个建筑群结合地势建造，高低错落，体现"天人合一"的思想境界。

"棋院的建筑很简洁，你见到的不是一个五彩缤纷的世界，没有喧闹的

广州棋院鸟瞰图

广州棋院内的休息室

广州棋院内的比赛房间

色彩和形式。"相关人员介绍说，一切以简单为主，尽管是岭南风格，但都抽象其中，令其有些时代感，不会有传统岭南建筑繁复的雕梁画栋，非常素雅，外动内静，营造出一种庭院深深的情境。

不仅建筑简洁雅致，整个棋院也返璞归真，除必要的疏散广场和少量硬质活动场地外，大部分均保留自然生态绿地，同时借鉴岭南建筑轻巧通透的特点及丰富园林空间的设计特点，通过遮阳外廊、落地玻璃、飘篷构架、植物搭配等设计手法，形成热压引导气流穿越建筑内部空间，达到建筑群体生态高效的节能环保目的，除A、B区这两个比赛大厅外，其余主要建筑空间均无须采用中央空调。另外，两个主要比赛大厅通过设置高窗及采用中空LOW-E玻璃，能隔热隔噪音。

"白云山下麓湖旁，虽然不是最大的棋院，但确实是最好的棋院，建筑与自然合二为一"，当时身为广州棋院院长的容坚行，十分自豪地这样说道。

2010年10月6日，在广州棋院举行的围棋演练赛圆满结束，此次比赛是借国家围棋队成立55周年活动举办的，陈祖德、聂卫平、王汝南、华以刚、罗建文、马晓春等32位棋手参加此次混双比赛。

20天后，广州亚运会三棋比赛圆满结束，那一刻容坚行和整个棋院团队如释重负，心中充满了自豪和喜悦之情。

时光回到三年前的 2007 年，那时的容坚行正在忙于东湖棋院发展的各项琐事当中。市体育局领导前后三次找到他，希望容坚行能够回到行政单位，全面负责担当起广州棋院的紧张筹建和广州亚运会三棋比赛的组织工作。

"说实话，当时的我内心非常纠结。一来，我已经下海多年，不知道自己是否还能习惯和胜任体育局的行政工作；二来，当时距离广州亚运会开幕只有短短两年多时间，而新棋院选址、建设、人员组织、项目调度、各方协调等相关工作千头万绪，实在是对精力和体力的巨大挑战。"容坚行回忆起当时的情况这样说。

直到 3 个月后，市体育局领导感人至深的那句话，"建设广州棋院是广州棋界几代人的梦想啊"，这句话终于彻底打动了容坚行。"是啊是啊，建设新的广州棋院，的确是包括孙乐宜市长在内的广州棋界几代人为之努力和奋斗的方向啊！这个事情上我义不容辞。"

在亚运项目广州棋院的选址、筹建、设计和建设全过程中，都得到时任广州市委书记朱小丹、广州市市长张广宁、副市长许瑞生等领导和政府各部门的全力关心支持和直接指导。

在此后无数个忙忙碌碌的日子里，项目建设者、无数的棋界人士和热心人们付出了辛勤的汗水，短短两年多的筹备时间转眼过去，新建的广州棋院拔地而起，以崭新的面貌和独具的岭南特色，迎接来自亚洲各地运动员和朋友们的到来。

2010 年广州亚运会比赛，让围棋、象棋、国际象棋在亚运会历史上首次实现了"三棋全会"。广州亚运会是广州棋类运动发展的一个新的历史拐点，"三棋"的受欢迎程度借助亚运会的东风，被推向一个新的高度。

在这次亚运会围棋比赛中，韩国队包揽 3 个项目的金牌，而中国队则是三连亚，单从比赛成绩来看，应该说是小有遗憾，不过赛事进行的整个过程依然是跌宕起伏，精彩纷呈。

赛前，韩国队参赛名单敲定后，韩国围棋的亚运健儿们在主教练梁宰

男团决赛第一台，古力（右）对阵李昌镐（左）

女团决赛第一台，芮乃伟（左）对阵李玟真（右）

豪的带领下从8月份就开始了各种集训，为提早适应亚运村环境，大伙儿被拉到集训点同吃同住，钻研围棋之余还要通过登山、水上运动等来增强团队合作精神。再加上喊口号拉标语，以及梁宰豪"不拿金牌就跳海"的军令状。比赛大幕未开，韩国队备战工作似乎已经领先其他各队。

在惊心动魄的男子团体决赛中，以古力领衔的中国队虽然最终负于李昌镐领军的韩国队，但是第三台的孔杰九段迎难而上，发挥出色，以一个淋漓酣畅的完胜，再次战胜韩国李世石九段，还是令现场众多中国棋迷稍感欣慰。

1956年，在吴南生同志关心下，曾经成立广州棋艺社，社长为杨官璘，副社长为陈松顺。同时成立了当时国内最早的《象棋》月刊社，出版《象棋》月刊，主编为杨官璘，副主编为陈松顺，这也保证了当时著名棋手的生活问题和象棋活动的开展。1982年广州市体委正式成立具有行政管理职能的广州棋艺社，第一任社长为陈松顺。

历经几十年的风雨历程，广州棋艺社于2005年改名为广州市棋院，2007年更名为广州棋院，广州棋院的每一个点滴进步都凝聚着包括孙乐宜市长在内的前辈们和热心棋界人士们的努力和心血，在此也再次衷心地向

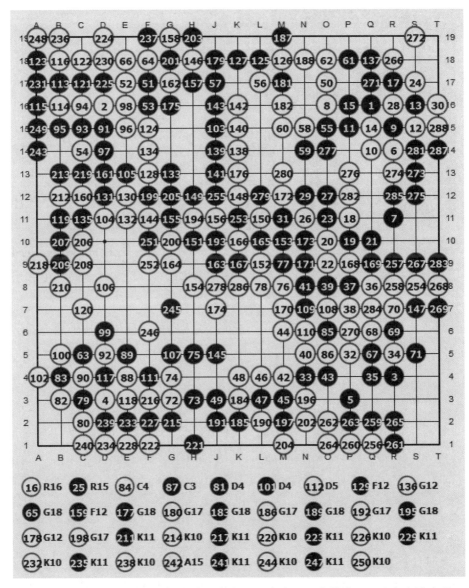

2010年广州亚运会男团决赛，孔杰执白288手中盘胜李世石

他们致敬！

　　广州棋院在完成广州亚运会的比赛任务后，还举办了多次棋牌文化节及相关活动，包括各种棋牌赛事、茶艺表演、围棋礼仪交流、自由对弈聚会等，另外还开放了中国棋文化精粹馆。

中国棋文化精粹馆

2013年5月19日上午，位于白云山脚下的广州棋院热闹非凡。广州市副市长王东，中国围棋协会主席、广东棋文化促进会名誉会长王汝南，中国流行音乐学会常务副主席、广东棋文化促进会名誉副会长陈小奇等众多名士聚集在一起，为该院的中国棋文化精粹馆举行隆重的揭匾仪式。

牌匾系一块由中科院鉴定为4万多年的古木，"中国棋文化精粹馆"由国学大师饶宗颐先生题写，由广州版画会主任、著名木雕大家尹秋生篆刻。

了解饶宗颐大师的人都知道，这位国学大师的学问成就几乎涵盖国学的各个方面，且在抚琴、写字和画画方面颇有造诣，但鲜有人听说过饶老下棋，四艺"琴棋书画"中唯独缺"棋"。

不过，饶老的"棋缘"在2009年初的时候种下了，而为他种下"棋缘"的便是容坚行。当时，作为广东棋文化促进会会长同时也是广州棋院院长的容坚行负责筹建广州棋院，棋院同时也是2010年广州亚运会棋类比赛场馆。当时他就考虑到广州棋院亚运会后的利用问题，提出了广州棋院在后亚运时代不应只有风景优美、建筑超群的外表，更应该有能展示棋文化源远流长的"棋魂"，于是在筹建时就留了一块重要的地方作为棋文化博物馆。

时任广州市委书记的朱小丹对此也十分关注，并建议展馆"由小到大"，从围棋和象棋的文化做起，馆名也先叫"中国棋文化精粹馆"，等到将来馆藏全面丰富时再称为博物馆。在定下这个馆名后，容坚行第一时间就想到了饶宗颐大师。"无论是学界还是坊间素有'南饶（宗颐）北季（羡林）'之称，饶老是公认的仅有的国学大师，且他在琴书画方面也有很高的造诣，又是广东人，又能跟'棋'结缘，如果能请到饶老来题名，那是最合适不过了。"看着中国棋文化中的又一瑰宝展现在世人面前，时任广州棋院院长的容坚行是别样的激动："这4年来我们的努力没有白费，这将在我们国家的棋文化事业上留下重重的一笔！相信也让饶老的'琴棋书画'的四艺'功德圆满'。"

容坚行当年在接受记者采访时这样说道："陈祖德先生于去年去世了，他在推动我们棋类发展方面有突出贡献，那么我们该如何纪念他，该如何将他的优秀东西传承下去？他临终前托付给我收集了57年的棋类剪报，我们把这些展出在精粹馆里，让大家在了解他的同时，也了解到中国的棋文化。"

20世纪90年代初，容坚行在北京筹建中国棋院，曾长期住在中日友好围棋会馆内。当时的各项工作非常繁忙，忙到没有时间吃饭，经常是几串烧烤或一根熟玉米就是一餐。陈祖德陈老看在眼里，经常邀请容坚行去他家里吃饭，而且怕容坚行这个"老广"不习惯家里饭菜的口味，就要求夫人彩娟每星期都换一个新菜色，回想当时的情景，容坚行内心总是充满了温暖的回忆。

"陈老和我其实1964年就已经认识了，当年廖井丹同志率领访日代表团计划访日，因中日当时尚未正式建交，代表团需途经广州由香港飞赴日本。时任广州市委书记王德同志，亲自接待了访日代表团，并热情款待了全体代表团成员。"据王汝南回忆：王德书记还送给代表团成员岭南佳果——新鲜荔枝，味道上佳，印象深刻。

"年轻时的陈祖德非常喜欢喝啤酒，可是当年即使在广州也并不容易买到，陈祖德就拜托容坚行等小兄弟去买啤酒，如此一来二往，大家很快熟悉起来了。时光飞逝，半个世纪的时间匆匆过去，几

陈祖德赠予广州棋院容坚行院长的"围棋剪报"

十年里，我们曾经一起训练、比赛，一起带队、出访，共同面对过许许多多工作中遇到的艰难险阻，他总是给以我兄长般的关怀，我们也是像战友一样长期相互依靠和相互支持。"容坚行这样说。

2011年1月，陈老被确诊原来治愈的贲门癌转移为胰腺癌，随后入院接受手术，手术成功的陈老重新与病魔搏斗。

1980年，36岁的陈祖德患了贲门癌，这是胃癌的特殊种类。在病床上，陈祖德写下了后来获得人民文学奖的《超越自我》。《超越自我》面世后引起轰动，国内很多报纸连载，电台的小说连载节目也开始广播。通过收音机，无数国人听到陈祖德的人生传奇，更被他的精神感动。

30年后，陈老的癌症从贲门转移到胰腺，而这一次支持陈老与癌症作斗争的精神支柱，就是整理出版14集之巨的《中国围棋古谱精解大系》，他的目标是在当年10月完成这部巨著，可惜的是，陈老在与病魔抢时间，最后还是差了一集才出齐。

临终前他嘱托著名围棋国手刘小光帮助自己完成心愿。刘小光说："陈老的棋以凶狠著称，每一步棋总是要下得很'撑'，都要拼到底，这次他能以那么羸弱的身体，扛了近两年，靠的就是这种精神。陈老的最后一手棋便是14本《中国围棋古谱精解大系》的编写，写书和照顾家人是他坚强活着的最大动力。"

2012年5月，容坚行去医院探望陈老时，《中国围棋古谱精解大系》已出了6集，第7、8集也已送到出版社审校。10月3日他再去探望陈老时，书已出到第8集，9—11集已送去出版社。编写这一鸿篇巨制，陈老聘请了两名助手，一个职业棋手负责技术，另外一名负责文字。容坚行每次去探望陈老时，陈老首先和他说的总是围棋，谈得最多的就是他的围棋古谱整理解说的进度。陈老病床旁的茶几上总是放着一副便携磁性围棋，只要觉得自己的精神稍有好转，陈老就会抓紧时间编写著作。

病中的陈老十分乐观，每天都坚持下床散步锻炼，陈老还笑着说："我身上挂满了各种输液管，别人都开玩笑说我像一只八爪鱼在散步。"陈老所有的精神寄托就是完成《中国围棋古谱精解大系》并出版，他还说到与自己同患胰腺癌的乔布斯："像乔布斯这样的人都走了，但我还在，我还能坚持。"一周之后，陈老出院回家休养，在家的一个多月里，陈老一边写书一边治疗，到7月底，陈老病情加重重回医院。

2012年10月8日，容坚行到北京探望陈祖德返穗后的第五天，他接到陈祖德在病床上打的电话，在电话里，陈老用清晰而又颤抖的声音说："我这有剪贴收藏的围棋剪报一共四大箱，从1955年至2012年我已经剪了57年，今年剪下来的我已不能整理了，你应该理解，这些剪报是有价值的，我送给你，你尽快将这些资料带回去。"听到这里，电话的另一边，容坚行情不自禁，热泪夺眶而出。这是陈老一生的心血，这些超过半个世纪的围棋剪报凝聚了陈老一生的追求。

这些剪报，包括当年中国的围棋大师顾水如先生授4子指导少年陈祖德的棋谱，此外还有陈老青年时代在日本与自己的偶像吴清源的对弈棋谱和比赛报道等，足见其珍贵。

逝世前的最后几天，陈老还在打着点滴整理棋谱，这种为中国的围棋事业奋斗终生的精神令人敬佩。无论是57年收藏围棋剪报的坚持，还是在病房里埋头整理书稿的执着，陈老的行为都让人深深感动。陈老的《中国围棋古谱精解大系》是围棋界宝贵的文化财富，比这更宝贵的是陈老留给后人的精神财富。

这30年大家看到的陈老都是仙风道骨，但他年轻时又白又胖，接近一米八的身高，体重超过90公斤，外表温文尔雅，但内心刚强无比。青年陈祖德血气方刚非常好胜，号称"拗手瓜"棋界第一人。1974年，陈祖德在成都实现了围棋三连冠后，喝得酩酊大醉几乎耽误了颁奖，当时喝的是白酒，用的可是碗。

1973年，国家围棋集训队重新恢复，陈老是队长。曾在国家围棋队的老队员至今仍称呼陈老为"队长"，陈老也很喜欢这一怀旧而又亲切的称呼。陈老和容坚行的深厚情谊也体现在对广州棋院的题字上，陈老仅用3天就将"广州棋院"的题字快递到了，后来在广州见到容坚行还说，自己题过无数字，最有意义的要数广州棋院了。陈老后来还专门打电话给容坚行，请他提供当时自己在广州棋院牌匾前留影的照片，要将这一照片放进自己编写的《中国围棋古谱精解大系》中。

2012年11月1日晚8时45分，中国围棋泰斗陈祖德在北京协和医院逝世，享年68岁。陈老历经半个多世纪的围棋剪报，永远地收藏在了广州棋院的中国棋文化精粹馆内。

第四节　会羊城五洲一盘棋

　　2013年12月19日，"珠钢杯"第一届世界围棋团体赛在广州盛大开幕。这次大赛是广东棋文化促进会策划发起，并与中国围棋协会和广州市体育总会主办的一项全新赛事，赛事由实力雄厚的广州番禺珠江钢管有限公司独家冠名赞助。

　　说到赛事全新可不是虚言，来看看具体的赛事安排就明白了。首先，考虑到当时世界围棋个人赛制有6个之多，这些高额奖金的比赛虽然也有对业余棋手开放的预赛，但归根结底是职业比赛，而且基本上是中、日、韩三国棋手竞技，参赛面很窄。比赛形式也雷同，基本是单淘汰赛制，比赛的同质化非常严重，缺乏鲜明特色。

　　新创办的"珠钢杯"世界围棋团体赛则以新思维闯出一片新天地，冠亚军决赛采用"三人集体研究"赛制，这是前所未有的创新赛制。此外，此次赛事参赛队伍之广，明星棋手之多，为围棋的全球化推广、赛制创新以及探索人类围棋技艺极限等方面都做出了有益尝试。

　　赛前的新闻发布中，容坚行院长表示，此次赛事从筹备开始就确定3个目标：一是要能代表世界围棋最高水平；二是要办成职业与业余爱好者交流的聚会；三是要邀请更多洋棋手来广州参赛，以达成"分享东方智慧"的大赛口号。

　　这次大赛，中韩最高水平的棋手齐聚，最终中韩的种子队与外卡队包揽四强，充分反映出两国代表当时围棋的最高水平。

　　值得一提的是，平时很少甚至根本没有机会参加世界比赛的普通棋手

法国爷爷迎战中国女孩

也可以参加比赛，在这项团体比赛的赛场上与职业棋手甚至偶像棋手面对面切磋与交流。比如韩国的曹薰铉、李昌镐，日本的武宫正树、小林光一、赵治勋等。而且赛制兼顾公平和效率，从而在围棋向世界传播与普及推广上起到了其他围棋世界大赛难以起到的作用，首届"珠钢杯"世界围棋团体赛堪称2013年世界围棋的一次盛典。

从参赛队伍来看，有19个国家和地区组队参赛，范围遍及四大洲，特别是捷克、法国、德国、乌克兰、俄罗斯、罗马尼亚这些来自欧洲的队伍，队员清一色的欧洲本土棋手，他们虽然在棋力上无法与东亚职业棋手抗衡，但他们展现出了自己的实力，在棋盘对抗战有输有赢，他们对围棋的喜爱，渴望提高棋艺的心情更是给人们留下了深刻的印象。

就世界围棋总体态势来说，缺的不是顶尖水平的职业比赛，而是能为传播推广留下巨大空间、竞技文化相结合的创新赛事和活动，从而实现围棋赛事竞技与文化比翼齐飞。

另外，组委会专门组织创作团队，为大赛创作了一首主题曲《弈》，并拍摄了MV，同时，在开幕式上由著名模特兼歌手苏思蓉进行演唱，这也是围棋比赛历史上首次有了主题歌，此歌曲也在棋界和社会上得到传唱。

词作家苏虎在歌词创作中，牢牢把握住围棋文化的沉淀与厚重，从内容上表现的是棋局中人各种下棋和生命的状态，实则是看透世事，明心见性，超脱敌我成败的一种人生境界。弈，不是捉对厮杀，而是人生态度的交流与沟通，其中胜与败都是得到，歌词充分体现了围棋高、雅、慧、和的意境。

作曲家高翔在编曲中用流行音乐的手法融入中国古典音乐元素，曲风大气唯美，娓娓道来。随着音乐的韵律，很快就将人带到歌词的意境中。《弈》的演唱者湖北姑娘苏思蓉，气质极具中国风，加上她特有的嗓音，将歌曲演绎得淋漓尽致。主题歌MV的画面风格恢宏、古朴，充分体现出围棋文化的源远流长，表现了古老东方智慧。

《弈》这首歌现已成为广州世界围棋团体赛的固定主题曲，在2015年年底的"金龙城杯"第二届世界围棋团体锦标赛开幕式上演唱了此歌曲。

弈

演唱：苏思蓉　　作词：苏虎　　作曲：高翔

抚一曲高山流水，

邀三五知己相随，

鞠个躬，坐相对，清茶几杯，

半颗子，一盘棋，吾心已醉。

看满天雨斜花飞，

品一夜手谈几回，

方寸间，大世界，千古智慧，

谁能解，黑与白，人生况味。

酒酣再下一局棋

人生难得痛快一醉，

棋罢不管人世换，

千山远，情永在，我心扉。

清坐独与君相对，

知音能有几多位，

局里局外情无限，

胜与败，来与去，都很美。

研习书法多年小有成就的赞助商、番禺珠江钢管有限公司董事局主席陈昌，专门为赛事书写了"棋开得胜""棋高一着""棋乐无穷"三个横幅，在开幕式上分别赠送给主办和承办单位。

中国围棋协会主席王汝南非常认可此次创新赛制，他表示，中国围棋目前处于最好的发展时期，但围棋的发展不仅体现在竞技层面，还要传承其独特的东方文化底蕴，围棋最终还要回到大众中去。

日本棋界的超级人气偶像，三位超一流棋手武宫正树、小林光一、赵治勋非常享受比赛的过程。小林光一说，首届"珠钢杯"世界围棋团体赛决赛采用三人讨论，同下一盘棋，有新意，很想尝试，三人商讨可以避免昏招，不过年轻棋手实力已经非常强大，赢他们还是一件很难的事情。

武宫正树表示，决赛赛制很有趣，看棋的人也会觉得很过瘾，但是下棋的人恐怕不好过，考虑到棋风的关系，三人一起讨论太混乱了。他非常喜欢这种全世界棋手聚集在一起的氛围，能够和其他国家的棋手一起交流、下棋，很开心。

武宫正树还说到，他个人不太喜欢中韩年轻棋手的下法，虽然他们胜率很高，围棋胜负固然占了很大比重，但还有更为深奥的东西值得挖掘，比如艺术性，现在的中韩棋手下得都太实战了。

赵治勋（左二）妙语引发吴肇毅（右一）等大笑

赵治勋先生则幽默地说，最大的收获是跟武宫正树、小林光一的关系改善了，以前和他们关系很差。他认为赛事真的很好，因为围棋的个人比赛很多，但团体赛事很少，有时候自己赢了，但全队输了，比自己

广州市市长陈建华（前左）致敬3位日本老将

输了还难过，这种喜悦和沮丧一起分享是个人赛里无法体会到的。

和韩国外卡、日本种子队一样，日本外卡队3个台次也是按年龄由长到幼排列。排位赛第二轮，3位日本老将遭遇中国新锐世界冠军组成的种子队。3场老少对决棋风也相近，颇为有趣。宇宙流对阵棋风同样奔放的时越，小林流对阵均衡的周睿羊，钻地鼹鼠遭遇同样善于治孤的陈耀烨。3位日本老将年龄分别为63岁、61岁、57岁，面对比自己小三四十岁的年轻世界冠军，交锋的结果其实并没什么悬念，但其间的一个个瞬间却令人动容。

赵治勋在后半盘惊觉失误后，有"老顽童"别号的他捶胸顿足，攥紧拳头不停敲打脑袋，用日语和韩语责骂自己，局后与陈耀烨复盘良久。

武宫正树负于时越后，仔仔细细复盘长达2小时。时越表示武宫先生前半盘大局气势很强，只是后半盘的计算……

小林光一也与周睿羊复盘良久，周睿羊通过孙远三段翻译说，自己从小打小林光一老师的棋谱，是自己的偶像，希望能签名并合影留念。小林光一听罢感叹一声惭愧。

3位老将通过外卡参赛都很期待，格外珍惜难得的代表日本出战的机会，赛后长时间的复盘，作为前辈仍向对手使用敬语，最后还要借棋盘抱

黑嘉嘉关注棋局中

回下榻的酒店，求道精神令人敬佩。

要说此次赛事最受欢迎的人物，黑嘉嘉肯定是其中之一了。不管是相貌还是棋艺，都是棋迷们围追堵截的"女神"。常常眼看到了吃饭时间，还有大批的粉丝在等她的签名，女神也非常有耐心，她始终面带微笑，一一满足大家的签名和合影请求。

在资格赛首轮，代表澳大利亚一台出场的黑嘉嘉遭遇中国外卡队一台——帅哥世界冠军古力。黑嘉嘉执黑先行，开局阶段并不落下风，但随着棋局进入后半盘，双方实力上的差距逐渐显现出来，古力也没有对美女留情，将差距越拉越大，最终中盘获胜。

资格赛，围棋世界里传统的黑眼睛、黄皮肤棋手遭遇金发碧眼的有力挑战。排位赛，群星璀璨，中国常昊、古力、孔杰、陈耀烨、时越、周睿羊六大世界冠军同时出场，韩国曹薰铉、刘昌赫、李昌镐等天王携崔哲瀚、朴廷桓、姜东润三大强手出阵，还有日本3位超一流同场献艺，的确是星光熠熠的盛会啊！

半决赛没有悬念，中韩种子队战胜各自的外卡队，挺进决赛。2013年12月25日，首届珠钢杯世界围棋团体赛决赛在广州棋院举行。本次决赛，由中国种子队时越、周睿羊、陈耀烨对阵韩国种子队姜东润、崔哲瀚、朴廷桓。采用3名棋手集体研究，共下一盘棋的赛制，对选手和媒体都是一次全新的尝试。

决赛的这种比赛形式是世界棋类竞赛史上首创的，由双方各自在房间内集体研究然后派一名代表出招，这种新颖而另类的比赛形式是广东东湖棋院副院长、围棋总教练吴肇毅九段提出的。曾任国家少年队教练的吴肇

首届"珠钢杯"世界围棋团体赛嘉宾与部分棋手合影

毅认为，只有这一形式才更能体现团体竞技的本质。围棋本身是很个人化的竞技项目，以前所有团体赛都是以个人成绩来计算团体成绩的，难以真正体现团体竞技的特点，如果能采用"比赛双方各自在房间内集体拆棋研究然后由一名代表出招"的形式，不但能大大提高棋局的质量，也能真正体现团体比赛的性质，同时也能为比赛与广大棋迷之间进行各种形式的互动留下广阔的空间。

对此，容坚行介绍说，中国队棋手对这种在决赛才采用的比赛形式都表示接受，因为事前吴肇毅已征求过大家的意见。有人可能会觉得，这种集体研究的形式实际上到头来是棋艺最高的说了算，其实这种担心大可不必，集体研究的结果一定比单打独斗强。吴肇毅在论坛上当即作了补充说明，他认为，棋手组队时就要讲究互相之间的配合和风格特点，这与之前那些以个人成绩计算团体成绩的团体赛的组队方式不太一样，这也是这项比赛的亮点之一。

容坚行表示，世界围棋团体锦标赛将办成竞技与文化高度结合的赛事，竞技与文化交相辉映，并借此良机向世界宣传正在不断进步的广州，向世界介绍推广广州独特的"广府文化"。世界围棋团体锦标赛将来必定是一个向全世界职业与业余棋手开放的公开赛，即使不是抱着夺取名次而来，在广州也会大有收获。

决赛上午9点正式开始，王汝南主持双方的猜先仪式，结果韩国队猜中黑棋。随后6位棋手跟随裁判分别来到自己的研究室。陈耀烨、周睿羊与朴廷桓经常在网上交手，彼此都非常了解。开局双方的下法都比较正常，黑棋厚实，白棋实地较多。中国队由陈耀烨落子，韩国队由朴廷桓落子摁钟，三位棋手综合讨论。韩国3位棋手的棋风比较相似都是力战型，所以配合起

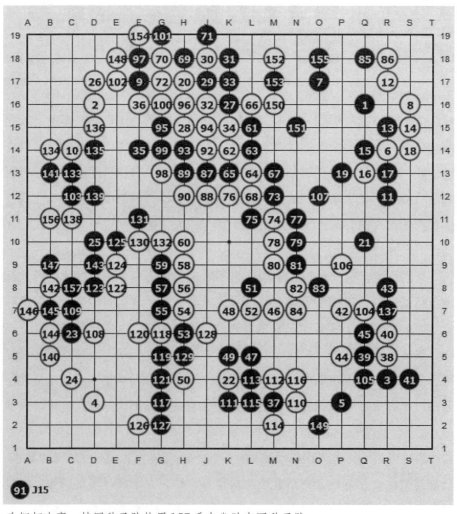

珠钢杯决赛，韩国种子队执黑157手中盘胜中国种子队

来相得益彰。

中国队白棋第38手靠入右边黑棋模样，拉开了中盘战斗的序幕。之后的一系列战斗，双方势均力敌。中央白棋第58手退，让韩国队松了口气。上边战斗，白棋66手本意是试黑棋应手，结果遭到黑棋反击，实战双方各围各空。从最后的结果来看，白66似乎是白亏了一手棋，虽然黑棋空里有很多味道，但黑棋可以暂时不补，这下黑棋优势的局面渐渐明朗了起来。

首届"珠钢杯"世界围棋团体赛决赛现场

3人讨论的对局，很难出现明显的失误，尤其双方还都是顶尖的世界冠军级棋手。落后之后，想扳回的一方需要付出很大的努力。不过中国队没有放弃，实战在黑棋左边拆三，下边拆二里狠做文章，把局势搅得有些混乱。可惜对手3位韩国的世界冠军滴水不漏，中国队始终没有看到逆转的机会。最终棋局进行至157手，中国棋手投子认负。韩国种子队获得冠军，中国种子队获得亚军。

韩国种子队获得本届比赛冠军

三、四名决赛，古力胜曹薰铉，常昊胜刘昌赫，孔杰胜李昌镐，中国外卡队3

八国获世界围棋文化推广奖

比0击败韩国外卡队，中国外卡队获得季军。

首届"珠钢杯"世界围棋团体赛的成功举办，对加速围棋在世界范围普及推广，对旨在挑战人类围棋思考深度和竞技极限进行的全新赛制尝试，无疑都是积极的和值得肯定的。

2015年12月16日，"金龙城杯"第二届世界围棋团体赛在广州白云宾馆隆重开幕，这是广东棋文化促进会继成功举办首届赛事后的再次发力。

出席开幕式的有：国家体育总局棋牌运动管理中心党委书记杨俊安，广州市副市长王东，中国围棋协会主席王汝南，棋圣聂卫平，中国围棋协会副主席华以刚、林建超、刘思明、雷翔，广州市体育总会副主席李志强，番禺珠江钢管有限公司副总经理梁强，国家围棋队领队华学明，欧洲围棋协会主席马丁，广东棋文化促进会会长容坚行以及18支参赛队的棋手等。

当天开幕式上，广州市副市长王东、国家体育总局棋牌运动管理中心党委书记杨俊安、珠钢副总经理梁强致辞。

广州市副市长王东向为赛事辛苦付出的各方表示感谢，赛事的成功举办离不开投资商的大力支持，特别感谢独家冠名赞助商番禺珠江钢管有限公司董事局主席陈昌、副总经理梁强。

国家体育总局棋牌运动管理中心党委书记杨俊安在致辞中表示，2013年珠钢杯首届团体赛取得很大成功，赛事的创新受到很大赞誉。金龙城杯第二届赛事一如既往重视创新。体现在以下4点：一是集思广益的赛制，3位棋手共弈一盘棋，在正式世界大赛上是具有开先河的赛制。二是世界各地业余棋手有机会与超一流职业棋手同台竞技。三是使众多围棋名人与世界冠军参与赛事，代表当今最高水平。四是挑战吉尼斯纪录，"最强大脑"鲍云将口述坐标与5位棋手进行盲棋多面打。比赛的创新之风不但能够在国内起到带领作用，还能使围棋在世界范围内觅到更多知音，让不同肤色、不同语言、不同信仰的人通过围棋分享东方智慧，感受中国传统文化的独特魅力。

番禺珠江钢管有限公司副总经理梁强代表广东珠钢投资管理有限公司向世界各地棋手表示热烈欢迎。珠钢对国际化发展与文化产业的高度重视，向世界传播东方传统文化，是应该承担的社会责任，珠钢连续赞助世界围棋团体赛，就是希望为世界围棋文化的发展实实在在做点事情，让更多的人关注围棋，体会到围棋的文化内涵。希望广州的明天因为金龙城的出现而更加完善，世界的明天也因为我们的出现而更加美好。

开幕式上，杨俊安、聂卫平、王汝南、李志强、梁强、马丁6位嘉宾一同上台，手扶大屏幕上虚拟棋盘的天元，启动本届赛事。

随后的精彩节目包括歌手演唱大赛主题曲《弈》、特色舞蹈《墨舞》、岭南特色粤曲《白龙关》。

"金龙城杯"第二届世界围棋团体赛以"分享东方智慧"为主题，有着宽广的格局和巅峰的高度，它不单纯是一次高水平的围棋竞技赛事，更是一场与世界分享棋文化的盛会。

"分享东方智慧"是"金龙城杯"的口号也是目标。"金龙城杯"强调竞技与文化比翼齐飞，赛事组委会认为中国围棋目前处在历史上最好的发展时期，但它的发展不仅体现在竞技层面，还应体现在它深厚、独特的东方文化底蕴的传播上。"金龙城杯"的举办能让更多的人了解围棋、喜爱围棋，觅到更多知音，让世界上不同肤色、不同语言、不同信仰的人通过围棋感受东方智慧，感受中国传统文化的独特魅力。

来自全球15个国家和地区的18支代表队同场竞技，共享文化和视觉盛宴。广州东湖棋院作为赛事的合作方，具体承办了此次赛事。

正是：问渠那得清如许，为有源头活水来。此次赛事在大赛的赛制创新上更进一步，为更好地体现公平性、多样性和趣味性，也更加重视团队力量的比拼，这届比赛自半决赛直至决赛，将沿袭上届决赛赛制，两队各居一室，互不相望，3名棋手研讨每一步棋，力求体现3人集体综合实力、合作精神及决策智慧。

各队参赛阵容强大，包括中国棋圣聂卫平，世界冠军常昊、古力；日本超一流棋手小林光一、赵治勋、王立诚；韩国李世石、崔哲瀚、朴永训等皆以外卡身份上阵。风头最劲的柯洁、时越，韩国朴廷桓、金志锡、李东勋等纷纷披挂上阵。

大赛过程跌宕起伏，高潮不断。排位赛中，香港队一台号称"香港神童"的陈乃申业余六段四分之一子胜日本依田纪基九段，爆出本次比赛最大的冷门。

1993年出生的陈乃申当年22岁，早在11岁时便是香港棋界众人皆知的神童，业余六段。2009年曾获世界业余围棋锦标赛和韩国国务总理杯季军，是他的最好战绩，2010年陈乃申代表香港参加广州亚运会。

本轮比赛陈乃申对阵的是被称为"老虎"的昔日日本天王依田纪基。

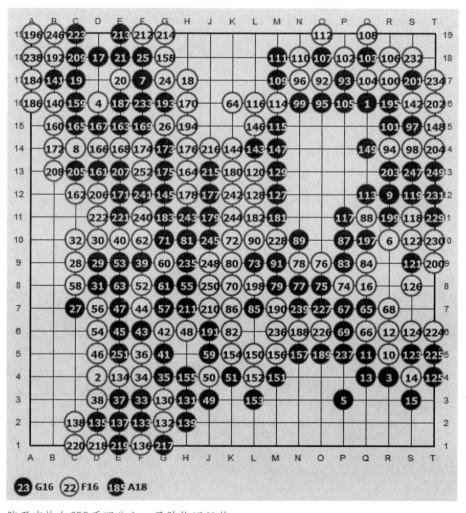

陈乃申执白252手四分之一子胜依田纪基

依田纪基成名很早，在中日围棋擂台赛时便崭露头角，多次夺得日本头衔战冠军，在首届三星杯中夺冠成为世界冠军，还拿过应氏杯和富士通杯的亚军。不过现如今，年近50岁的依田竞技状态也是每况愈下，不复当年之勇。

聂卫平对弈中

陈乃申赛后透露："自己此前曾到上海和李家庆老师学过几年棋，包括'小扁担'布局，但之后的比赛是否会继续采用，还说不好。对依田纪基老师这盘棋赛前没有特别准备，我是觉得对阵谁都一样下。最后能赢依田纪基老师非常开心，是第一次正式比赛赢职业棋手。依田纪基老师可能赛前轻敌了，布局下完我有优势，但中盘依田纪基老师的功力就出来了。后面官子是细棋局面，我当时已经数不清了。我收了最后一个官子，数完棋赢了半目，喜悦之情已无法用语言形容。"

聂卫平因病未能参加2013"珠钢杯"首届世界围棋团体赛，这次金龙城杯赛事他如愿参赛，再现当年风采，坐镇第一台击败了郑弘、陈诗渊、小林光一三地高手，与韩国外卡队李世石同取三胜。

上午比赛中，聂卫平迎战代表澳大利亚出战的郑弘九段，执黑中盘大胜，状态很不错。下午比赛，台北陈诗渊执黑先行，四处求战，聂卫平见招拆招，局势不落下风。后半盘的战斗愈发激烈，黑棋实地压力很大，置大龙断点于不过，猛抢官子。聂卫平算清劫材和死活，果断扑劫，陈诗渊顾此失彼，黑棋空里出棋，难以为继。最终本局聂卫平中盘获胜，击败了年轻自己一半多的强劲对手。

排位赛第五轮，聂卫平与小林光一这对当年第一届中日围棋擂台赛上的老冤家，时隔30年，再次赛场上狭路相逢，聂老发挥近乎完美，再次奋勇胜出，怎不叫人击节叫好！

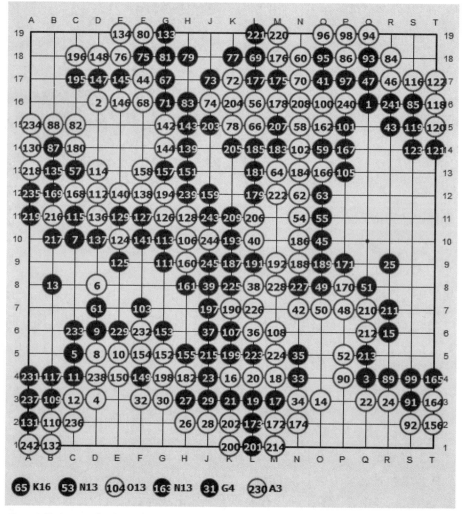

聂卫平执白245手二又四分之一子胜小林光一

备受关注的德国小伙乔纳斯·威尔迪克业余五段与"老虎"依田纪基对局。乔纳斯执黑以"七七"开局，行棋奔放，面对依田纪基依然故我，勇气可嘉。笔者自忖：乔纳斯莫非想在棋盘方寸之间，演绎出广州市花红棉，勇攀枝头的盛景吧。"老虎"见状毫不示弱，愤然落子"七十"位，随后双方在棋盘当空竞相落子，天马行空极具视觉震撼力。到了短兵相接自然是依田纪基更胜一筹，德国小伙惨遭屠龙，赛后透露了自己如此开局的缘由，原来并非来他酷爱的动漫《棋魂》，而是向师父所学。

12月22日，"金龙城杯"第二届世界围棋团体锦标赛决赛，由中国种子队柯洁、时越、周睿羊执黑对阵韩国种子队朴廷桓、金志锡、李东勋组合，两队阵容在本国排名甚高堪称豪华，中国3位棋手恰好位居三甲。中韩顶尖棋手研讨共弈的巅峰对决，自然引人注目。

猜先的结果是中国队执黑先行，对此中国种子队感到不太如意，因为目前风头无两的中国等级分第一高手柯洁向来"执白不败"。半决赛中国种子队也是以"相谈棋"的形式对阵韩国外卡队，结果猜先猜到白棋时全队都笑逐颜开，与决赛形成鲜明对比。

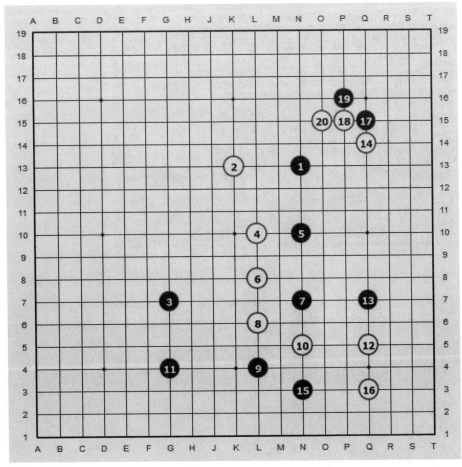

乔纳斯执黑对依田纪基

中国种子队

韩国种子队

战至中盘，中国队形势不差，按中国队总教练俞斌的判断，黑棋充分可战。柯洁也认为，如果此时的局面让他选择，他愿意是拿黑棋的一方。但到了后半盘，形势变得异常复杂，中国队在优势意识下下得有点松，最为致命的是，3人都没看出右边一块棋有被对手劫杀的危险。待到被逼屈服后手补棋时，上边已大损，原来的优势荡然无存，中国队陷入苦战。最终，经过近9小时鏖战收完所有官子，中国种子队以四分之一子的最微弱差距不敌韩国种子队。韩国种子队成功卫冕，又捧走了200万元冠军奖金。

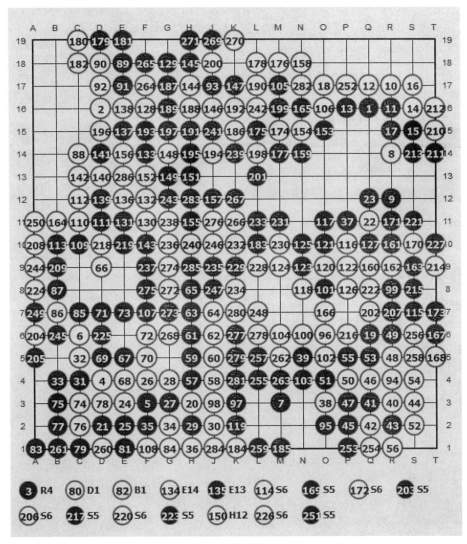

韩国种子队执白四分之一子胜中国种子队

12月19日晚，闭目运动世界巡回表演赛——东湖棋院挑战吉尼斯世界纪录荣誉专场在广州白云宾馆圆满结束，鲍橒六段成功完成围棋盲棋多面打1对5世界纪录挑战赛，获赠吉尼斯证书，中国的围棋项目首次写进吉尼斯世界纪录，赛场爆发出雷鸣般的掌声。鲍橒在采访中表示，10个小时的挑战并没有想象的那么累，还没有达到自己的极限。

常昊说：鲍橒的盲棋这么厉害，肯定是有自己先天的独到之处，但现在能一对五，也会有很多的训练。闭目运动、盲棋可以为视力障碍者提供些帮助，增加快乐，很有意义。古力则说：鲍橒能达到这样的高度，从某种角度来说，比我们职业棋手要更难，所以很钦佩他。

吉尼斯证书赠予鲍橒

"金龙城杯"第二届世界围棋团体赛在广州的成功举办，体现了围棋竞技与文化比翼齐飞，让更多的人了解围棋、喜爱围棋、觅得知音，让世界上不同肤色、不同语言、不同信仰的人们通过围棋感受东方智慧，感受中国传统文化的独特魅力。整个赛事期间，全国超过50家主流和专业媒体到场采访并进行报道。

亲眼见证了如此丰富多彩围棋赛事和文化活动在广州成功举办，容坚行老师深情地回忆到：30多年来，赞助和支持广州围棋事业的企业和单位很多，比如珠江钢管有限公司、广日电梯、青旅同城、广汽集团、长隆集团、四洲集团、广药集团、诗尼曼家居、合生地产、富力地产、方圆地产、珠光集团、广州兴华制药、广东迈特兴华药业、白云国际会议中心、尚道国际、颐和天健，等等。

"金龙城杯"第二届世界围棋团体锦标赛上嘉宾们合影

这些企业和单位有些赞助了世界围棋团体锦标赛、世界业余围棋锦标赛、中日围棋擂台赛，有些冠名赞助支持广东、广州围棋职业甲级、乙级队，有些赞助支持在广州举办的全国、省市围棋比赛，有些赞助支持在广州举行的中国棋文化峰会、棋文化论坛等棋文化活动，还有些赞助支持过省市青少年儿童围棋赛事和围棋爱好者赛事活动。应该说，没有这些企业和单位的大力支持和热心赞助，就没有广州围棋蓬勃兴盛的发展和绚丽多姿的今天。

第五节　兴产业城市互通联

很长时间以来，体育项目包括棋类项目的市场化、大众化和产业化一直是困扰相关业内人士的一个难题。业界有心人士也一直在思考和探索棋类项目市场化具体的实施路径和实施方式。

市场化运作的根本目标是盈利，如果没有盈利，投资得不到回报，只能说这个模式不成功。广州东湖棋院的建立和发展可以说是棋类项目市场化一个有效的尝试，经过多年培育和探索，结合棋类项目竞技性，发挥它的教育属性，发掘它的文化属性，不断探索中求发展，已经逐步实现从自给自足到发展壮大。

但是棋类赛事的市场化运作如何进行，除在少儿棋类培训这个领域，在其他方向上，很长时间业内都没有新的思路和实践突破。

容坚行回忆："2006年左右，广西华蓝集团董事长雷翔来广州找到我，我们一起探讨过很多次，包括国内一些甲级联赛等重大比赛，能不能做一些市场化的运作。当时受一些原因的制约，很难在国家组织的比赛中进行民间的市场化运营，但我们一直在探讨，能不能把围棋比赛改成美国的NBA模式，扩大比赛的总体运作空间。"

"我和雷翔认识多年，他工作经验丰富，很有进取心。他在政府部门当过领导，在省设计院当过院长，有丰富的管理知识，而且是一位围棋爱好者。"

容坚行接着说："我和雷翔在相互探讨和沟通中，达成很多共识。要做成一件事，首先要有信心，相信它会成功，也就是中国人常说的符合大势，顺应天时地利人和；另外棋类赛事市场化需要创新的思路，它的基因是创新，生存靠创新，发展靠创新，必须不断求变，不断进步，才能成功。"

思路逐渐形成，只欠东风相助。2014年10月，国务院提出"简政放权，取消商业性和群众性体育赛事活动审批"，这使得商业联盟成为主办赛事的主体成为可能，棋类市场化和产业化也没有了最后一道障碍。

2015年1月，城市围棋联盟在广西南宁成立，在接下来仅仅3个月时间内，来自全国16个城市的18个投资主体加入联盟。联赛则由他们授权的城市围棋体育投资发展有限公司来运营，发展方向完全掌握在投资人手里，容坚行担任城围联理事长。

"2014年刚刚从广州棋院院长退休的我，心中仍牵挂和肩负推进棋类市场化的责任，这是棋界几十年来苦苦探索的大事，有机会我自然是义不容辞，坚决支持的。"容坚行这样说。

2015年6月13日，2015/2016赛季（首届）城市围棋联赛正式揭幕，18家俱乐部分为东部、南部、西北部3个赛区，开始为期4个月的常规赛与季后赛的角逐。

首届城围联，首先是赛制的创新，打造围棋NBA。传统的围棋比赛强调的是竞技，观赏性不强，观众的参与度不高。城围联在这方面动足了脑筋。

创新赛制，比赛采取接力赛的形式，一盘棋分为1至60手的布局阶段，61至141手的中盘阶段，142手以后的后盘阶段，每个阶段必须由3名不同的棋手完成。与此同时，各队教练有自由换人、暂停和场外指导的权利，队伍中还必须有女棋手。

除了赛制创新，城围联在现场还请来了青春靓丽的围棋宝贝，在暂停、换人期间表演热舞，这在以往的围棋赛事中更是见所未见、闻所未闻的。城围联还设想，以后还要逐步引入选秀制度、转会制度、经纪人制度，举办选秀赛、全明星赛、名人赛等众多衍生赛事。

不能不说，新颖的赛制加强了与赛事各方面互动性是关键，城围联使得围棋比赛以更加大众化的形式出现，和传统的围棋有很大区别，让棋迷乃至棋手的参与性都得到大大加强。城围联作为一个载体，让围棋真正地产业化、大众化、社会化运行，是一次非常大胆的尝试，组建联盟的18个投资者非常不容易，他们都是中国围棋产业化道路上的先行者。

2015年9月5日，中国首个全市场化运作的围棋赛事——城市围棋联赛常规赛闭幕战在广州棋院举行。来自北京、上海、广州、深圳、南京、成都、武汉、西安、长沙、昆明、贵阳、南宁、苏州、柳州、衢州、北海等16个城市18支城市俱乐部队伍进行了为期两天共三轮比赛。

开幕式上，华蓝集团董事长雷翔表示，广州是围棋名城，有发展围棋的优越条件、深厚的群众基础、庞大的围棋人口，有众多有影响的围棋活动，支持围棋发展的领导、企业家、媒体和社会人士，城围联常规赛闭幕战在广州进行，是城围联可以大众化、产业化健康成长的一个标志，同时也希望通过城围联大众化、产业化平台，为珠三角乃至全国围棋事业作出应有贡献，相信在大家共同努力和方方面面的支持下，城围联明天一定会更好，围棋大众化、产业化的明天一定会更好。

广州市副市长王东在致辞中表示，非常高兴在美丽的羊城迎来城围联常规赛闭幕战的举行，广州是体育名城，足球、羽毛球、乒乓球、击剑、跳水、田径等项目都不错，群众体育事业的开展和参与氛围也领先全国，国务院和广东省政府也出台了关于加快发展体育产业、促进体育消费的实施意见，广州将更大力度发展体育产业，并努力建设体育产业转型、升级示范市，力争当好现代化社会主义排头兵。多年来，在围棋界前辈和朋友们的大力支持下，我市围棋事业红红火火，承办了亚运会、珠钢杯、梦百合杯等赛事，培育了围棋产业化、大众化的土壤和环境，青少年赛事也办得红火。今天城围联这个创新的完全走市场化的赛事来到广州一展风采，和广州这个市场化程度较高的城市相结合，一定能相得益彰，也必将推动这项赛事和广州围棋事业共同迈上一个新的台阶，我们钦佩城围联勇于探索的精神，我们鼓励广州体育、企业、媒体界与城围联相互交流、相互促进，共同努力为围棋事业和体育产业的发展作出贡献。

中国围棋协会主席王汝南表示，两个半月以前，城围联在南宁举行常规赛的揭幕战，我国首个采取市场化运作方式的围棋赛事诞生，近3个月的时间内，城围联在十多个城市进行了7轮比赛，在棋界、商界、新闻界等方方面面产生了非常好的影响，谨代表中国围棋协会对赛事的成功举办表示热烈祝贺，对羊城主办方和承办方的精心组织和热情接待表示衷心感谢。国发46号文件发布后，我国体育产业发展迎来历史上最好的黄金时代，如何发展围棋产业，用围棋术语来说就是首先要做两眼，一个是要让赛事具有较高商业价值，另一个是让更多企业乐于投资这个产业。城围联把握住了这两点，他们进行了赛事创新、运营模式创新、商业模式创新，把围棋这项高雅的智力运动办得更有趣更热闹，让大众乐于参加，让企业看到了商机愿意加入，进入了可持续发展的阶段。最后，祝赛事圆满成功，祝城围联推动围棋的产业化大众化更上一层楼，祝各位棋友旗开得胜，祝各位棋迷其乐融融。

全国政协民族和宗教委员会副主任杜鹰，中国围棋协会副主席林建超、华以刚以及广东省体育局、广西壮族自治区体育局负责人，赛事主办方负责人城市围棋联盟理事长容坚行等各界人士300多人出席。开幕式由著名美女棋手、深圳大学围棋教授徐莹五段主持。

在精彩的"鼓上舞"表演后，全国政协民族和宗教委员会副主任杜鹰宣布开赛，并与全国政协委员、原全国人大常委会预算委员会副主任黄建初，广东省体育局党组书记、局长王禹平，广西壮族自治区体育局副局长张冬梅，中国围棋协会主席王汝南，中国围棋协会副主席林建超，广州市副市长王东，城围联体育投资有限公司董事长雷翔分别在两侧手持红绸缎，在巨大的LED显示屏前合力拉开城围联围棋大幕，寓意

城市围棋联赛常规赛开赛仪式现场

城市围棋联赛广州赛会"棋"开得胜，容坚行高喊"城围联"，全场观众齐声呐喊"弈起来"!

在比赛第一天上午就体验接力赛乐趣的，是30多名来自广州市各个小学的小棋迷们。这是他们第一次参与围棋接力赛，限时、换人、教练场外指导、队员团体讨论等，这些城围联接力赛独创的内容都让小朋友们兴奋不已。来自民航小学四年级的张浩小朋友说："我觉得接力赛比两个人下更好玩，因为可以暂停，让我们思考。教练还会指导我们下一步怎样下才最好，这样我们就能学到更多下棋的技巧，进步更快。"

城市围棋联赛在正式赛事之间尽可能安排各种类型的围棋邀请赛、对抗赛。以社会名流、企业家组成的北京嘉宾北队南下广州，与在穗棋友进行了两轮对抗赛。个人赛嘉宾北队以5∶4获胜。5号下午举行围棋接力赛，由王汝南八段任教练的"中央军"再度击败由华学明七段率领的"粤军"。

中央数字电视天元围棋频道继城市围棋联赛揭幕战现场直播之后，移师广州，动用最新数字设备，采用4K高清电视对本次赛事进行全天电视直播，乐视体育同步直播。黄金搭档华以刚老师和徐莹五段联袂讲棋，为现场观众进行了长达3个小时的精彩大盘讲解，棋局暂停期间围棋宝贝奉献劲歌热舞，讲解过程中通过手机"摇一摇"抽奖活动，令全场气氛火到爆棚。

接力赛的乐趣也引来了"最强大脑"鲍橒的参与。盲棋多面打的世界纪录保持者，围棋业余六段鲍橒，携其新组建的闭目围棋队以戴面罩蒙目对弈的方式挑战广东棋迷。闭目围棋队另两名均为盲人棋手，一名是现旅居日本东京的盲人棋手汪德慧，业余二段，另一名是来自武汉的盲人棋手付鹏业余五段。广东棋迷的7支队伍分别是：由记者、编辑组成的《广州日报》围棋队、南方媒体围棋队，企业家组成的广州八雅队，来自深圳的瀚宇清源围棋队，广州爱好者组成的红棉围棋队、贝智围棋队、静力慧围棋队。

闭目围棋队在上午第一次亮相就中盘战胜深圳瀚宇清源围棋队，盲棋多面打世界纪录保持者鲍橒才智超群，一人承担队员、教练身份，指挥闭目围棋队取得开门红。在下午的比赛中，闭目围棋队再接再厉，执白中盘战胜红棉围棋队。盲人棋手汪德慧先生说，他下棋时感到很紧张，因为他从来没有在大型赛事中比赛过，更没有与队友们并肩作战过。他非常珍惜这样难得的机会，希望今后还可以参加城围联赛事。《体坛周报》资深围棋报道记者谢薤感慨，盲棋能下接力赛并取胜健全人士，实在是不可思议。最终广州八雅队战胜两连胜的闭目围棋队获得冠军，静力慧围棋队获得第三名。

新奇、精彩的棋迷接力赛让广州棋院变成了棋迷们的欢乐海洋，各个棋队的队员有的跃跃欲试打头阵，有的稳坐钓鱼台当"军师"，棋局紧张时大家都把脑袋凑在棋盘上，下出妙手大家一齐欢呼鼓掌。在一旁观战的观众都表示，头一次见这么投入的观棋者，这么热闹的围棋赛。

9月6日上午，企业家沙龙——太平洋证券专场活动在白云宾馆举行，数十名企业家齐聚广州，共话围棋产业发展。截至目前，参与城市围棋联赛的人员达到3000人次，共举办36场赛事，4次分赛会，15个主场，国内主流电视媒体、平面媒体和网络媒体均大幅报道，直播转播、转载城围联赛事。太平洋证券投资部总经理杨航认为体育产业发展在资本市场中的机会显现，城围联创新模式和盈利模式值得重视。成都恒泰俱乐部投资人杨先蓉认为应尽力发挥城围联投资人平台价值，将赛事和活动打造成为企业家的乐园。上海银湾物业董事长胡祝帮提出：让城围联与老百姓的日常娱乐活动相结合，形成线上线下互动经营。现在，经过3个月来的实际运作，城围联已经呈现出利用自身去创造价值的良好发展态势。

9月6日下午，城市围棋联赛常规赛闭幕战在广州棋

城市围棋联赛2015—2016赛季常规赛赛事活动现场

院全部结束，最终东部赛区的南京苏中建设队、长沙合和队、上海同湾队，南部赛区的南宁天元队、北海弈海清风队和西/北部赛区的西安秦岭队、贵安天元队、成都恒泰队携手进入八强，争夺冠军80万高额奖金。10月底，季后赛各队将以主客场方式进行最后的较量，在来年1月30号决出冠军。

9月6日晚上，城市围棋联赛2015—2016赛季常规赛闭幕战刚结束，城市围棋联盟与城围联体育投资发展有限公司召开会议表彰各俱乐部和个人。南宁天元俱乐部因在强手如林的城市围棋联赛中，克服重重挑战取得十连胜的辉煌战绩，表现出杰出的组织能力和突出的实力、定力、凝聚力，荣获全胜奖。

成都恒泰俱乐部投资人杨先蓉、广州桂邕辉俱乐部投资人张辉、《体坛周报》谢薮、中央数字电视天元围棋频道、苏中建设集团因在城市围棋联赛赞助招商、主场经营、媒体宣传报道、品牌建设等方面的工作荣获特别贡献奖。

城市围棋联赛自揭幕战启动开始，得到政界、棋界、企业界、新闻界的关注支持和积极肯定。广州市副市长王东表示，广州将更大力度发展体育产业，并努力建设体育产业转型、升级示范市，力争当好现代体育产业发展的排头兵。我们鼓励广州体育、企业、媒体界与城围联相互交流、相互促进，共同努力为围棋事业和体育产业的发展作出贡献。

中国围棋协会主席王汝南表示，城围联进行了赛事创新、运营模式创新、商业模式创新，把围棋这项高雅的智力运动办得更有趣更热闹，让大众乐于参加，让企业看到了商机愿意加入，进入可持续发展阶段。城市围棋联盟理事长容坚行认为，城市围棋联赛开了个好头，摆开了阵势，叫响了名声。他希望城围联能够成为各界社会贤达、企业投资人、围棋爱好者交流的独特平台，共同推动围棋产业发展，传承并弘扬中华围棋文化。

本次城围联广州赛会，把围棋的大众化作为普及围棋、推广围棋的主题。除了正式赛事，还安排了丰富多彩的赛事内容，包括围甲广西华蓝主场对珠海万山比赛、京穗嘉宾接力赛、广州少儿围棋赛、棋迷队伍围棋接力赛等，最强大脑鲍橒率领新组建的闭目围棋队出战棋迷接力赛，这也是闭目围棋队第一次亮相国内赛场。

2016年7月28日上午，广州体育产业资源交易平台正式启动，同时举行了首批合作项目签约仪式。城市围棋联赛成为广州体育产业资源交易平台重点赛事推荐项目，合作涉及赛事运营、招商和策划等多种交易类别。华智城围联体育产业股份公司张莉副总经理出席启动仪式并代表城围联签约。

京穗嘉宾对抗赛留影，左起为华学明、容志行、华以刚、容坚行

广州体育产业资源交易平台由广州产权交易所牵头组建，是华南地区首家市场化、专业化、国际化运作的体育产业资源策划、整合与交易服务平台。平台集"体育品牌策划+产业资源整合+体育项目交易+体育金融创新"四位一体，为提升体育品牌市场影响力，体育产业对社会资本的吸引力，加快体育产业社会化进程与创新发展提供服务。

鲍橒闭目围棋队亮相

回首之间，眨眼数年，城围联在人们眼前，完成了三级跳一般的进步，从第一年的18支俱乐部，到第二年的24支俱乐部，再到第三和第四年的32支俱乐部，遍及

广州体育产业资源交易平台首批合作项目签约现场

四大洲。

城围联参赛队之一，广州华夏汇队标

2019赛季（第五赛季）共有来自北京、上海、广州、深圳、南宁、澳门、台北、悉尼、大阪、曼谷、多伦多、新加坡、巴黎、洛杉矶等四大洲8个国家32个城市的32支围棋俱乐部参赛，教练、领队、队员等380余人。城围联每个赛季历时8个月，在国内外数十个城市举办比赛，现场观众达3万人次。城围联每年多次举办上千人参加的大型赛会，举办全明星赛、企业家联赛、主题论坛、明星签售、文艺表演、公益拍卖等丰富多彩的活动，已形成"城围联嘉年华"品牌。城围联将主场拓展到加拿大、法国、日本、泰国和新加坡等国家，增进了中外体育文化交流与合作。城围联已经成为世界上覆盖区域最广、参与人数最多、竞技水平最高、互动参与性最好的围棋联赛。不经意间，城围联这棵幼苗，已经茁壮成长为参天大树。

城围联18家法人股东联盟，覆盖文化传媒、设计咨询、建设施工、运营管理、地产开发、互联网开发、投资经营等行业和领域，联盟成员企业年产值总额超过600亿元。

城围联不仅注重围棋赛事，同时具备开发互联网应用产品、衍生产品、建设智力运动文化综合体等全产业链的多元盈利模式，而且效果已经初步显现，这让投资者对城围联今后的发展和运营团队更有信心。

城围联也为投资者提供了宽广的合作平台，为城围联内部各企业之间、企业家之间，建立起人际交往和业务往来的沟通桥梁。

应该说，目前的城围联只是围棋和棋类赛事市场化起步，它的目标是实现自身造血功能，能够长期可持续发展。

城围联一直在探索一种合适的盈利模式，当盈利模式成熟后，联赛运营公司即可在资本市场开展融资，进一步加大对联盟宣传、明星打造、网络运营和地产开发的投入，创造更高的经营业绩，最终实现上市。

城围联的目标，概括说是"赛事大众化、棋手商品化、运营企业化、组织联盟化"，看似高大上，其实简单说就是老百姓能够体会到棋趣，棋手能实现自身价值，投资者能够得到回报。

所有的盛大背后，总有一步步踏过的小径，所有的天作之合之前，也必定有种种关联默默建立的时分。珠江水流淌，和围棋一起，从远古到未来，熙熙攘攘的人们享受着围棋带来的快乐。

城围联就仿佛是围棋棋盘上那纵横的棋路，它把看似不相关联的黑白棋子有条不紊地联系在一起，布下了通向胜利的精彩棋谱，也把世界各大洲看似远隔千里的城市紧紧联系在一起。

第六节　穗儿女海外传棋声

　　2013年第四届苏州穹窿山兵圣杯世界女子围棋赛，如约在金秋的吴中第一峰穹窿山落子，在参加比赛的16名女子围棋高手中，有一个似曾相识的名字，她就是代表美洲的美国棋手陈婉瑜。比赛中虽然首轮就负于上届冠军李赫，不过故友重逢，享受纹枰对坐的乐趣，相信陈婉瑜此行的收获一定是充实与丰富的吧。

　　陈婉瑜赴美前生活在广州，早年学棋时曾经是广州青少年业余围棋学校鼎鼎大名的"八大金刚"之一。陈婉瑜读小学时就开始参加围棋课外活动，进步神速。1965年8月代表广东省参加在成都举办的十省市少年儿童围棋赛，获得女子少年组第四名。同一时期，陈婉瑜还曾代表中国出战到访的日本妇女围棋代表团。

　　1983年陈婉瑜怀揣与围棋的不解之缘到了美国。2006年8月，全美围棋协会举办第廿二届国际围棋公开大赛，来自加州湾区的陈婉瑜参加男女混合赛，与南加州年仅13岁的男童唐隶斯并肩合战群雄，勇夺冠军，并于当年11月代表全美参加日本第十七届国际业余围棋混双大赛，与世界各国高手对垒。

　　除此之外，陈婉瑜还曾经获得2002年、2010年全美围棋混双冠军，代表美国赴日本东京参加第十三届、第二十一届国际业余围棋混双锦标赛。2008年10月，陈婉瑜代表美国女子围棋队，参加了在北京举办的第一届世界智力运动会。2012年，陈婉瑜代表美国围棋队参加了在巴黎举办的第二届世界智力运动会。2017年12月，陈婉瑜代表北美围棋队参加了在中国淮

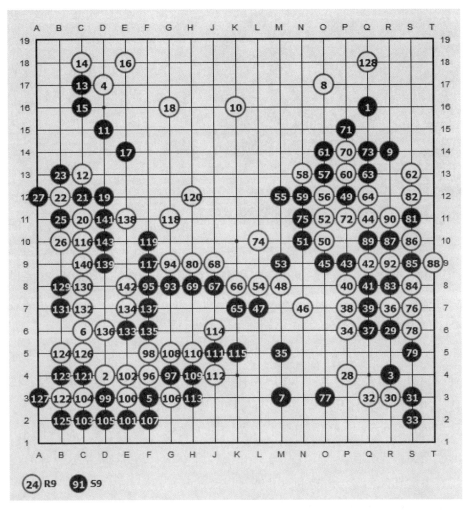

李赫执黑143手中盘胜陈婉瑜

安举办的国际智力运动联盟智力运动精英赛，获得女子个人快棋赛第六名。

陈婉瑜现为美国华人文坛历史最悠久有40余年历史非盈利团体敦风文艺诗画琴棋社的优秀成员。陈婉瑜说，在361粒棋子中，一子也不能行差踏错，她在旧金山湾区各校教授成人及儿童围棋，还在敦风文艺免费教授围棋，开展各类围棋推广和普及活动，发扬中国传统文化，促进中国国粹发扬光大。

与陈婉瑜类似，目前旅居美国从事围棋推广普及的，还有来自广东的

陈婉瑜在美国幼儿园教授围棋

女棋手林雪芬。林雪芬1973年3月26日生于广东肇庆市，原广东省棋队队员，职业初段，现旅居美国洛杉矶，一直在当地从事围棋教学推广工作，举办各类成人与青少年的围棋比赛，组织发展俱乐部活动并活跃于各种国际围棋交流赛事中。

2001年林雪芬获得新奥尔良围棋公开赛冠军，2003年获Cotsen杯围棋公开赛冠军。2005年8月林雪芬参加了在西雅图举办的"美国围棋公开赛"，从470多名来自全球的高手中脱颖而出，获得总冠军。

2019年5月，吕皓钧/林雪芬获得2019国际智力运动联盟世界大师锦标赛围棋男女双人赛第八名。2019年林雪芬代表洛杉矶队参加"城围联"比赛，2019年12月林雪芬获"东盟杯"国际围棋邀请赛女子个人冠军。

2001至2020年期间，林雪芬在美国作为老师义工，连续参加了十几年的"全美围棋大会"教学工作。她在洛杉矶举办了多年具有华人口碑的传统赛事"郑氏杯"公开赛和少儿赛，以及"双王杯"和"超级星"等新兴赛事。林雪芬组织和参与了每周定期的俱乐部活动和不定期的围棋派对，还协助举办每年春节期间固定在洛杉矶的"四海迎春"庙会上与爱好者们以棋会友等活动。

林雪芬在美国几乎游历和居住过所有的大中城市，她走到哪里，就把围棋的普及和推广工作带到哪里，她是名副其实的围棋文化使者。

洛杉矶帕萨迪纳围棋俱乐部，林雪芬在这里执教多年，培养指导了一批又一批围棋爱好者。在美国，围棋爱好者大多数是博士、大学教授、企业家、商界翘楚，还有就是中日韩的学生。俱乐部坐落在一座大型超市的一隅闹中取静，颇有唐代诗人司空图"棋声花院闭，幡影石坛高"的意境。

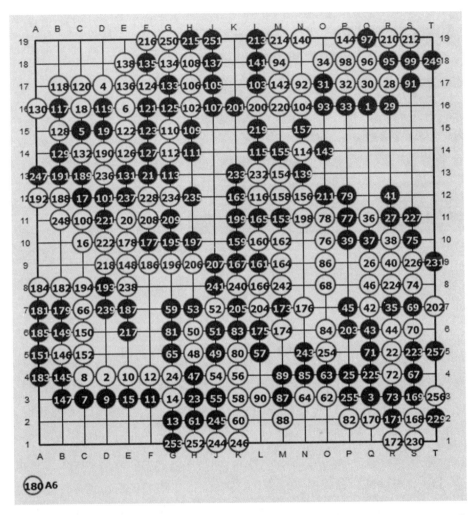

IMSA智运联盟世界大师赛女团第二轮，於之莹执黑257手中盘胜林雪芬

林雪芬说，围棋的最高境界是"和"的精神，蕴涵着博大精深的儒家文化和道家文化，折射出整个宇宙的天文地理和人世间的沧桑演绎。她以为围棋从竞技角度上说是智慧角逐的成王败寇，而从文化角度上说是判断推理的哲学行为，同时在对局中所形成的物我两忘、超然事外的意境，更有利于我们对生命的追寻和思考。

旅居日本的苏耀国九段，自幼学棋时就展现出超乎常人的才气，学棋成长的道路上，他也得到冯曼、黄妙玲、容坚行、敖立婷等众多老师的关

林雪芬指导棋童们

心和指点，从这个角度来说，他无疑是非常幸运的棋手了。

苏耀国1979年9月生于广州，父亲苏雅中曾是游泳选手，母亲邓小怡曾是电力公司职员，现在他们都从事幼儿与少儿围棋教育培训。苏耀国在2003年24岁时获得日本围棋新人王头衔，这是他职业生涯中的第一个头衔，他也是第一位出身于中国大陆夺得头衔的旅日华人棋手。

苏耀国小时候，在广州市西郊游泳场当游泳教练的父亲想利用自己的特长培养儿子成为游泳健将，但很快就发现儿子并没有游泳天赋，却特别喜欢看人下棋，一开始是看人下象棋，后来是看人下围棋。后来苏耀国到少年宫学中国象棋时，正好教中国象棋的老师不在，于是围棋老师教他，在无意中给他创造了下围棋的机会。

"容坚行老师可以说是带我入行的，如果说我是他的入室弟子也完全正确。"谈到容老师，苏耀国不忘表达感激之情，"到了日本，我有什么喜事都是第一个就向容老师报喜，如我入段成功、拿到新人王头衔和升上九段等等"。

后来，广东队围棋女将敖立婷四段在日本留学，苏耀国也到了日本，那时是1991年9月，耀国才12岁。12岁到日本的苏耀国当起了日本棋院的院生，正好和当今日本最著名的棋手山下敬吾、张栩等人同期。按照规定，成为院生的苏耀国必须有一位监护人，于是敖立婷就拜托一位日本友人担当起这个责任，还成立了一个至今仍有固定活动的"苏耀国后援会"，给小小年纪就来到异国他乡的苏耀国提供了不少帮助和鼓励。在日本的最初几年，作为留学生的敖立婷一边要完成学业，一边要教棋，还要抽时间照顾苏耀国。

去日本那年，苏耀国就取得了51连胜的佳绩，并从E班升到A班。次年，他参加日本棋院入段战，却未能升段。到了1993年秋天，苏耀国以12胜5负、列第2位的成绩成功入段，成为职业棋手。入段后，他来到东京住在富田忠夫名誉九段家里。苏耀国说："在成为职业棋手的第一年，我的战绩是20胜8负，此后一段时期我的战绩也不错，比好友张栩还要好，但现在张栩已成为日本最厉害的棋手，我远远不及他。"

苏耀国在入段之后的几年却沉寂了，当时十六七岁的他开始在东京一个人生活，经常出去游玩，成绩也因此一落千丈。对此，苏耀国反思："当时我还像个小孩子，好友张栩那时也劝告我说'经常玩不行'，可是我经不起别人邀我去玩的诱惑。"20岁那年，苏耀国返回千叶县，外出游玩的机会减少了，训练量自然增加了，成绩也好了起来。

2003年，24岁的苏耀国在日本新人王战中一路击败了张栩、沟上知亲等年轻实力派棋手，过关斩将打入决赛，并以2：0击败对手藤进秀哉五段，夺得新人王冠军。苏耀国到日本12年后总算获得了一个头衔，昔日的天才少年可谓大器晚成。

苏耀国多次打进本因坊战循环圈，还差点获得本因坊挑战权，这都与他连续多年参加中国围乙比赛有莫大的关系。

第60届本因坊2004—2005年，苏耀国在循环圈里4胜3败，与王铭琬并列第四，加赛执黑中盘负于王九段而降级；第61届2005—2006年他在循环圈里4胜3败，与张栩并列第四，但因排位在后而降级；第62届2006—2007年在循环圈里5胜2败，与依田纪基并列第一，加赛落败后失去挑战资格；第63届2007—2008年在循环圈里2胜5败，被淘汰；第64届2008—2009年在循环圈里4胜3负，与五冠王张栩并列第四，加赛执黑中盘负于张九段而降级。三次降级后立刻杀回循环圈，苏耀国在日本棋界有"不死鸟"的称号。

2014年10月13日，苏耀国八段在第53届日本十段战本赛第一轮中，执黑中盘击败韩裔名将赵善津九段，积累够了升八段以来（日本棋界改革升段条例后）的第200盘胜利（在规定棋战之内），升为九段，成为日本棋院现役的第75位九段。

在本局中，苏耀国继续尝试了他与好友张栩共同研究的新式布局——"五七"开局。执黑先行的他，共弈出了4个"五七"，在棋盘上形成十分有趣的布阵。本局他的对手赵善津似乎并不适应这一开局，在黑棋下完四步"浮在空中"的棋又转而取地后形势已为黑优，最终中盘获胜。

苏耀国在日本围棋界成名后，以苏耀国名字冠名的"耀国杯"广州市

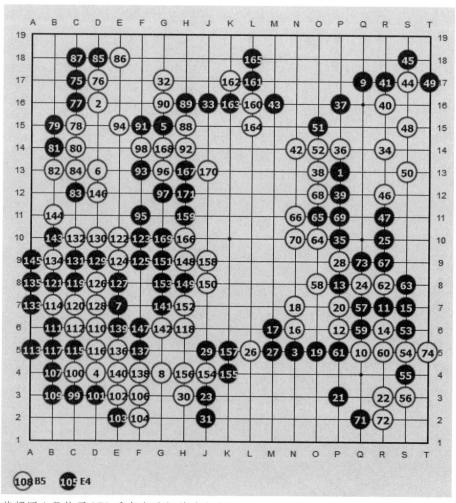

苏耀国八段执黑171手中盘胜赵善津九段

2018年第三届日本围棋大会苏耀国（左二）指导爱好者

幼儿园围棋锦标赛从2003年开始至今一共举办了17届，其中有多届在他的母校朝天小学举行。苏耀国创办了岭南棋院，该棋院经历多年发展，现在已成为广东省乃至全国范围有相当实力和影响力的少儿棋类培训机构之一。

自2003年到2006年，苏耀国每年都是以外援身份代表广东队参加围棋乙级联赛，并在2006年以6胜1和的战绩帮助广东队重返甲级。"一是当时我还小，注重回中国练棋；二是广东队是我的母队，为母队效力不能计较报酬。另外，广东有我很多老

左起许书祥、吴肇毅、容坚行、苏耀国和邓扬威

师、师兄弟和朋友，我回来还可以借此机会见一见他们。"苏耀国这样说。

第七节　筑远路三棋进校园

　　1998年，全国人大代表、中国棋院院长陈祖德谈及全国人大会议时说到，有十几名人大代表共同提案，提出围棋是中华民族的国粹，为"四艺"之一，如今日、韩围棋已入中小学课堂，中国围棋何时可入校园呢？此提案交给了时任教育部部长的陈至立。

　　这是2001年教育部与国家体育局联合发出的第7号文件的背景。文件要求：各级教育、体育行政部门在促进学生全面发展的素质教育过程中，要结合本地区和各学校的实际，作为体育与健康课程中课外文体活动的一项内容，有计划、有组织地开展围棋、国际象棋、象棋三项棋类活动。

　　这说明中国教育界已经认识到"琴棋书画"在素质教育中的重要作用，而围棋修身、养德、益智、交友、融合社会的功能，是其他项目不可代替的，已显现出极强的生命力和良好的发展趋势。

　　围棋以博大精深、变化无穷的魅力流传至今，增强人的逻辑推理能力，锻炼判断力和独立思考能力，提升文化品位。围棋可谓是全方位的智慧体操：它涉及哲学、逻辑、军事、人文、社交、美学等许多方面，简单的黑白两色衍生出变化莫测的棋局。

　　对弈时，每下一子就是提出一个问题，对手就要想办法来解决这一问题。不断提出问题和解决问题的过程，大脑就像在做体操，才智得到良好的锻炼。

　　少儿学围棋一是懂礼、识义，二是有助于掌握温故而知新的学习方法，三是遇事能分清轻重缓急、冷静处理，所以棋手名利不俗、一生平安。教育部体育司司长王金龙在一次研讨会上说：多一个围棋少年，就少一个网迷，于家、于社会都有利。

容坚行说："多年前，还是广州棋院院长的我，面对记者采访时，曾经这样说，我最大的愿望不是在竞技成绩方面再取得什么重大突破，而是让三棋真正走入课堂。少年智则国智，少年儿童的棋类教育是长线有效的智力投资，只有从小接受去除功利性的全面素质教育，他们才会懂得思考、逻辑和礼仪，成为真正有智慧的年轻人。"

"三棋入课堂可以说是我的一个长远目标，琴、棋、书、画当中，其他三样都已经走入课堂，琴是以音乐的方式，书是以书法的方式，画则是以美术的方式，而棋却始终未能进入。我希望能让三棋真正走进校园，最终走入课堂，这是作为棋类工作者的一种使命感，也是我一生的追求。"

棋文化活动历经几千年的发展，蕴涵着中华民族传统文化的精华，是民族智慧的结晶。在大力提高青少年整体素质的今天，棋类活动作为一门艺术、一种文化，不仅成为培养和发展青少年智力的重要手段，更是提高青少年综合素质的重要途径。提倡三棋学习，可以指导和提升青少年自身的综合能力，包括认识理解客观事物，并运用知识、哲理、经验等解决各种问题的能力。

中国围棋协会主席林建超说，青少年学棋不只是学一种技能，而是要懂得棋的起源，认识到它是中华民族伟大的智慧成果，爱我中华，爱传统文化。要知道棋的特质、内涵，包括它所包含的思想、艺术、竞技、道德、规则、礼仪等，这样，棋文化的教育就会生动起来。

围棋博士何云波教授说："一个人，只有在认同自己国家的文化之后，才会真正地爱上自己的文化，才不会做对不起自己国家的事。那么三棋进校园，其实就是要起到这样的作用。"

容坚行说："2001年，国家教委和国家体委就曾发文提倡三棋入课堂，到了2012年，广东省教育厅正式发文，主张全省三棋入课堂。而在推广三棋入课堂方面，广州棋院最重要的举措就是培训三棋师资。这都是来自我们小时候的经验，当时我们之所以学棋，正是因为梁权威老师在学校教棋，后来他去到哪个学校就教到哪个学校。所以我很早就意识到，光靠专业人士推广作用不大，想要真正在学校广泛推广，必须要让每个学校都有会下棋、爱下棋的老师。"

之后，在不到半年的时间里，在市教育局的大力支持下，广州棋院已经为广州200多名中小学老师进行了三棋培训。这是素质教育的重要方面，也是体教结合的重要举措。

广州棋院在青少年中普及和推广棋类活动，推动青少年素质教育一直是办院的宗旨，棋院对此抱有坚定不移的信念。棋院坚持三棋共同发展，并行不悖。棋院长期开办培训课程，如果连同省体育局所属的东湖棋院在内，每一期参加培训的中小学生可达万人以上。

2014年11月22日，以"促三棋进校园，提升民族素质"为口号的第二届中国棋文化峰会——中国棋文化（阳江）峰会在阳江海陵岛开幕。本届峰会汇聚了300多名来自全国各地的省市领导和中国棋坛的高层管理者、著名棋手、棋文化专家学者、棋类有关机构负责人等"重量级"人物，社会各界名人围绕"三棋进校园"主题进行深入探讨，建言献策，为三棋进校园今后的发展提供了诸多典型案例、经验教训，以及非常珍贵的建议。

阳江峰会主要包含三大内容：一是借助当今中国棋坛领袖人物、著名棋手、棋文化专家学者、棋类有关机构负责人以及教育界专家学者等重量级人物的真知灼见，对三棋进校园问题进行高屋建瓴的深入探讨；二是组织高水平的业余围棋比赛，以推动中国围棋向前发展；三是举行"全国三棋进校园专题展览"。

11月22日上午9时，峰会正式开幕。来自全国的棋界及教育界专家、棋手等齐聚一堂，共商棋文化发展大计。开幕式上，阳江峰会名誉主任、阳江市海陵区委书记丁锡丰向各界参会嘉宾致欢迎辞。峰会组委会主任、广东棋文化促进会会长容坚行在开幕式上表示，阳江峰会是继往开来的一次盛会，将会在中国棋文化发展史上留下浓墨重彩的一笔。

来自棋界、教育界的多位领导都在开幕式上对峰会作了很高的评价。中国围棋协会主席王汝南指出，围棋是传统文化的瑰宝，"三棋进校园"的意义十分重大。中国围棋协会副主席林建超则认为，把围棋融入学校教育中，不仅有利于围棋的推广，也是教育的一大进步。

本届中国棋文化（阳江）峰会还进行了网络专题征文活动。作为中国棋文化（阳江）峰会的主要活动之一，根据峰会研讨内容为基础而开展的"三棋进校园专题征文""我心中的海陵杯"网络征文活动，更加丰富了中国棋文化（阳江）峰会的系列精彩活动。

征文活动围绕"三棋进校园"主题，设计了丰富的主题参考纲要：

（一）三棋进校园的必要性

　　三棋进校园的实行对素质教育的贡献；

　　三棋进校园的实行对传承传统文化的意义；

　　三棋进校园的社会意义；

　　各地政府对三棋进校园的支持和帮助。

（二）三棋进校园的缘起

　　实行三棋进校园前，各地三棋发展情况；

　　积极推动三棋进校园的动力或原因；

　　三棋进校园初期在社会各界引起的反响。

（三）三棋进校园的发展史

　　三棋进校园的发展历程；

　　三棋进校园的现状；

　　三棋进校园大事记。

（四）三棋进校园的操作经验

　　三棋进校园成功的推行经验；

　　突破发展困境的操作经验；

　　将三棋进校园融入校园生活的成功经验。

（五）三棋进校园的失误与教训

　　三棋进校园推广失败的案例及原因；

　　制约三棋进校园发展的主要因素；

2014年中国棋文化阳江峰会上，林建超致辞

推动三棋进校园中发现的问题。

（六）对于三棋进校园的展望

三棋进校园的发展趋势；

三棋进校园的预期目标；

对三棋进校园建言献策。

经本次峰会专家评审，西安交通大学公共政策与管理学院杨若愚老师的《制约三棋进校园的主要因素》和贵州安顺若飞棋院王金玉老师的《论"三棋进校"之走向》获得征文金奖。

"我们的计划是用5年到10年或者更长一些的时间，使三棋在广州青少年中真正兴起，这对青少年素质的提升有很重要的作用。将来，三棋推广的经验也会运用到桥牌、五子棋、跳棋这些其他的智力运动方面，成为打造广州智慧之都的重要组成部分。"容坚行这样说道。

2017年12月29日，中国围棋协会换届选举产生新一届领导班子，并全面部署推进协会实体化改革。2018年3月31日，在全国率先成立实体化、市场化和专业化运作的广东省围棋协会，标志着广东围棋改革发展又迎来了新的春天。

由广东省社会体育中心等单位发起，经过广东省围棋协会筹备组3个多月的努力，第一届广东省围棋协会第一次会员大会于2018年3月31日在广州白云宾馆举行。

大会选举产生了首届广东省围棋协会理事会成员，原广州棋院院长、围棋名宿容坚行担任协会主席；原广东棋牌运动管理中心主任、围棋名宿陈志刚担任常务副主席；卢海燕、辛福民、梁伟棠、吴肇毅、谢树忠、余忠华、周龙、杜颖为副主席；邓广庭为秘书长；协会监事会由监事长廖桂永、监事邱江剑和任康组成。十三届全国政协常委、港澳台侨委员会主任朱小丹，中国围棋协会主席林建超，国家体育总局棋牌运动管理中心主任、中国围棋协会副主席兼秘书长罗超毅，原中国围棋协会主席王汝南，原广东军区副司令员李欣剑，中国工程院院士陈勇，中国足球协会副主席容志行等嘉宾应邀出席会议。

在容坚行看来，广东省围棋协会成立仅仅是第一步，作为新任主席，他希望在自己的任期内完成三大任务：第一是建立由省到乡的各级围棋组织，完善广东围棋组织建设；第二是健全广东围棋青少年培养体系；第三是打造品牌赛事。

虽然成立了广东省围棋协会，但广东省内21个地级市还有一部分没有市一级的围棋协会，接着，省协会将走访各地市，了解各地围棋运动开展的情况，并推动当地成立自己的围棋组织，让围棋运动扎根基层，遍地开花。

2019年3月31日下午，第一届广东省围棋协会第二次会员大会在广州白云宾馆隆重举行。

大会首先由广东省围棋协会秘书长、原广州市体育局群体处邓广庭处长做协会2018年工作总结和2019年工作计划报告。2018年底，中国围棋协会主席林建超充分肯定了广东省围棋协会在协会实体化工作方面所作出的表率。一年来，广东省围棋协会在确立改革思路、组织形态建设、市场化运作、赛事活动统筹方面都取得明显成效。新的一年里，将会继续以协会实体化为核心，以运作市场化为手段，以成效社会化为目标，抓好组织建设、市场开发、竞技成绩、普及传承四位一体的长足发展和进步，让协会各项工作上新台阶。广东省围棋协会容坚行主席、广东省体育局群体处钟志金处长作了总结发言。

经广东省围棋协会理事会全票通过，本次大会正式宣告广东省围棋协会五子棋分会成立，这也是国内第一家参照中国围棋协会五子棋分会名称设置的省级五子棋分会。广东省围棋协会容坚行主席为第一届广东省围棋协会五子棋分会负责人授牌。接着，省围棋协会将全力做好5月2日至4日在广州举办的2019年全国五子棋团体锦标赛组织准备工作。

第一届广东省围棋协会五子棋分会负责人名单：

会　　　长：朱凯
副 会 长：郑超鸿、黄立勤、贺启发、吴博
秘 书 长：林奕忠
副秘书长：陈桂纯

2018年7月23日，为进一步加强广东省围棋裁判员队伍建设，全面提高围棋裁判员水平，由广东省围棋协会主办，惠州市围棋协会承办，广东省围棋协会第一期围棋裁判员培训班在惠州圆满结束。

2018年9月4日至5日，首期广东省围棋教师（初级）培训班在广州棋院举行。来自全省15个地级市、县区的围棋协会、棋类协会、围棋培训机构等单位，共313名学员参加了本次培训。

2019年7月1日至3日，由广东省围棋协会主办，中山市围棋协会承办的2019年广东省围棋协会第二期围棋裁判员培训班在中山市东升图书馆举行。本次培训班共有来自广州、深圳、东莞、中山、惠州、江门、清远、潮州、汕尾、河源、梅州、茂名、肇庆、云浮14个地市、区县的围棋协会、围棋培训机构265人参加。

2019年7月27日，第一届广东省围棋联赛在广州流花宾馆隆重开幕。本次大赛汇聚了全省围棋精英以及部分国内外知名棋手参赛，是迄今省内业余围棋界"规格最高、范围最广、实力最强、影响最大"的赛事。

为响应国家号召，强化粤港澳大湾区文化交流，实施共建人文湾区战

第一届广东省围棋协会第二次会员大会现场

略，促进湾区体育文化产业发展与繁荣，由香港广东各级政协委员联谊会、广东省围棋协会、广东棋文化促进会主办，广东东湖棋院承办的"2019'大湾区杯'粤港澳少儿围棋百杰万人大赛"，于2019年10月至12月在广州、深圳、珠海、佛山、惠州、东莞、中山、江门、肇庆、香港、澳门等11个城市举行。

围棋运动在大湾区尤其是内地城市有着广泛的群众基础，20世纪80和90年代，尤其受中日擂台赛的影响，更带动了围棋运动在南粤大地爆发式发展，以广州、佛山、深圳、潮州、汕头、江门等城市为代表的围棋培训机构如雨后春笋般在全省遍地开花，弈棋人数迅猛增长，"围棋人口"以数十万计，围棋赛事活动连续不断。港澳开展围棋活动已有20多年历史，尤其近几年围棋培训和赛事活动发展迅速，围棋成为港澳青少年的新宠。举办粤港澳大湾区少儿围棋百杰万人大赛，将成为推动大湾区文化交流、文化融合、文化建设，传播中华传统文

第一届广东省围棋联赛开幕式现场

化的新方式、新舞台。

　　2020年9月5日下午，广东省围棋协会少儿集训队在广东省围棋协会会议室正式开班。本次集训队是由年龄在7—10岁的男、女共16名队员组成。主要为广东竞技体育、群众体育围棋项目储备人才，培养"冲段少年"，做好积极备战2021年第十四届全运会的工作。

　　集训队以组建竞技竞赛、高水平的围棋运动队为宗旨，于7月25日在广州流花宾馆举行"广东省青少年儿童围棋集训队选拔赛"，百余名参赛选手经过5轮激烈的智斗，最终，12名棋手凭优异成绩入选广东省少儿围棋集训队队员。

　　集训队教练团队阵容强大，由容坚行（职业五段）、陈志刚（职业六段）、廖桂永（职业九段）、梁伟棠（职业九段）、吴肇毅（职业九段）、吴树浩（职业四段）、朱剑舜（职业三段）等围棋职业棋手组成。其中，吴树浩、朱剑舜分别担任主教练和教练，期待广东省少儿围棋集训队进一步健全和发展。

　　广东省围棋协会顺应形势发展，经与广东教育学会领导多次磋商，联手谋划围棋教师培养计划、机制，共同推进落实三棋进校园政策措施，并联合举办首期广东省围棋教师（初级）培训班，开创了国内体育、教育社

广东省围棋协会第一期围棋裁判员培训班合影

广东省围棋协
会第二期围棋
裁判员培训班
开班仪式现场

团机构联合主办围棋教师培训及教师资格认证先河。

据了解，这是全国首家由体育、教育社团机构联合举办的围棋教师培训班，在全国开了先河，更是广东围棋协会实体化改革的创举。通过体育与教育的"联姻"，真正打通围棋教师师资培养渠道瓶颈，使围棋教师培训实现行业化、专业化规范管理成为可能。

广东省围棋协会联合广东教育学会举办的围棋教师培训班，对考试合格的学员颁发由广东省围棋协会、广东教育学会联合认证的围棋教师资格证书。

广东省围棋协会与广东教育学会经过认真研究，充分利用教育部门制定的在职教师继续教育政策，把围棋教师培训也纳入教师继续教育课程学

广东省围棋协会第二期围棋裁判员培训班学习现场

分体系中。今后凡是广东省围棋协会与广东教育学会举办的各级各类培训班，学员在训期间的课程学时学分均计入参训学员的在职教师继续教育课程学分。据初步了解，该做法也是全国首个将围棋教师培训

2019"大湾区杯"粤港澳少儿围棋百杰万人大赛新闻发布会现场

课程纳入在职教师继续教育课程学分的省份，对扩大围棋教师队伍建设，优化围棋教师师资，多渠道培养围棋教师力量，无疑是一次有益尝试和创新，填补了围棋教师培训政策的空白，形成了系统培养围棋教师的导向和机制，为围棋教师培养走出一步"活棋"。

广东省教育厅高度重视围棋工作，早在2012年就专门印发《关于开展"围棋、国际象棋、象棋"三棋活动进校园的通知（粤教体函〔2012〕61号）》，要求各级教育行政部门、学校要支持和充分认识棋类运动对开发青少年智力，促进学生身心健康发展的重要作用，加强学校开展棋类活动的业务指导，将三棋活动作为课外活动的内容，有计划组织学习交流，组织教师参加专业培训，积极开展青少年棋类比赛活动，为广东省全面普及、推广围棋运动奠定了良好基础。

广东省围棋协会、广东教育学会联合举办该培训班，是落实、推进三棋进校园政策

广东省围棋协会少儿集训队

的延续和深化，对推动广东省教育改革、提高学生综合素质、储备围棋教师师资力量等具有积极意义。同时，通过与教育部门、培训机构的合作，不仅解决了"围棋如何进校园"的问题，而且开辟了围棋进校园的有效方式和途径，为各级各类学校开展围棋教学、组织围棋赛事活动、棋文化传播等创造了长效工作机制。

广东省围棋协会主席容坚行说："作为围棋的起源地，中国更有必要让这项运动在现代社会发扬光大，广东省围棋协会也会在今后多举办比赛。过去广东曾经举办过世界围棋团体锦标赛，后来停办了，我希望能够尽快把它恢复。同时，我们要想办法联动整个粤港澳大湾区，办大湾区围棋比赛，把港澳地区的围棋爱好者也邀请过来。希望通过我们的努力，把广东的围棋事业发展上一个台阶，并融入全国围棋发展的大格局中。"

—图　篇—

广州围棋历史文化大事记

第一章

中华人民共和国成立前的
广州围棋历史文化

一、西汉南越王博物馆，是在西汉时期南越文王赵眜墓的基础上建立的。赵眜的爷爷就是赵佗，赵佗跟随任嚣带来中原大军征伐南越，将士中有没有人随身带来了围棋？这是一个历史谜团。

二、上图为中原客家迁徙路线图，下图为非常有特色的客家围屋。历史上5次往岭南的大迁徙中，有没有人随身带来了心爱的围棋？从而在广州乃至在岭南传播开来？这是另一个历史谜团。

客家迁徙路线图（博物馆提供）

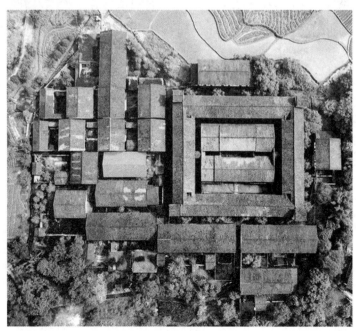

三、在李云博士赠予邓扬威先生的10册谢南山日记中，发现了一些关于围棋的记录。本文附图即选自10册日记中的其中一页，所记录的时间为清嘉庆二十五年，即公元1820年，其中第六行写有"入海幢坐禅起与僧手谈"字样，证明200年前的广州已经有围棋活动了。海幢，即如今广州市海珠区海幢寺，清初规模为广州四大丛林之冠。当然，本着"孤证不取"原则，编者还将深入研读日记，翻查相关资料，以期发现更多关于广州围棋乃至岭南围棋起源的线索。

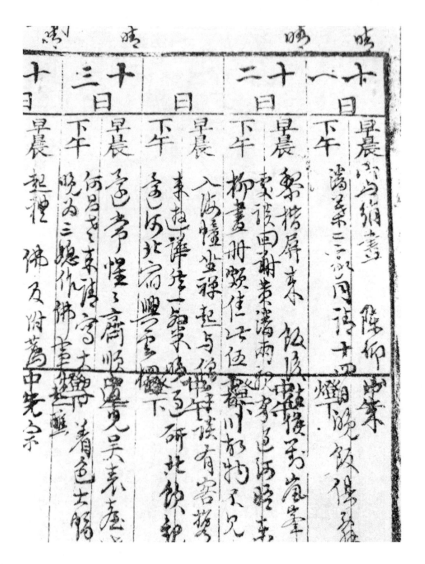

四、1869年英国人约翰·汤姆森拍的照片。照片分为两部分，上图为摄影，下图是根据照片创作的铜版画。虽然铜版画的作者不详，但正是这幅根据照片创作的铜版画，使我们确凿无误地确认僧人们下的就是围棋。约翰·汤姆森是英国维多利亚女王的御用摄影师，曾作为纪实摄影师在香港、澳门、上海、福州、广州、北京等地旅行，留下了大量关于这些城市的风貌照片及众生相，弥足珍贵。

五、下图中摆放的，据说是广东华工于1886年前后带到美国去，并在工余——即每天在11个小时的辛苦劳作后用于娱乐的围棋。还有，是在美国芝加哥展出的"华工与铁路"图片展题目以及具体的围棋实物说明。

（郭新明拍，郑群山供稿）

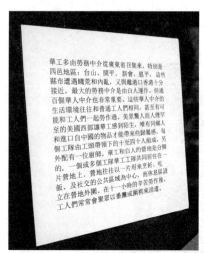

六、大元帅府中，孙中山居所客厅里摆放着一副围棋。编者认为大致上有两种可能：一种可能是历史上孙中山自己或身边确实有人（譬如亲朋）下围棋；另一种可能是大元帅府的历次建设或翻新装修时设计师们发挥了想象力——他们认为在孙中山居住的房子中放置围棋，符合主人的身份，符合主人的气质，因此是合情合理的事情。值得留意的是木制棋墩和棋罐的摆放位置：客厅中心。如是，可解释在主人活动中围棋占有重要地位。

七、位于广州恩宁路永庆坊李小龙祖居天台上的围棋盘，祖居主要是李小龙的父亲李海泉居住。祖居二楼的小阳台上，就刻有一个石制的围棋盘，上面还刻有棋局。上图是祖居大门，下图是石质围棋盘及棋局。

第二章

中华人民共和国成立后的
广州围棋历史文化

一、20世纪60年代，在陈毅副总理和孙乐宜副市长的亲切关怀下，广州成立了围棋协会（中国城市第一个围棋协会）、围棋学校，培养了不少好苗子，围棋事业迅速发展。图为黄逢春老师带领赴京比赛的广州小选手合影，其中有陈志刚、容定行等日后围棋界知名人士。

二、当年，上围棋课的场地都比较简陋，左图中，学棋的孩子大部分都是光着脚，在操场上席地而坐。右图中，当时的棋具也是因陋就简，许多是自制的。

三、白绳举1959年获得广州市少年围棋赛第二名，以及1960年获得广州市棋类锦标赛围棋项目第一名的奖状，这些成绩见证了当时的少年白绳举在黄逢春等前辈老师指点下棋艺的飞速进步。

四、1963年，在广州举办"广东省第一届棋类教练员学习班"，培养了多位我国第一代的围棋和象棋教练员，它为广州市、广东省的围棋，包括象棋事业发展奠定了一些基础，下图前排左三为陈松顺，居中为黄逢春，右三为邓荷农。

五、20 世纪 70 年代，梁权威老师不辞劳苦，在学校里教授围棋。梁权威老师是广州著名的围棋裁判权威，他是我国第一批围棋国家级裁判，也是国际级裁判员。

六、1976 年初，在广州市二沙头训练基地举行广东省围棋集训，当时除陈志刚、陈嘉锐在北京国家围棋集训队外，这是当时广东省和广州市围棋界老中青少的一次聚会，地点在二沙头一号楼。其中有黄逢春、齐曾矩、袁兆骥老师，有凌沛琪、余文辉、黄汝平、容定行、容坚行、冯曼、杨启荪、陈志良、曾炳辉、曾炳权、彭致力、廖桂永、凌辉、黄妙玲、陈婉瑜、赵翰梅、陆佩玲、冯惠妍、陈卫东、敖立贤、岑志为、陈剑诗，还有湛江王振炳和汕头陈文榜等。

七、20 世纪 80 年代初，广东广播电视台鲁大铮（右三）积极推广围棋，在台内成立了围棋协会，陈广群、朱灿威等都是骨干。协会每年都举行年度围棋比赛，参赛者多达几十人，从

电台台长周无忌到电台文艺部主任安新民，厅计财处处长卢诗英，许多记者、编辑和各栏目负责人都是经常参加比赛的爱好者。协会还聘请容坚行担任教练，定期为协会上课、组织比赛和交流。

八、为了缅怀陈毅元帅对广州围棋事业的关怀，从 1995 年起广州连续举行了三届"陈毅杯"围棋锦标赛。首届广州"陈毅杯"围棋锦标赛开幕时，陈丹淮将军和陈祖德院长亲临广州出席，广东省老省长梁灵光、时任广州市委宣传部部长朱小丹等都参加了这次活动。

2003 年，广州再度举行"陈毅杯"围棋赛，陈丹淮将军全程参加这次

活动，还为大会赠送了纪念陈毅元帅的画册。87 岁高龄的梁灵光老省长和朱森林原省长也出席这次活动，时任广东省政协副主席、广东省委统战部部长的朱小丹也参加比赛并获得亚军。

九、2000年，梁权威先生（白衣站立者，他下方坐着的黄衣对弈者是陈松顺）在第三届广州名城名人运动会上出任围棋裁判，该活动共举办了4届，每届都设围棋比赛，总策划为邓扬威。

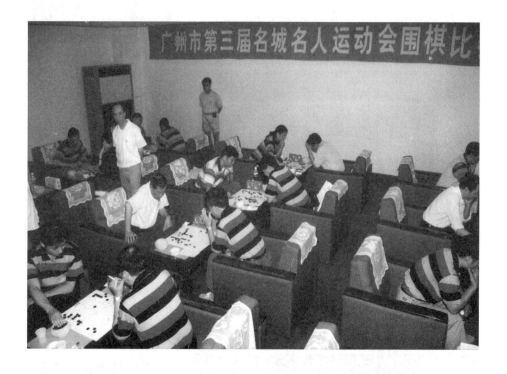

十、2005年，在广州举办广东棋文化促进会成立大会及第一届会员大会，大会选举朱小丹为名誉会长，容坚行为会长。上图为会议前容坚行与杨官璘、邓扬威、温秀坚等合影。下图为成立大会现场。广东棋文化促进会是中国第一个专门棋文化促进机构。

十一、2009年在广州举办首届中国棋文化峰会，这是广州乃至中国棋文化发展史上开先河的一件大事，中国棋文化峰会也因此成为棋文化品牌活动，举办多届。上图为嘉宾在长隆合影，中图为开幕式，下图为王汝南、刘思明、蔡绪峰、容坚行等为广东棋文化基地揭幕。

十二、2010年，由广东省棋类协会、广东棋文化促进会主办的"广日杯"第三届广东少儿三棋百杰万人大赛在广州棋院隆重举行。

十三、2010年5月，全国围棋锦标赛乙级团队赛在广州举行。东道主广东派出广东白云国际队和广州广日队参加角逐。为了冲甲，各队积极引进外援：苏耀国、李昌镐等日韩名将加盟参战，使围乙比赛分外激烈。

十四、2010年，国家围棋队成立50周年"中国围棋国手赛"国内围棋名宿与广州棋友联谊赛上，时任广东省委常委、常务副省长朱小丹与原中国棋院院长陈祖德九段对弈；陈勇院士与王汝南八段对弈；容志行与邓扬威对弈。

十五、2010年，广东省常务副省长朱小丹和中国棋院三任院长陈祖德、王汝南、华以刚在广州棋院植树留念，纪念中国围棋队成立50周年。

十六、2010 年，广东棋文化促进会会长、广州棋院院长容坚行作为第十六届亚运会第204棒火炬手传递亚运会火炬。

十七、2010 年，为迎接第十六届亚运会，中国围棋队老一辈国手齐聚广州，进行了别开生面的"国手赛"，这是聂卫平与金情茜搭档对阵吴肇毅和牛娴娴。聂卫平与金情茜最终获得冠军。

十八、2010年，第十六届亚洲运动会在广州开幕，这是位于白云山旁的广州棋院比赛大厅。广州棋院承担了本次亚运会全部的三棋竞赛项目，被誉为亚运会里最有文化气息的比赛场馆。

十九、2010年，原中信集团董事长王军参观广州棋院，并与时任广州棋院院长的容坚行对弈。中信集团一向支持围棋活动，对中国围棋事业的发展作出了很大贡献。

二十、2010年，由孔见将军创作并书写，岭南木雕传人杨广海雕刻在珍贵楠木上的"中国棋文化第一长联"在位于广州棋院内的中国棋文化精粹馆中展出，吸引了不少棋迷和楹联爱好者关注。

二十一、2010年亚运会期间，时任广东省委常委、常务副省长朱小丹与日本代表团团长大竹英雄九段对弈。

二十二、2010年亚运会期间，时任广州市规划局局长，现广州市副市长王东与日本代表团中本棋院七段长原芳明对弈。

二十三、2012年，由广东棋文化促进会主办的"岭南棋文化节"广州棋迷嘉年华活动现场，参与者众多。活动期间，专门举办了中国围棋文化高峰论坛，由王汝南、容坚行、何云波等知名人士为广州棋迷"开坛讲经"，回答了大家多个问题，现场气氛十分热烈。

二十四、2012年，广东棋文化促进会第二届会员大会，第四届广东少儿三棋百杰万人大赛，"联通杯"广东围棋象棋名人邀请赛三项大活动在同一天开幕。

二十五、2012年，由国际围棋联盟、中国棋院主办，广州市体育局、广州棋院承办的"广汽传祺杯第33届世界业余围棋锦标赛"在广州举行。来自世界50多个国家和地区的围棋选手欢聚一堂，共享世界围棋文化盛会。

二十六、2012年，方圆岭南棋文化节暨广州棋迷嘉年华隆重开幕。文化节活动内容包括中国棋文化楹联大赛、全国业余围棋公开赛、围棋象棋文化展、中国围棋文化高峰论坛等，图为文艺晚会现场。

二十七、2013年，吸引了十多位世界冠军参赛的"珠钢杯"第一届世界围棋团体锦标赛决赛现场，下图为正在进行决赛猜子。

二十八、2015年，广州大学生三棋教练裁判员培训班开幕式。培训班以培养合格的围棋人才为宗旨，为围棋进校园提供坚实的基础。

二十九、2015年，由中国围棋协会、广州市体育总会主办，广东棋文化促进会、东湖棋院及广州围棋协会承办的"金龙城杯"第二届世界围棋团体锦标赛在广州棋院举办。

三十、2015年，广州白云宾馆，广东东湖棋院携手鲍橒先生创下了围棋的第一项吉尼斯世界纪录：围棋闭目多面打1对5全胜。

三十一、2015年，由广州棋院承办的广州市青少年锦标赛比赛现场。

三十二、2016年，由广州棋院主办的"第七届广东省大学生棋类联赛"比赛现场，参加者十分踊跃。

　　三十三、2016年，广州市第十四届体育节暨广州市棋牌文化嘉年华，广东省副省长许瑞生、广州市副市长王东视察围棋比赛现场。

三十四、2017年，由广东省棋类协会、广东棋文化促进会、广东省高校棋类联合会主办的广东省第八届大学生棋类联赛决赛现场。

三十五、2017年，由广州市体育局、广州市体育总会主办的广州市传统品牌赛事"市长杯"系列比赛现场。

三十六、2018年，广州三棋社会体育指导员培训班暨越秀区体质健康大讲堂开幕式，本次活动把棋类活动与体质健康有机地联系起来。

三十七、2018年，广州市第三届"市长杯"三棋团体公开赛，李子祺、高咏梅等广州业余围棋高手都参加比赛。

三十八、2018年，"中信证券杯"中韩业余围棋交流赛在广州举办。来自中韩两国政界、商界、棋界的围棋爱好者共聚一堂，最终中韩以34∶26结束了棋赛。其间，王汝南、容坚行、常昊、刘小光、罗洗河等职业棋手还给中韩业余棋手下指导棋。

三十九、2018年，在广东省围棋协会举办了2018年"鳄鱼恤杯"围棋联谊赛，十三届全国政协常委、港澳台侨委员会主任朱小丹，广东省体育局局长王禹平，香港知名企业家林建名等出席活动。

四十、2018中国（广州）国际金交会现场，举办了"恒健杯"围棋友谊邀请赛，棋赛为国际金交会增添了文化气息，吸引了不少观众驻足观看。

四十一、2018年，在广州举办广东省首期围棋教师（初级）培训班，图为邓扬威老师授课：围棋的历史文化传承。

四十二、2018年，在广州举办第一届广东省围棋协会第一次会员大会，十三届全国政协常委、港澳台侨委员会主任朱小丹，中国围棋协会主席林建超，原中国围棋协会主席王汝南等到场祝贺。

四十三、2019年，"大湾区杯"粤港澳少儿围棋百杰万人大赛总决赛在广州举办，广州、深圳、珠海、佛山、惠州、东莞、中山、江门、肇庆、香港、澳门均组队参赛。

四十四、2019年，"大湾区杯"粤港澳少儿围棋百杰万人大赛总决赛一个重要活动，是举办粤港澳大湾区围棋文化传承与发展研讨会。多位嘉宾发表精彩演讲，为大湾区的棋文化建设增砖添瓦。

四十五、2019年，"大湾区杯"粤港澳少儿围棋百杰万人大赛总决赛的另外一项重要活动，是聂卫平等知名棋手与小棋手们下指导棋，向大湾区的小棋手们传承棋艺。

四十六、2019年，由广东省围棋协会、广东棋文化促进会主办的广东省全段围棋争霸赛在广州举办，省内业余围棋精英倾巢出动，争夺十分激烈。此赛事已经连续举办了9届，成为广东围棋品牌赛事。

四十七、2019年，在广州举办中韩（广州—光州）青少年围棋交流赛，此项赛事很好地增进了两地的文化交流和友谊。

四十八、2019年，在广州举办第二十一届"阿含桐山杯"中日围棋冠军对抗赛，最终，日本的张栩九段战胜中国的范廷钰九段。

四十九、2019年，第二届"汉酱杯"全国业余围棋大赛（南部赛区）在广州流花宾馆拉开序幕，经过3天激烈角逐，唐崇哲、何鑫和赵方诚3人分别获得名手组冠军、亚军和季军；陈劢毅、叶子良和杨礼强3人分别获得名人组冠军、亚军和季军。

五十、2019年，第一届广东省围棋联赛在广州举办，这是广东省"规格最高、范围最广、实力最强、影响最大"的一次赛事。经过两天激烈角逐，深圳市代表队7战全胜荣登冠军宝座，佛山市围棋协会代表队、广州东湖棋院队、清远棋院队、肇庆市弈雅棋院一队、佛山岭南棋苑队分获2~6名。

五十一、2020年11月14—15日，"颐和天健杯"第二届广东省围棋联赛在阳江举行，本次赛事吸引了全省19个地市的12支甲级队和38支乙级队共150多名棋手参加。赛事采取团体积分编排制，甲级联赛共进行6轮比赛，积分最后两名降为乙级；乙级联赛进行7轮比赛，积分前两名升为甲级队。

最终广东东湖棋院队6战全胜夺得甲级冠军，佛山市围棋协会、深圳市棋类协会队、广州清元棋社队、弈雅棋院队、汕头棋院队分列2~6名，乙级冠亚军分别被广州得高竞技俱乐部队、广州清元棋社棋友队夺得，两队携手升为甲级。

五十二、2021年5月4—5日，"尚道国际杯"第三届广东省围棋联赛在广州白云宾馆举行。本届联赛有来自全省的甲级队12支、乙级队56支，共204名棋手参赛，实现了参赛队全省21个地市全覆盖，参赛队总数再创历史新高。

　　本届赛事对甲乙级队升降名额进行了"降一升三"的调整，从而调动乙级队报名参赛的积极性。经过两天激烈角逐，汕头棋院队荣登甲级冠军宝座，广州得高竞技俱乐部队、广州清元棋社一队、佛山市永安医院代表队、广东东湖棋院队、广州金兆棋院队分别获得甲级2~6名。乙级冠、亚、季军分别被潮州智弈简心教育队、深圳壹方战队、深圳市南山区围棋协会队夺得，三队携手升为甲级。

五十三、2019年，在广东省围棋协会召开《围棋与名城》丛书编撰工作会议，推举容坚行为主编，邓扬威为执行主编。《围棋与名城》的广州部分定名"围棋与广州"，它将是广州围棋历史文化的一次总梳理，或能发挥承前启后作用。图为与会人员合影。

　　五十四、2019年，广州姑娘陈一鸣在四川阆中举办的"中国女子围棋名人战"决赛中一举击败对手——2018年的全国冠军王爽，勇夺该项赛事桂冠。

五十五、陈一鸣夺得女子名人称号后，全国政协常委、港澳台侨委员会主任朱小丹现场表示祝贺。

五十六、中华人民共和国第十四届运动会群众比赛围棋项目决赛，于2021年9月18日至26日在安徽合肥举行。

本次全运会围棋项目共设男子全民团体组、女子全民团体组等10个比赛项目。广东围棋队由陈志刚担任领队，廖桂永担任教练，队员陈一鸣四段、戎毅七段、蔡碧涵四段、李子祺业余六段、蔡晶业余六段、佟云业余六段、王卓业余六段、雷秀瑜业余五段共8名棋手组成，参加女子个人公开组、女子个人业余组、混合双人公开组、混合双人业余组、男子全民团体组和女子全民团体组6个项目角逐。

比赛中，全体队员发扬自强不息、超越自我的中华体育精神，展现出良好的精神风貌和精湛的围棋技艺。经过9天激烈鏖战，荣获男子全民团体组冠军，女子个人公开组亚军，女子全民团体组第六名，混合双人公开组第七名的优异成绩，圆满完成了参赛任务，为广东人民争了光，为广东围棋事业做出突出贡献。

广东省围棋协会自2018年成立并实施实体化改革以来，在中国围棋协会、省体育局指导下，团结全省各地市围棋协会组织、培训机构、围棋工作者、围棋爱好者，锐意改革、创新发展，迈出坚实步伐，推动了南粤围棋事业长足发展与进步。

广东队荣获男子全民团体组冠军，正中领奖台上三位队员从左至右依次是蔡晶、李子祺、佟云，山东队和上海队分获第二、三名。

广东队陈一鸣荣获女子个人公开组亚军，与陈志刚领队（左一）及廖桂永教练（右一）合影。

　　广东队部分队员、领队、教练及工作人员合影。从左至右依次是戎毅、王卓、廖桂永教练、雷秀瑜、陈志刚领队、蔡碧涵、李子祺、陈一鸣、严国权。

杨郁杏（右上一）获男子个人公安民警组季军。

熊颜熠子（右一）获女子个人公安民警组季军。

古朴典雅的广东省围棋协会。

中国围棋
协会林建超主
席现场观看广
东队赛况。

　　广东省围棋协会领导与广东队部分参赛成员、工作人员合影，祝贺广东队荣获全运会男子全民团体组冠军，从左至右依次为省围棋协会邓广庭秘书长、王卓、廖桂永教练、蔡晶、佟云、李子祺、陈志刚领队、严国权、雷秀瑜。

　　本届全运会所取得的成绩，是广东省围棋界经过几代人不懈努力的结果，是一个历史性的新突破，创造了广东省参加历届全运会围棋项目历史最好成绩。

跋

——回顾纹枰峥嵘岁月　展望广州围棋辉煌

广东棋文化促进会2005年在广州成立后，一直计划编写一本广州围棋历史文化的书，因人力、精力有限，未能遂愿。时至2019年6月，中国围棋协会组织编写《围棋与名城》丛书，广州入选第一批编写城市。这既为广州挖掘和整理有价值、有特色的围棋文化提供了机遇，亦为讲好围棋故事，展现南粤悠久的围棋历史、厚重的围棋文化、蓬勃的发展态势，以及进一步推动广州围棋发展奠定基础。

广东省围棋协会汇集广州一众围棋专家与爱好者，专门成立编撰委员会，全方位收集广州围棋发展、文化、赛事、活动、人物、事件、棋谱等有关资料，力求使《围棋与广州》成为展现广州围棋历史、围棋故事的参考书，进而成为助推围棋名城品牌，挖掘围棋文化成果，汇聚围棋人才资源，打造广州国际体育名城的一张名片。

历经两载，几易其稿，凝聚上百人心血的《围棋与名城》之《围棋与广州》书稿终于成书。非常感谢直接参与编撰工作的各位同事，同时也向提供了大量历史资料的亲历者、见证者等众多前辈和棋友们致敬。

虽受佐证史料少，时间、人力缺乏等诸多因素影响，该书难免挂一漏万，但毕竟第一次系统整理，初步勾勒出广州围棋的发端，以及近现代围棋发展的脉络，丰富了广州这座具有2200多年历史的文化传承，填补了广州围棋文化研究的空白。

本书古今相映、虚实结合，以广州历史沿革勾画历史上南粤大地与围棋有关的掌故、趣闻、传说、图文等，虚则可研究、可探索、可娱趣，此为本书的第一部分；第二部分是写实，主要是中华人民共和国成立后广州围棋的发展。

陈毅元帅是新中国围棋事业奠基者，也是广州围棋事业奠基人，中华人民共和国成立后陈毅元帅多次来广州，他的老部下孙乐宜副市长在陈毅元帅直接关心支持下，于1957年成立了中国大城市第一个单项围棋协会——广州市围棋协会，孙乐宜副市长可以说是广州围棋事业的开拓者。

本书还介绍了广州围棋的很多个"第一"：

1820年，即清嘉庆二十五年，广州已经有围棋活动。邓扬威在10册《谢南山日记》中，发现有"入海幢坐禅起与僧手谈"字样。迄今为止，这是发现的关于广州围棋最早的历史记载。

1963年广州研制出玻璃围棋，第一次形成了生产规模和全国商业销售网络，极大推动了全国正在兴起的围棋普及活动，这个时期的玻璃围棋就叫"广东子"。

1963年广州成立全国第一家青少年业余围棋学校，本土棋手得以生根、发芽、结果。

中山大学陈志行教授是电脑围棋先行者，1993年第一个代表中国获得世界电脑围棋大赛的冠军。

2005年5月，中国第一个由民间发起的研究、推动棋文化发展的省级社团组织广东棋文化促进会在广州成立。

2010年广州举办第十六届亚洲运动会，围棋项目第一次进入国际体育综合运动会，与象棋、国际象棋一道，成为最有文化特色的体育竞赛项目。亚运会前建成的广州棋院，成为亚洲乃至世界最具规模和文化特色的棋院。

2015年广州举办"金龙城杯"世界围棋团体锦标赛期间，鲍橒盲目围棋一对五，取得全胜，创造了围棋项目的第一个吉尼斯世界纪录。

近20年来，广东的围棋普及活动蓬勃发展，参加围棋培训的青少年达数百万人次，号称全国围棋培训第一大省。

2019年五一节期间，在广州举行的第三十一届广东省围棋定级定段赛，参赛人数第一次超过1万人，达到10280人。

这些"第一"，见证了广州围棋的兴旺和发展，也见证了广州围棋界几代人的辛勤努力和不懈奋斗。同时，广州乃至广东籍职业和业余棋手们足迹遍及世界各地，他们的无私耕耘和积极付出，为围棋更广普及和走向世界做出了重要贡献。

随着我国围棋事业的不断深化，广州围棋也迎来新的发展机遇。2018年3月成立的广东省围棋协会，向全省围棋工作者、爱好者们提出了完善各级围棋组织、构建围棋人才培养体系、打造围棋品牌赛事，以及统筹广东围棋事业向专业化、规范化、系统化发展的工作目标，广州围棋事业发展已成为省内各地市排头兵。

2021年是我个人围棋生涯60年，从10岁学棋，围棋伴随着我的成长，影响着我的一生。无论在广州还是北京，无论在国家围棋队、中国棋院还是在广东省棋队、广州棋院的工作和生活，所有的经历都验证了陈毅元帅那句话——"国运兴，棋运兴！"我幸运，生活在广州，生活在中国，围棋这一中国优秀传统文化必将经由我们传承并发扬光大！

广东省围棋协会主席、广东棋文化促进会会长　容坚行

2021年5月